Betten Robert

Die Rose

Ihre Anzucht und Pflege

Betten Robert

Die Rose
Ihre Anzucht und Pflege

ISBN/EAN: 9783337297558

Hergestellt in Europa, USA, Kanada, Australien, Japan

Cover: Foto ©Lupo / pixelio.de

Weitere Bücher finden Sie auf **www.hansebooks.com**

Die Rose, ihre Anzucht und Pflege.

Praktisches Handbuch für Rosenfreunde

von

Robert Betten,

Redakteur des Praktischen Ratgebers im Obst- und Gartenbau.

Mit 138 Abbildungen von Minna Laudien.

Frankfurt a. Oder.
Druck und Verlag der Königl. Hofbuchdruckerei Trowitzsch u. Sohn.
1897.

Vorwort.

Unbestritten steht die Rose als Königin der Blumen da, aber erweist man ihr königliche Ehren, pflegt man sie, wie sie es verlangen könnte? Die Rosenbewunderung ist größer als die Rosenliebe und daher kommt es, daß so manches Röschen sein Dasein kärglich fristen muß, daß es gezwungen ist winzige Blumen zu bringen.

Wer in seinem Garten schöne Rosen ziehen will, muß sie pflegen und hüten! Das vorliegende Büchlein möchte ihn darin unterstützen, möchte ihm zeigen und lehren, was die Rose liebt und wie sie behandelt sein will. Es möchte ihm auch in der Sortenwahl bei der Hand sein und deshalb ist von einer Aufzählung möglichst vieler Rosensorten abgesehen. Nur das beste ist beschrieben und von diesem wieder am Schlusse jeder nach Farbe geordneten Zusammenstellung das allerbeste besonders ausgewählt; die neuen Sorten sind dabei bis auf den heutigen Tag berücksichtigt.

Viele Abbildungen von Rosen, bei denen die neueren Sorten und besonders die Theehybriden bevorzugt sind und noch mehr demonstrative Abbildungen von der Meisterhand des Fräulein M. Laubien gezeichnet, der ich hier meinen herzlichsten Dank für ihre große Mühe noch besonders ausspreche, unterstützen die Absicht des Buches und so darf ich vielleicht hoffen, daß es eine freundliche Aufnahme finden wird.

Frankfurt a. O., im Oktober 1896.

Der Verfasser.

Inhalt.

Vom Pflanzen und von der ersten Pflege.
    Halte Umschau nach einem günstigen Platze . . . . . . 1—2
    Verbesserung und Düngung der verschiedenen Bodenarten . . . 2—5
    Entwässerung 5
    Wann ist's Zeit Rosen zu pflanzen 5
    Über den Schnitt der Rosen beim Pflanzen . . . . . . 6—8
    Die Behandlung der Wurzeln 8
    Pflanzloch und Pfahl 9
    Pflanze fest 9
    Die Pflege im ersten Sommer. Gieb Wasser! . . . . . 12—13
    Gieb eine Düngerdecke 14

Der Frühjahrsschnitt.
    Bei einer schwach gewachsenen Krone 15
    Die kräftig gewachsene Krone . . . . 16—18
        a) Die schwachen Zweige in der kräftigen Krone . . 16
        b) Die buschigen Zweige . . . . 16—17
        c) Die langen Triebe . . . . 17—18
    Rosenkronen mit sehr langen Rutentrieben . . . . . . 19—20
    Niedrige Rosen . . . . 20—21
    Unsere Rankrosen während des Schnittes 21
    Der Schnitt bei Centifolien-, Moos- und Kapuzinerrosen . . . 22

Der Sommerschnitt.
    Seine Einwirkung auf die Gesundheit der Rose und auf prächtiges
        Blühen . . . . 23—25
    Die Zucht von Prachtblüten 25
    Ein besonderer Sommerschnitt bei Polyantharosen und Monatsrosen 25
    Fort mit den Wildtrieben . . . . 25—26

Winterschutz.
    Decke Rosen nicht zu früh 27
    Decke Rosen warm und trocken 28
    Einwinterung auf sehr feuchtem Boden . . . . 30—32

	Seite
Unbiegsame Stämme	32—33
Besondere Überwinterung der Okulanten	33—34
Die niedrigen Rosen	34
Bodenschutz und Düngung	35
Das Aufdecken der Rosen	35
Der Einfluß des Winters auf die Decke	36
Vermehrung der Rosen	
Verschiedene Wildlinge, der beste, ihr Einfluß	37—38
Waldwildling oder Rosensämling	38
Gewinnung des Waldwildlings	39
Behandlung des Waldwildlings	39—41
Anzucht des Sämlingstammes	41—42
a) Vom Samen, die erst im zweiten Jahre keimen	41—42
b) Anzucht aus Samen, die schon im nächsten Frühjahre keimen	42
Aussaat des Samens und Verstopfen	42—44
Nochmaliges Verpflanzen	44
Erziehung zu Hochstämmen	44—45
Anzucht aus Wurzelschnittlingen	45—46
Wildlinge aus Stecklingen	46
Das Veredeln der Wildlinge	46—63
Okulieren	46—50
Gutes Lösen	48
Reifes Edelholz	48—50
Wann wird veredelt	50—52
Wie hoch wird veredelt	52—53
Herbstschnitt des veredelten Wildlings	53
Im nächsten Jahre	53—54
Das Okulieren in den Wurzelhals	54—55
Okulieren auf's treibende Auge	55—57
Andere Veredlungsarten	57—62
Veredeln des frischgepflanzten Wildlings	57—58
Anplatten	57
Winterveredlungen im Glashaus und Zimmer	58—60
Das Kopulieren mit Gegenzungen	60
Kerbpfropfen — Triangulation	61
Wurzeln anzuveredeln	61—62
Veredlung mit krautigen Trieben	62
Die Behandlung der im Winter veredelten Rosen	62—63
Rosenvermehrung durch Stecklinge	
Rosenstecklinge aus krautigen Trieben	63—64
Rosenstecklinge im Juli—August aus schon beinahe verholzten Trieben	64—66
Rosenstecklinge aus verholzten Trieben, welche im Herbste vor dem Eindecken der Rosen abgeschnitten werden	66—67

Rosenpyramiden	67—68
Wie werden Rosenneuheiten gezogen	68—75
Rosensport	75
Die besten Namentafeln	75—77
Gute Rosenscheeren	77—78

Rosenblüten vom April bis Dezember.

Schnittblumen im Freien	79—82
Rosen in Kästen	82—85
Rosen in Häusern	85—90
a) Die Rose mit anderen Pflanzen	85—86
b) Die Rosenzucht in besonderen Rosenhäusern	86—90
Treiben von Topfrosen	90—93
Treibrosensorten	93—95
Auspflanzen von Topfrosen	95—96

Die Rose im Zimmer.

Blühende Topfrosen im Oktober—November	101—103
Maréchal Niel unter besonderen Verhältnissen	103—108
Mangelhafte Blüte	108—110
Gelbe Blätter	108—109
Undankbares Blühen	109—110
Rosenblumen, die sich im Glase lange halten	110
Rosenblumen im Sommer mehrere Tage aufbewahren	110—111
Rosenknospen im Herbste zur Blüte zu bringen	111
Wer hat die schönsten Rosen	111—114

Der Rose Feinde.

a. Feinde unter den Insekten.	
I. Feinde, welche an altem und einjährigem Holze saugen	115—117
II. Insekten, die nur an jungen Trieben und Blättern saugen	117—118
III. Insekten, welche an den Blättern fressen und saugen	119—124
a) die sie weißfleckig und löcherig machen	119—121
b) solche, welche außerdem noch Verunstaltungen hervorrufen	121—124
IV. Insekten, welche Blätter und Knospen zerstören	124—126
a) sich kenntlich machen durch zusammengesponnene Triebe und Blätter	124—125
b) nichts zurücklassen als die befressenen Rosenteile	125—126
V. Feinde, welche in den krautigen Trieben bohren und dadurch die Knospen zerstören	127
Nützliche Insekten: Marienkäferchen, Florfliege, Schwebfliege	127—130
b. Feinde unter den Pilzen.	
Vom Mehltau und Rost und wie man beide los wird	130—134

Verwendung der Rosen.

Rosen im Park und Garten	135—142
Das Rosenbeet	142—144
Pflanzweite und Pflanzmenge	144—145
Der Wuchs einzelner Rosen	146—147

	Seite
Zwischenpflanzung auf Rosenbeeten	147
Einfassung von Rosenbeeten	147
Sortenwahl und beste Höhe für ungünstige Plätze	147—148
Fast winterharte Rosen	148
Alte Rosengärten	149
Die Rose auf dem Grabe	149—152

Umschau unter unsern Rosen.

1. Sommerrosen	153—163
a) Rosen für Zaun und Park	154—158
b) Rosen für Garten und Park	158—163
2. Edelrosen oder Herbstrosen	164—210
Etwas von der Entstehung der Remontantrosen und anderer Rosengruppen	165—166
Wie unterscheiden sich öfterblühende Hybrid- (Remontant-), Bourbon-, Thee- und Noisetterosen	166—167
Typische Rosenfamilien	167—169
Eigenschaften der öfterblühenden Hybrid- oder Remontantrosen	169—170
Auswahl unter den Remontantrosen	170—184
Eigenschaften der Theerosen	184
Auswahl unter den Theerosen	185—196
Theehybridrosen	196—200
Noisetterosen	200—202
Noisettehybriden	202—204
Bourbonrosen	204—206
Polyantharosen	206—208
Monatsrosen, Bengalrosen, Chineserrosen	208—210
Lawrence oder Liliputrose	210
Das Normalsortiment des Vereins deutscher Rosenfreunde	210—215
Einander gleiche Rosen	215—216

Vom Pflanzen und von der ersten Pflege.

Halte Umschau nach einem günstigen Platze.

Rosen findest du im Staub und Rauch der Vorgärten, in der Backofenhitze eingeschlossener Grundstücke, unter Bäumen, hinter schattenden Mauern, auf sturmumbrausten Höhen, und Rosen in lieblich gelegenen Gärten, geschützt vor der Unbill rauher Winde. — Welch' Unterschied aber zwischen ihnen im Wuchse, in der Größe des Blattes und ganz besonders in der Blüte!

Welche Kraft und welche Lebenslust vermag uns daraus entgegenzuleuchten in der Vollenbung ihrer Form, in dem Feuer ihres Colorits, ja selbst in ihrem Dufte — und wie kann die Rose auch den Wiederschein des Unbehagens, der Kraftlosigkeit durch eine matte Blume so rührend zum Ausbruck bringen!

Prächtigste Rosenblüten und günstigster Platz, sie stehen in engem Zusammenhange. Willst du daher Rosen pflanzen und wünschest du Blumen so herrlich und schön, wie Rosen sie hervorzubringen vermögen, dann schau' dich um zuerst nach einem Platze, der den Rosen behagt.

Die Rose liebt Sonne und Schatten — aber beides mit Maß. Gieb ihr ein Plätzchen, auf dem vom frühen Morgen bis zum Mittage hin die Sonne scheint, und sie wird es dir danken, weil sie sich etwas Besseres nicht wünscht. Fehlt solcher Ort, dann versuche es, sie vor den brennendsten Sonnenstrahlen zu schützen und das Beet so zu legen, daß die Nachmittagssonne dahin fällt.

Theerosen, Noisette- und Bourbonrosen, auch die Theehybriden vertragen volle Sonne besser als die Remontantrosen. Von letzteren sind wieder die dunkelblütigen Sorten besonders empfindlich. Sie können gerne etwas schattig stehen und werden dann ihre prachtvollen Farben, die in der Sonnenglut verbrennen, voll zur Geltung bringen.

Auch bei der Anlage eines größeren Rosengartens, der, um dem Lichtbedürfnis seiner Rosen zu entsprechen, in der Längsrichtung sich mehr von N nach S, als von O nach W erstrecken soll, kann man dies beherzigen und den Remontantrosen die schattigsten Plätze aussuchen.

Schattig bedeutet bei der Rosenzucht aber nie unter der Traufe eines Baumes; dort gedeiht keine Rose. Da fehlt es an Licht von oben, und an Nahrung von unten, weil der stärkere Baum alles fortnimmt.

Neben Sonne und Schatten liebt die Rose Schutz vor Winden und frische Luft.

Können fernerstehende nicht gar zu hohe Bäume, Sträucher, Hecken oder selbst Mauern die Gewalt des Sturmes brechen, so daß nur ein linder Windhauch zu den Rosen bringt, dann ist hierin das Richtige getroffen. Größerer Schutz, der ein vollständiges Abschließen bedeutet und im Sommer zu unerträglicher Wärmeansammlung führt, schädigt die Rosen. Er verweigert ihnen frische Luft, und giebt dadurch Anlaß zu allen möglichen Krankheitserscheinungen.

Verbesserung und Düngung der verschiedenen Bodenarten.

Wir können in jedem Boden Rosen ziehen, wenn wir ihn richtig vorbereiten — den zu nassen entwässern, den zu trockenen bindiger machen, — aber trotz aller Verbesserung werden wir immer und immer wieder finden, daß die Rose in einem milden Lehmboden am üppigsten wird, und hier das Colorit ihrer Blumen am feurigsten ausbildet.

Milder Lehmboden ist deshalb für den Rosenzüchter der allerbeste Boden. Ohne Verbesserung werden wir aber selbst ihn nicht unsern Rosen einräumen, wenn wir ihre höchste Entwickelung im Auge haben. Wir werden ihn vor allem lockern, bis in die tieferen Schichten hinein, 50—60 Centimeter tief, damit die Wurzeln leicht eindringen können, damit Wärme und Luft im Boden zu zirkulieren und die Wurzeln zu immer erneuter Thätigkeit anzuspornen vermögen.

Das Lockern geschieht bei größeren Flächen durch Rigolen. Es wird ein Graben von 60 Centimeter Tiefe und 80 bis 100 Centimeter Breite ausgeworfen und in ihn hinein kommt die Erde des zunächst stehenden Beetes, möglichst die obere fettere mit der unteren mageren zusammengemischt. Der letzte Graben der Fläche dagegen muß mit dem Boden des ersten gefüllt werden.

Beim Rigolen ist es Pflicht, Stalldung und künstlichen Dung einzubringen, gleichmäßig in der ganzen Tiefe verteilt, mit kleiner Bevorzugung der oberen Schicht. Pro Quadratmeter $\frac{1}{3}$ bis $\frac{1}{2}$ Centner verrotteter Stalldung oder 1 Centner frischer ist nicht zu viel, außerdem kommen hinzu 1 Kilo Kalk, 200 Gramm Thomasmehl, 50 Gramm Chlorkalium. — Bei kleineren Beeten wird die Erde einfach herausgeworfen, mit den Düngern gemischt und dann wieder eingebracht.

Je inniger der Stalldung mit der Erde vermengt wird, und mit ihr eine lockere, faserigstrohige Masse bildet, desto besser gefällt es den Rosen darin.

Im Sandboden spielt neben dem Düngen die Zufuhr von Lehm eine große Rolle. Es geht ja schließlich ohne Lehm, aber wo er zu haben ist, da soll man ihn nicht vergessen und damit nicht sparen. Aber milder Lehm muß es sein, auf dem „milde" liegt der Hauptwert. Gehst du zum Töpfer, um von ihm Lehm zur Verbesserung deines Bodens zu holen, dann bist du übel beraten. Solcher Lehm ist roh, tot, in ihm wächst nichts. Er muß erst milde werden, und dazu gehört Zeit, viel Zeit. Ein Jahr lang muß solcher Lehm auf Haufen liegen mit Kalk gemischt und mit reichlichen Mengen Stalldung geschichtet, dann erst ist er leidlich, gut in 2 Jahren.

Selbst der Lehm aus der Tiefe des Bodens ist nicht mild. Auch er muß eine Wartezeit durchmachen, doch genügt manchmal ein Sommer.

Milde ist Lehm aus der Ackerkrume, 5, 10 bis 20 Centimeter hoch abgeschürft, auch Lehm von alten Lehmhäusern.

Sandboden kann man tiefer bearbeiten als Lehmboden. Sandboden braucht auch noch mehr Stalldünger, wenn es möglich zu machen ist, Kuhdung, weil er sich langsamer zersetzt und dem an und für sich warmen trocknen Boden mehr Kühle und Feuchtigkeit giebt.

Wo sich unter dem Sandboden Lehmschichten finden, können sie zum Teil nach oben gebracht werden. Wer beim Rigolen auf undurchbringliche Schichten trifft, muß diese harten festen Schichten noch durchbrechen, damit die Wurzeln nach unten hin freien Durchgang haben, auch Feuchtigkeit sich dort nicht in schadenbringender Weise sammeln kann.

In Gegenden mit schweren, nahrhaften, aber schlecht durchlässigen Böden, dessen Bearbeitung viel Mühe macht, und in dem die Rose, seiner Kälte wegen, nicht besonders wächst, da ist mit Lehm, der an und für sich ja schon recht bindig ist, nichts anzufangen. Dort muß man neben der starken Stallmistdüngung eine reichliche Vermischung des Bodens mit Torfmull anstreben. Die Rosen wachsen in so locker gemachtem Boden geradezu großartig.

Am schlechtesten gestaltet sich die Rosenzucht auf Letteboden. Große Beete wird man hier mit Torfmull verbessern, kleine dagegen ausheben, und ihre Löcher mit gutem Boden füllen. Lehmige Komposterde, Mistbeeterde, Schlammerde aus Teichen und Gräben, wenn sie lange genug gelagert hat, ist dazu verwendbar, auch Straßenschlamm, doch ist niemals, selbst bei diesen Stoffen, eine tüchtige Gabe Düngers zu vergessen.

Macht solche Verbesserung auch viel Arbeit und Kosten: wo man Wert auf gute Rosen legt, ist sie durchaus notwendig. Man soll auch nicht knauserig sein und nur genau soviel Erde ausheben, als es die Größe der Beete erfordert, nein, man soll weitergehen, denn die Rosen bringen mit ihren Wurzeln in den guten Boden ein, soweit er reicht, an den schlechten aber wagen sie sich nicht.

Wie im schweren Boden eine Verbesserung mit Torfmull Wunder wirkt, so ist umgekehrt auf Torfboden die Verbesserung mit guter schwerer Erde ganz ausgezeichnet. Besonders vorteilhaft wirkt Schlammerde, welche sich durch Kompost, Straßenkehricht, Mistbeeterde ersetzen läßt. Die Beigabe von Kalk kann man aber hier bedeutend erhöhen, sogar auf 5 Kilo pro Quadratmeter, ebenso die Gabe von Thomasmehl und auch die von Chlorkalium, letztere nur um wenige Gramm.

Eine starke Düngung mit Kalk wird nie gefährlich. Kalk, sowohl gebrannter als gemahlener, sogenannter Düngekalk, bringt noch fröhliches Gedeihen bei 3- und 4fach verstärkten Gaben.

Zu Düngungszwecken löscht man gebrannten Kalk an der Luft, d. h. auf Haufen, die mit Erde überdeckt werden und unter dieser Decke 8, 10—14 Tage liegen. Der Kalk ist dann staubfein.

Guten Ersatz für Kalk bieten die Abfälle bei Bauten, sobald sie nicht zu sehr mit Cement vermischt sind.

Jede Verbesserung des Bodens soll im Herbste vorgenommen werden, damit der Winter seine günstige Wirkung ausübe durch Gefrieren, Aufthauen 2c., damit aber auch genügend Zeit zum Setzen des Bodens vorhanden ist. Am wichtigsten ist dies im Sandboden. Rigolst du ihn im Frühjahre und pflanzest du bald darauf, dann wachsen deine Rosen schlecht an. Nur wenn du den Boden sehr festtrittst, und dabei außergewöhnlich stark gießt, kannst du deine Rosen erhalten.

Entwässerung.

Im allgemeinen ist eine Entwässerung der Beete nicht erforderlich, auch schwer durchführbar. Durch tiefe Lage oder andere Verhältnisse hervorgerufene übermäßige Feuchtigkeit läßt sich bei einzelnen Beeten am besten durch ein Höherbringen derselben abhelfen, 20, 30 auch 40 Centimeter kann man auftragen und wird gleichmäßigeren Wuchs, sowie größere Wetterfestigkeit der Rosen erzwingen.

Für größere Rosengärten auf ungünstigem Terrain muß allerdings die Drainage des Landes durchgeführt werden. Doch ist selbst dann noch ein Höherbringen der Beete von großem Wert. Verfehlt ist es auf jeden Fall, wenn man umgekehrt auf trockenem Boden die Beete tiefer legen wollte. Ich habe das einmal gesehen und mich gar nicht darüber gewundert, daß die Rosen ein jämmerliches, bleiches Aussehen hatten, deshalb nicht, weil sie durch die tiefere Lage ihres Beetes abgeschlossen waren von gehöriger Durchlüftung und Durchwärmung des Erdreichs.

Wann ist's Zeit Rosen zu pflanzen.

Pflanze deine Edelrosen im Frühjahre! Der Herbst taugt nicht dazu. Von März bis Mitte April ist eine günstige Pflanzzeit, später läßt sich nur dann noch pflanzen, wenn die Rosen aus nächster Nähe gekauft werden können. Und die Folgerung: Bestelle im Laufe des Winters oder schon im Herbst mit der Bedingung zeitiger Sendung im Frühjahre und mit dem Vermerk „Ersatz verbeten", falls du nur auf die bestellten Sorten Wert legst.

Kommen Rosen bei Frostwetter an, bringe sie nicht in die warme Stube, sondern lege sie unausgepackt in einen frostfreien Raum. Ist der Frost nach mehrtägigem oder längerem Liegen aus dem Ballot herausgezogen, dann erst darf geöffnet werden. Die Rosen sind alsbald einzuschlagen, ihre Wurzeln werden in einen kleinen Graben gelegt und sorgfältig mit Erde bedeckt, recht fest, damit die Luft abgeschlossen ist.

In Ermangelung eines frostfreien nur 1° R. warmen Raumes suche draußen einen geschützten Platz und decke das Ballot dort so hoch mit Erde zu, daß der Frost nicht weiter eindringen kann.

Ueber den Schnitt der Rosen beim Pflanzen.

Wir freuen uns, wenn wir recht kräftige Rosen mit schönen Kronen gekauft haben, denn kräftige Rosen wachsen leichter an als schwache. Gar viele lassen sich aber verleiten die Triebe solcher Kronen zu schonen und nichts oder nur wenig an ihnen zu schneiden.

Diesen Fehler haben sie mit recht schlechtem Fortkommen oder mit dem Eingehen derselben zu büßen.

Wollen wir uns deshalb merken: Eine Rose, die gepflanzt werden soll, und sieht sie noch so üppig aus, hat nicht übermäßig viel Kräfte. Keine ist im stande viel Gezweig und viele Knospen zu ernähren.

Die Schnittregel muß deshalb immer heißen: schneide kurz auf 2—3 Augen. Ausnahmen giebt es nicht.

Trotzdem kann man darüber unklar sein, was es heißt kurz zu schneiden.

Sieh dir, bitte, deine Rosenkronen an. Alle sind verschieden; die eine hat viel Zweige, eine andere nur 2—3, wieder eine andere nur einen. Bei manchen haben auch die Zweige wieder Nebentriebe. Was heißt nun unter den verschiedenen Verhältnissen kurz schneiden? So schneiden, daß wenig Knospen bleiben an allen Zweigen? Nein, denn wenn wir der Krone mit vielen Zweigen alle Zweige lassen und an jedem 2—3 Augen, dann behält sie viel zu viel. Kurz schneiden heißt bei einer starken Krone eine Anzahl schwacher und zu engstehender Triebe ganz fortnehmen und die stärksten auf 2—3 Augen zurückzuschneiden. Mehr als 3 kräftige Triebe sollte keine behalten.

Zur Erläuterung einige Beispiele.

Fig. 1. Schwache Krone.

Fig. 1 ist eine schwache Krone mit 2 Trieben. Kein Zweifel kann darüber herrschen, daß wir hier, trotzdem die Triebe eine beträchtliche Länge haben, beide Triebe bis zum Strich auf ein nach außen stehendes Auge fortnehmen müssen. Es giebt aus diesen so stark zurückgeschnittenen Trieben kräftige Zweige in hinreichender Zahl für die Bildung einer schönen Krone.

Fig. 2 zeigt eine starke Krone.

— 7 —

Fangen wir mit a an. Dort wo der Strich den Schnitt andeutet steht ein Auge nach außen. Der Trieb desselben wird auch nach außen wachsen und anderen Zweigen nicht in den Weg laufen. Stände das Auge auf der anderen Seite nach innen dann könnten wir davon als letztes am Zweige keinen Gebrauch machen. Es würde einen Trieb geben, der nach innen, also nach den andern Zweigen hin wüchse und die Krone zwingt sich zu schließen statt möglichst großen Raum einzunehmen. In diesem Falle würden wir den Zweig noch weiter kürzen — bis auf Astring — d. h. dort wo er mit dem anderen zusammenstößt. Schlafende Augen giebt es hier genug.

Fig. 2.
Starke Krone.

Fig. 3.
Wurzelhalsrose unbeschnitten.

Zweig b ist ebenfalls über ein nach außen stehendes Auge geschnitten und zwar über dem ersten sichtbaren Auge. Zweig c steht schlecht. Wir haben auch Zweige genug, darum ganz fort mit ihm.

Auf der anderen Seite des Stammes stehen Zweig d und e viel zu nahe zusammen. Nur einer hat mit den neuen Trieben dort Platz. Weil aber beide unten keine günstig stehenden Augen besitzen, so wird d ganz fortgeschnitten und e auf Astring. Zweig f schließlich erhält den Schnitt kurz über dem untersten sichtbaren Auge, das recht günstig steht, weil hier nach vorn eine Lücke ist.

— 8 —

Im Grunde genommen ist es einerlei ob wir eine hochstämmige Rose oder eine niedrige vor uns haben. Auch niedrige Rosen müssen beim Pflanzen kurz zurückgeschnitten werden. Da sie aber viel leichter anwachsen als Kronenrosen — weil sie fast auf der Erde liegen und deshalb von der Erdfeuchtigkeit frischer gehalten werden — so kann man Buschrosen etwas länger schneiden. Im allgemeinen haben Buschrosen viel mehr Triebe als Kronenrosen und deshalb muß man bei ihnen trotz etwas längeren Schnittes verhältnismäßig viel mehr Zweige fortnehmen.

Unsere Abbildungen zeigen uns eine Wurzelhalsveredlung ungeschnitten und geschnitten. Fig. 3 und 4.

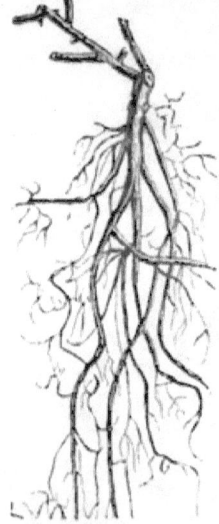

Fig. 4.
Wurzelhalsrose geschnitten.

Die Behandlung der Wurzeln.

Heißt es bei den Zweigen schneibe kurz, so heißt es im Gegensatz dazu bei den Wurzeln schneibe gar nicht oder nur das, was abgebrochen ist. Die Wurzeln sollen ernähren, nicht ernährt werden und wo sie nur im stande sind, ein Faserwürzelchen hervorzuschicken, sei dies nun oben oder unten: es tritt gleich ein in die Reihe der Ernährer! Und Faserwurzeln bilden sich an langen Wurzeln reichlicher als an kleinen. Sie treiben mit Vorliebe aus Biegungen hervor, an Stellen, die etwas beschädigt sind. Deshalb scheue dich nicht auch wenigbeschädigte Wurzeln zu lassen. Sie danken's dir.

Doch magst du auch deine Wurzeln sorgfältig vor Schere und Messer hüten, es bringt nur dann Erfolg, wenn du es auch verstehst die Wurzeln frisch zu erhalten.

Da denkt so mancher — solch kleines Lüftchen schadet den Wurzeln nicht, und 5—10—15 Minuten, auch noch länger, bleiben die Wurzeln den trockenen Winden ausgesetzt. — Was meinst du wohl was in so kurzer Zeit passiert? Sterben werden die Wurzeln nicht, das ist richtig, aber die Lebensfreudigkeit, die Lust rasch neue Wurzeln zu treiben, die geht dahin, und mit ihr die fröhliche Entwickelung der Stämme!

Sei darum stets bedacht das Austrocknen der Wurzeln zu verhindern. — Dir stehen dazu zwei prächtige Mittel zur Verfügung. 1. Lehmbrei aus Lehm und Kuhdung und 2. schnelles Arbeiten.

Der Lehmbrei darf nicht flüssig sein, durch ein= oder zweitägiges Stehen bekommt er die notwendige zähe Beschaffenheit um an den Wurzeln zu haften.

Der Lehmbrei — ob etwas mehr Lehm oder mehr Kuhdung dazu genommen wird, thut nichts zur Sache — wirkt auch für spätere Zeit wohlthuend. Er beschützt die Rosenwurzeln im Boden vor schnellem Austrocknen und veranlaßt sie, unter dem Schutze seiner milden Feuchtigkeit rasch Faserwurzeln zu bilden.

Schnelles Arbeiten sei beim Pflanzen immer Pflicht. Je flinker die Wurzeln wieder in den Boden kommen, desto vorteilhafter ist es für sie, auch wenn sie vorher in einen Lehmbrei getaucht wurden.

Damit du aber schnell arbeiten kannst, bezeichne vorher die Stellen an denen die Rosen stehen sollen, wirf die Löcher aus, und schlage die Pfähle ein.

Pflanzloch und Pfahl.

Ein Loch so breit und tief, daß die Wurzeln darin Platz haben, das ist ein Pflanzloch auf rigoltem und verbessertem Boden. Wer nicht rigolte muß im Pflanzloch die Bodenverbesserung vornehmen und darf nicht kargen, 1 Meter im Quadrat genügt, wer größere macht, meint es besser.

Gute Rosenpfähle sind rund, so lang, daß sie bis an die Vereblungsstelle reichen, und weder zu dick noch zu dünn. Dauerhaftigkeit

Fig. 5.

IMPRAEGNIEREN VON PFAEHLEN

wird auch von ihnen verlangt, und daher häufig die Frage: Eisen oder Holz? Ich bleibe bei Holz, wenn auch hin und wieder eiserne Pfähle gerühmt werden, sie entsprechen der Rose besser. — Damit sie aber dauerhaft sind, sollen sie aus Hölzern gefertigt werden, welche mit Kupfervitriol imprägniert wurden. Fig. 5.

Das läßt sich im grünen Zustande leicht machen. Man giebt auf 1 Kilo Kupfervitriol 25 Liter Wasser und stellt die Pfähle in diese Lösung 3—4 Tage hinein. Trockenes Holz läßt sich nicht mehr imprägnieren. Imprägnierte Pfähle halten viele Jahre; in Weinbergen, wo nur imprägnierte Pfähle verwendet werden, hat man nach 9—10 Jahren noch keine schlechtgewordenen.

Pflanze fest.

Bislang hat es immer geheißen, lockere deinen Boden. Müßte es folgerichtig nun nicht auch heißen, pflanze recht locker! Man könnte es glauben und doch wäre es falsch, grundfalsch. Es würde deine Rosen tödten, weil die nur locker um ihre Wurzeln gelagerte Erde keine Feuchtigkeit an die Wurzeln abgeben kann, und letztere im Boden vertrocknen, trotz Gießens. — Rosen, die weiter wachsen sollen, müssen fest gepflanzt sein, das darf keiner vergessen. Fürchte dich daher nicht deine Erde, nachdem du sie über die ausgebreiteten Wurzeln geschüttet hast mit den Händen recht fest anzudrücken und alle Lücken sorgfältig zu füllen. Schütte auch nicht auf einmal zu viel Erde auf, damit dich die Masse nicht hindert,

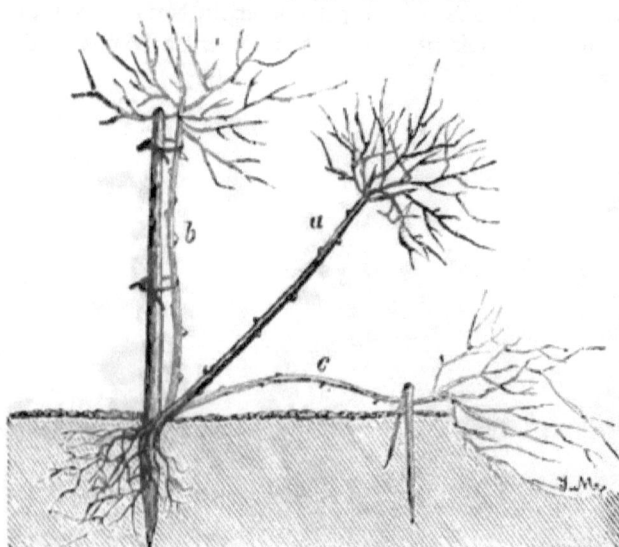

Fig. 6. Stellung der gepflanzten Rose.

sondern fülle das Pflanzloch nach und nach, jede Schicht aber drücke recht fest. Und ist das Pflanzloch nahezu gefüllt, dann unterstütze dein Andrücken durch recht kräftiges Gießen. Nicht eine Kanne voll Wasser, nein drei bis vier gieb jeder Rose, damit die Erde sich auch festschlämmen kann und jede Lücke die noch geblieben sein möchte sich ausfülle. Alsdann fülle noch ein wenig Erde auf, damit die gegossene Erdschicht nicht krustig werde.

Welche Stellung eine gepflanzte Rose haben soll, zeigt Fig. 6 in a, b zeigt die Rose angebunden und c warum die bei a angedeutete Lage zu wählen ist: des besseren Herunterbiegens zu Liebe im Herbst. Empfindlich ist die Rose gegen zu hohes Pflanzen; weniger empfindlich gegen etwas tieferen Stand, wie Versuche im Versuchsgarten des praktischen Ratgebers gezeigt haben. Richtig gepflanzt ist, wenn die Rose mit ihrem Wurzelhals 2 auch 3 Finger breit in der Erde steckt.

Mittel das Anwachsen der Rosen zu sichern.

Willst du recht vorsichtig sein, dann streiche die ganzen Stämme mit Lehmbrei an, auch die Kronen, Fig. 7, biege darauf die Stämme zur Erde nieder und bedecke die Kronen mit einer Erdschicht handhoch oder höher.

Fig. 7.
Wurzeln eintauchen und Stämme anstreichen.

Der Lehmbrei schützt die Stämme vor starker Wasserverdunstung, und unter dem Schutze des feuchten Erdhaufens können die Knospen sich in aller Ruhe entwickeln.

Wenn sie anfangen auszutreiben, dann ist es Zeit die Bedeckung fortzunehmen und die Stämme hochzubinden. Im März wird dies 3—4 Wochen dauern, im April nicht mehr so lange.

Wer die Kronen zu lange im Boden läßt, bekommt gelbe schwächliche Triebe, die nur erhalten werden können, wenn man sie einige Tage vor der Sonne schützt durch Überdecken von Tannenreisig oder Umbinden der Krone mit Papier. Auch den andern aus der Erde genommenen Kronen ist solcher Schutz dienlich.

Stämme, die nach dem Aufbinden noch kränkeln, werden ohne weiteres wieder in den schützenden Erdhaufen gebracht.

Trotz des Niederbiegens ist das Gießen nicht zu vergessen. Bei trockener und warmer Witterung und sandigem Boden kann man alle Tage eine große Kanne Wasser geben; in schwerem Boden nach Verlauf von 4—5 Tagen.

Ein weiteres aber umständlicheres Mittel ist das Einhüllen von Stamm und Krone in Moos und das Anbringen eines Wasserreservoirs, von dem aus fortdauernd Wasser auf das Moos träufelt. Fig. 8 zeigt einen so behandelten Stamm.

Man kann statt des Topfes auch eine Flasche nehmen, die an den Pfahl gebunden wird und vermittelst eines Wollfadens das Wasser der Flasche an den Stamm leitet, man kann auch, um es sich bequemer zu machen, das Moos fortlassen — die Hauptsache ist stete Feuchtigkeit. Das Nachfüllen des Wassers darf nie vergessen werden.

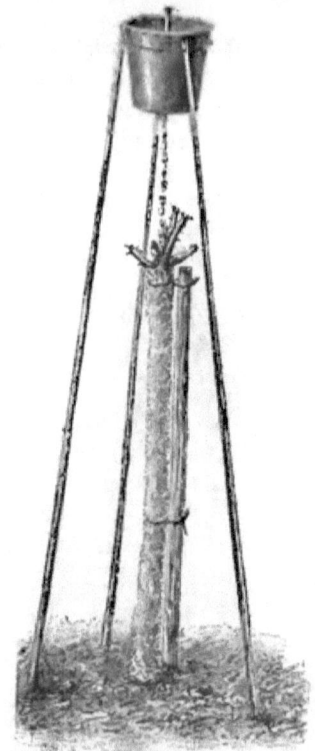

Fig. 8.

Die Pflege im ersten Sommer. Gieb Wasser!

Ist dein Boden auch aufs beste rigolt, aufs kräftigste gedüngt, gelingen thut dir doch nichts, wenn eins fehlt — das Wasser. Es ist der Quell des Lebens. Und das Wasser fehlt oft, fehlt gerade dann, wenn es am nötigsten ist. Daraus folgt: Gieb Wasser!

Wasser giebt zwar jeder — aber wie? Da nimmt man die Kanne mit der Brause und fährt einmal auch zweimal über das Beet — bespritzt nachher noch die Rosen und das Gießen ist fertig. Mache dir, bitte, die Mühe und wühle mit dem Finger in diesen frisch gegossenen Boden hinein. Wie wenig ist die Feuchtigkeit eingedrungen! 1 Centimeter, 2 Centimeter, wenn's hoch kommt 5—6 Centimeter, aber weiter reicht die Feuchtigkeit nie. Was sollen die Rosenwurzeln damit?

Sie bleiben trotz des Gießens in einer trockenen Bodenschicht und wenn nun wieder gegossen wird, am nächsten Tage, dann ist die Feuchtigkeit von gestern längst verdunstet und das Resultat des Gießens: ein Boden der immer trockener wird.

Überzeuge dich auch durch tiefes Graben, wie trocken die Erdschichten nach längerem heißen Wetter werden. Du findest auf leichtem Boden bis tief hinunter keine Feuchtigkeit und bei schwerem Boden ist es oft nicht besser. — Dabei scheint der Boden noch immer feuchter als er ist.

Üppiger Wuchs verlangt ganz andere Feuchtigkeit. Willst du sie erzielen, so nimm deine Hacke, hacke das Rosenbeet auf, damit das Wasser leicht einziehen kann und nun gieße. Eine Kanne ist nur ein Tropfen, zwei große Kannen für jede Rose reichen nicht weit. Gieb ihnen 4, auch 5, auch 6 in kleinen Zwischenräumen und wiederhole diese Wassergabe am nächsten und übernächsten Tage, wenn du vorher schlecht gegossen hast. Darnach kann eine längere Pause eintreten, denn das Wasser ist tief eingedrungen, und die Rose hat jetzt wirklich erst genug. Nach 8 auch 14 Tagen, manchmal noch nach längeren Zwischenräumen ist es erst wieder notwendig zu gießen. Aber von dem Gießen wurde der Boden festgeschlämmt. Luft und Sonne machen ihn zur harten Kruste, wenn er nicht gelockert wird.

Darum sei es Regel, am nächsten Tage den Boden mit der Hacke tüchtig umzuhacken. Das Gießen wirkt dann doppelt vorteilhaft, weil Luft und Wärme es unterstützen können.

Drainröhren und Töpfe, die in den Boden eingesenkt werden, sind recht passend, wenn es sich darum handelt, Rosen auf Rasen oder an Wegen recht einbringlich zu bewässern. Mit strohigem Dünger gefüllt, können sie auch gleichzeitig Nahrung in die Tiefe führen. Im Winter muß man sie entfernen.

Gieb eine Düngerdecke.

Großen Erfolg bringt das Überdecken der Rosenbeete mit kurzem, verrottetem Dünger. Ich thue dies mit Vorliebe, gebe aber gerne zu, daß es nicht überall angebracht ist und nicht nach dem Geschmacke dessen sein mag, der seine Rosenbeete blitzblank daliegen haben will.

Ein Überdecken schützt das Beet gegen die Sonnenstrahlen — es bewahrt ihm eine regelmäßige Feuchtigkeit, eine größere Lockerheit — und zum Schluß giebt es Nahrung an den Boden ab, welche mit dem Wasser zu den Wurzeln gelangt. Diesen Umständen ist es zuzuschreiben, daß die Rosen ein dauerndes Wachstum zeigen und einen Blütenflor haben, der fast unerschöpflich ist.

Unter der Düngerdecke ist die Rosenpflege eine viel leichtere als ohne dieselbe. Die Decke empfiehlt sich deshalb besonders dort, wo die Pflege zeitweilig nicht gehörig durchgeführt werden kann. Der Rosenliebhaber, welcher längere Zeit von Hause fort ist, ins Bad reist 2c., kann nichts besseres thun, als den Beeten vor der Abreise eine Düngerdecke zu geben. Er ist dann sicher seine Rosen in gutem Zustande wieder zu finden.

Schaden kann die Düngerdecke nie, wenn man eins berücksichtigt: nämlich ein Aufbringen nicht vor Ende Mai, Anfang Juni. Früheres Überlegen ist nachteilig, weil der Boden bis dahin noch der direkten Sonnenwärme bedarf um gehörig warm zu werden. Wir würden durch frühes Überdecken ein kaltes Rosenbeet schaffen, in welchem die Wurzelentwicklung nur sehr langsam vor sich ginge und dementsprechend auch die Ausbildung der Triebe eine mangelhafte wäre. — Also auf keinen Fall zu früh!

Ich verwende mit Vorliebe Pferdedung und wenn es sein kann Pferdeäpfel, weil sie am reinlichsten aussehen. Man kann aber ohne den Erfolg irgendwie zu schmälern auch anderen Dung verwenden. Nur in nassen Sommern sind Pferdeäpfel vorzuziehen. In nassen Sommern wirkt die Decke auch nicht so auffällig wie in trockenen, aber eine wesentliche Unterstützung des Wachstums bleibt sie selbst dann.

Der unangenehme Geruch der Dünger-Decke verliert sich bald. Nach 2 Wochen riecht man nichts mehr, nach dieser Zeit verliert sich auch das wenig hübsche Aussehen. Sie wird schwarz und erdig.

Der Frühjahrsschnitt.

Reichliches Blühen und zufriedenstellendes Wachstum soll der Schnitt begünstigen und herbeiführen. Er kann dies nur, wenn er den Trieb an den richtigen Stellen hervorruft und wenn er die Kraft der Rose auf eine für sie passende Zahl von Augen beschränkt. — Eine allgemeine Regel heißt: Schneide kurz das was wenig gewachsen ist und schneide lang die Zweige, welche starken Wuchs haben.

Diese Regel ist sehr wichtig. Wenn wir sie uns merken, kommen wir über viele Fährlichkeiten hinweg, aber es liegt doch auf der Hand, daß wir trotzdem beim Schneiden in mancherlei Zweifel geraten.

Wir wollen darum den Schnitt, welchen man zwar im Herbst ausführen kann, besser aber erst im Frühjahre ausführt, eingehender durchgehen.

1. Bei einer schwach gewachsenen Krone.

Wie werden sich bei ihr die neuen Zweige entwickeln? Sehr wahrscheinlich ähnlich den vorjährigen, also auch schwach. Es fehlt ja vorläufig noch die Kraft und deshalb darf der Schnitt es ihr nicht gestatten viele Zweige zu bilden.

Fig. 9. Schnitt der schwachen Krone.

Die Grundregel des Schnittes, schwache Zweige kurz zu schneiden, bestärkt uns außerdem in unserer Meinung und wir fangen nun an, die Zweige zu kürzen auf 2, auch 3 Augen. Unsere Rosenkrone hat 6 Zweige, die ziemlich dicht nebeneinander stehen, das macht für die 6 Zweige 12—18 Augen.

Ist für soviel neue Triebe Platz und Kraft vorhanden? Nein, entschieden nein! Das Kurzschneiden allein reicht demnach nicht aus. Es müssen auch einige Zweige ganz fort, natürlich die schwächsten und die, welche wenig gut stehen. Wir werden 3 wegnehmen, unter Umständen vielleicht auch einmal weniger, je nach dem Aussehen der Rose, und erst mit der Fortnahme dieser Triebe die Rose wirklich gut geschnitten haben, wenn eins nicht vergessen wurde: die richtige Stellung der Augen, bei der wir hier ebenso verfahren, wie beim ersten Schnitt auf Seite 7.

2. Die kräftig gewachsene Krone

braucht mehr Überlegung, weil es hier verschiedene Zweigstärken giebt. Wir finden Zweige, welche infolge des Blühens an der Spitze buschartig sich entwickelt haben; Zweige, aus der Veredlung kommend, oder doch aus ihrer Nähe, die kräftig durch das andere Zweiggewirr emporgeschossen sind. Wir finden auch dünne Zweiglein. Die kräftige Entwicklung der Krone zeigt uns, daß sie im stande ist, viel mehr neue Triebe hervorzubringen als die schwache Krone. Sie muß also auch mehr Zweige behalten, damit ihre Kraft nicht in falsche Bahnen geleitet und durch zu üppigen Wuchs die Blüte vereitelt wird.

a. Die schwachen Zweige in der kräftigen Krone.

Wir beginnen den Schnitt mit den schwachen kurzen Trieben inmitten der Krone. Die allgemeine Regel vom kurzen und langen Schnitt läßt uns hier im Stich. Diese Krone bedarf der schwachen Triebe nicht mehr; sie hat genug kräftiges Holz. Das schwache ist Ballast und wird ein noch größerer Ballast, wenn wir anfangen wollten, die schwachen Triebe kurz zu schneiden. Nein, fort müssen sie, um Platz zu machen für den Nachwuchs der kräftigen Zweige.

b. Die buschigen Zweige.

Zumeist sind es Triebe, welche kräftig in die Höhe schossen und dann eine ganze Zahl von Nebentrieben bildeten, die Blüten brachten. Häufig sind es auch starke Triebe, welche durch den Rückschnitt nach der ersten Blüte eine Reihe von neuen Blütentrieben hervorschickten. Jedenfalls finden wir sie insofern sehr verschieden, als einmal der Austrieb mehr unten, ein anderes mal mehr oben sitzt. Das muß beim Schnitt in Betracht gezogen werden.

Falsch wäre es, wenn wir die buschigen Triebe gewissermaßen als Kronen für sich behandeln und einen Rückschnitt ihrer einzelnen Nebentriebe ins Werk setzen wollten. Das gäbe einen Wirrwar von Zweigen.

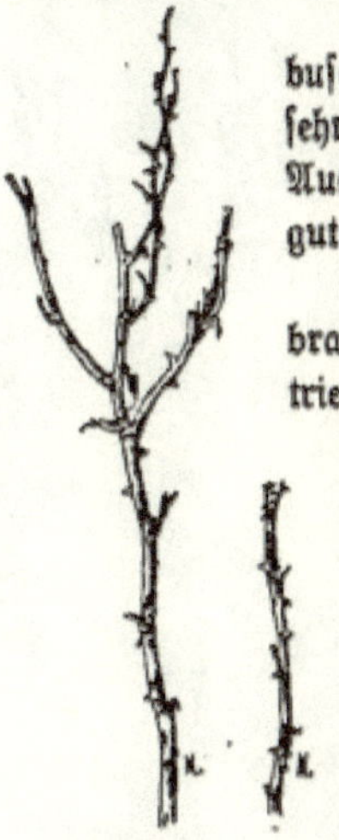

Wenn nun bei einem buschigen Triebe die Nebentriebe sehr hoch stehen und unter dem Austrieb noch 5—6, auch mehr gute Augen, dann ist der Schnitt am einfachsten, denn dann brauchen wir uns an die Nebentriebe gar nicht zu kehren. Wir schneiden auf die unteren Augen und nehmen den ganzen Teil mit den Nebentrieben fort. Fig. 10.

Ist der Trieb beinahe von unten an mit Seitentrieben versehen, dann müssen wir diese als Augen betrachten und sie kurz, auf $1/2$ Centimeter Länge, schneiden. Der Zweig behält dann soviel Aststumpfe, als sonst Augen Fig. 11. Am Grunde sind Augen, die austreiben.

Fig. 10. Buschiger Zweig bei dem die Nebentriebe oben stehen.

Fig. 11. Buschiger Zweig von unten mit Nebentrieben besetzt.

Wenn die Krone viele kräftige Zweige hat, mehr als sie beherbergen kann — das kommt bei guter Pflege häufig vor — dann dürfen wir uns nicht scheuen auch kräftige Zweige ganz aus der Krone zu entfernen, um für die günstiger stehenden Platz zu schaffen.

Wir sollen beim Schneiden nicht nur die kahlen Zweige sehen, welche jetzt noch hinreichend Platz haben. Wir sollen an die Zweige denken, die kommen werden. Eine Krone, welche ohne Blätter ganz leicht scheint, ist mit Blättern eine dichte Masse; es ist weniger schlimm einen Zweig zuviel wegzuschneiden als ihn zuviel stehen zu lassen!

c. Die langen Triebe.

Bei ihnen tritt die allgemeine Schnittregel in volle Kraft. Sie müssen langgeschnitten werden auf 6, 7, 8—10 Augen. Die Länge der

Zweige ist natürlich auch hier neben der Kraft der Rose maßgebend. Die Länge und Stärke hindert uns aber auch hier nicht solch einen Zweig, wenn er schlecht steht, ganz fortzunehmen. Im allgemeinen sind die langen Zweige sehr angenehm zur fortwährenden Verjüngung der Krone. Einige Beispiele für den Schnitt kräftiger Rosenkronen geben die Bilder 12 bis 17, welche nach Photographien gezeichnet sind.

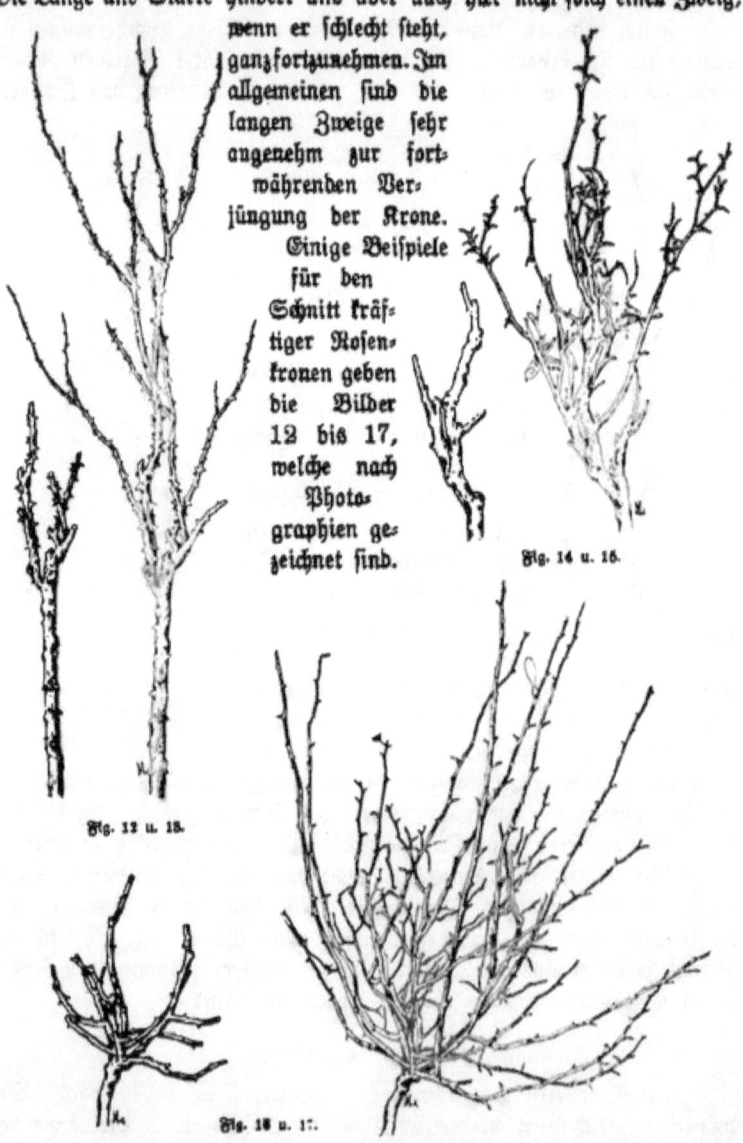

Fig. 12 u. 13.

Fig. 14 u. 15.

Fig. 16 u. 17.

Kräftige Kronen ungeschnitten und geschnitten.

3. Rosenkronen mit sehr langen Ruthenzweigen.

Sorten wie Maréchal Niel, Gloire de Dijon, Madame Bérard, Reine Marie Henriette, die sehr lange Zweige treiben, vertragen nur geringen Schnitt. Ihre Gewohnheit ist es, aus den fast unbeschnittenen langen Ruthen, Triebe mit Blüten zu bilden, bei einem einigermaßen starken Rückschnitt dagegen jede Blütenbildung zu unterlassen und alle Kraft an die erneute Bildung von langen Ruthen zu setzen.

Viele der Rosen überwintern schlecht. Der Frost kann uns bei ihnen am leichtesten die Blüte verderben, denn wir sind immer gezwungen die Zweige soweit zurückzunehmen als sie vom Frost gelitten haben. Außerdem ist das schwache Holz zu entfernen, es gehört auch in solche Kronen nicht hinein.

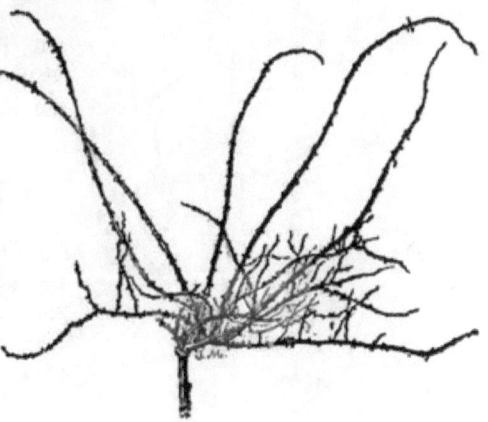

Fig. 18.

Hat der Winter den langen Ruthen nichts ge=

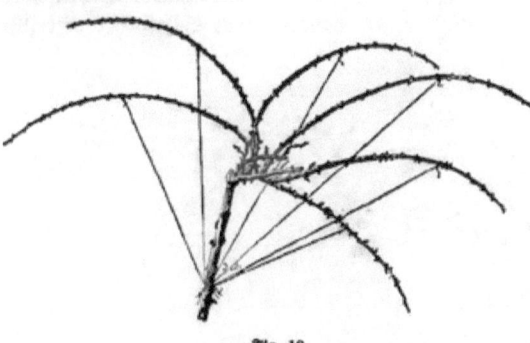

Fig. 19.

schadet, so sind sie nur zu entspitzen und dann nach unten zu binden. Das Herunterbinden soll den Saftstrom nach den obersten Augen hemmen und soll auch den tiefer stehenden Augen Gelegenheit geben sich zu entwickeln. Nur so erhalten wir die möglichst reichste Blüte. Fig. 18 und 19.

Die heruntergebogenen Ruthen können zu straff oder zu wenig gebogen sein. Im ersteren Falle treibt das Auge an der Biegung sehr stark und nimmt allen anderen den Saft weg. Im letzteren treiben die Augen an der Spitze zu stark.

Das Niederbiegen der Ruthen bietet also nicht allein die Möglichkeit alle Augen zum Austrieb zu zwingen, sondern läßt auch einen Zwang auf das gleichmäßige Wachstum der Blütenzweige zu. Ferner hat es den Zweck Platz und Kraft für neue Ruten zu schaffen, die aus der unteren Krone sich bilden.

4. Niedrige Rosen.

Bei den niedrigen Rosen gilt im allgemeinen derselbe Schnitt wie bei den Hochstämmen. Man kann aber bei ihnen etwas länger schneiden, weil sie eine größere Triebkraft haben. Fig. 20—23. Wer den Sommerschnitt nicht vergißt, wird aus dem Boden fortdauernd neue Schosse hervortreiben

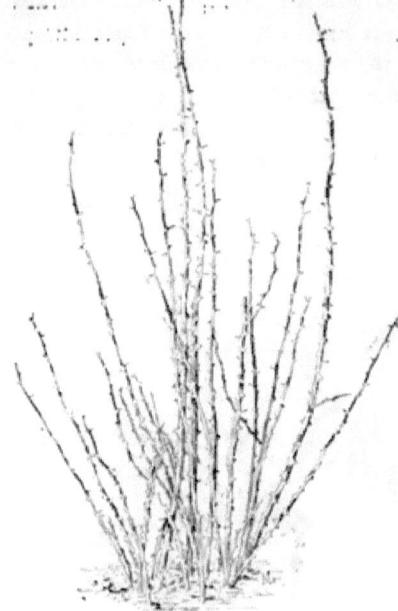

Fig. 20. Niedrige Rose ungeschnitten.

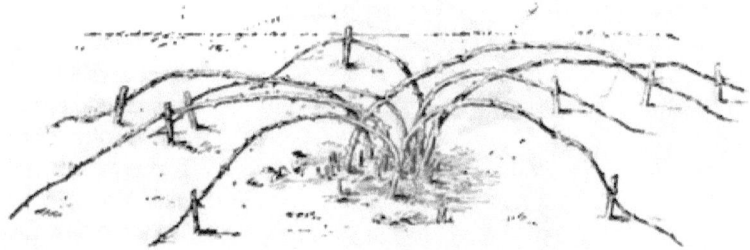

Fig. 21. Dieselbe Rose geschnitten und niedergebogen.

sehen, und im Herbste manchmal ein ganzes Bündel davon haben. Sind sie gut durchwintert, dann darf ihre Stärke aber doch nicht hindern, dort einige wegzunehmen, wo sie zu dicht stehen, denn sonst giebt es sehr dichte Büsche, aber sehr wenig Blüten, trotz allen Langschneidens.

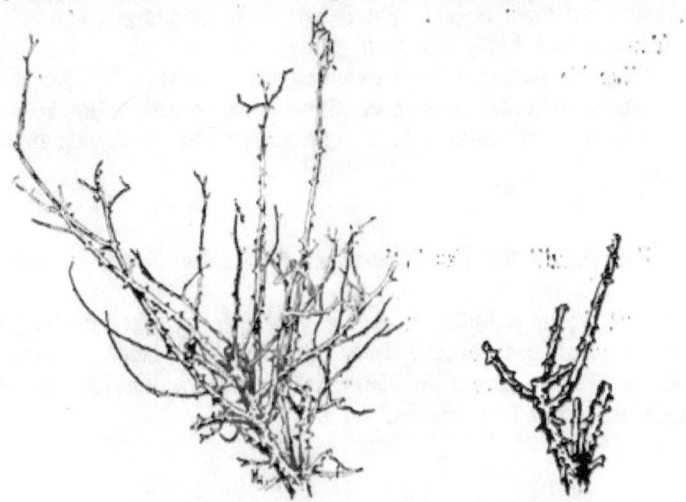

Fig. 22. Niedrige Rose ungeschnitten.   Fig. 23. Niedrige Rose geschnitten.

Unsere Rankrosen während des Schnittes.

Rankrosen blühen nur einmal, vorzugsweise an den kräftigen Ruten des vorigen Sommers. Jeder Schnitt muß daher erstens die Blüte schonen, zum andern kräftigen Trieb hervorrufen. Wenn wir das aufs beste durchführen wollen, dann dürfen wir weder im Herbst noch im Frühjahre Rankrosen schneiden. Wir müssen unsern Hauptschnitt in die Zeit verlegen, wo wir durch ihn nichts an der Blüte verderben können und das ist gleich nach der Blüte. Da haben wir auch den besten Überblick über das, was geschnitten werden muß, denn wir sehen leicht wo die Zweige sich engen und wo junge Schosse sich abmühen hoch zu kommen. Wir werden alles engende schwache Holz entfernen und ihm nur dann gestatten sich weiter zu entwickeln, wenn es Lücken ausfüllt. Wir werden aber weiterhin Schosse, die von unten kommen, so leiten, daß nicht alle hochgehen, sonst giebt es oben viel Blüten, unten wenig.

Starke Schosse können nach der Blüte auch stark zurückgeschnitten werden besonders dann, wenn die Rankrosen etwas zu hoch gewachsen sind. Daß alles trockene Holz entfernt wird ist selbstverständlich. Der Sommer sollte aber dazu nicht mehr Gelegenheit geben, weil es im Frühjahre geschehen mußte. Im Frühjahre ist im übrigen nur das Holz zu schneiden was durch den Frost gelitten hat.

Nur die wenigsten Rankrosen sind völlig winterhart. Ein Schnitt zur rechten Zeit, der eine gute Entwickelung neuen Holzes hervorruft, das Ausreifen desselben gestattet, vermindert die Frostgefahr in hohem Maße.

Der Schnitt bei Centifolienrosen, Moosrosen, Capuzinerrosen

beschränkt sich im wesentlichen auf die Fortnahme zu dicht stehender Zweige und des zu alt gewordenen Holzes. Das Auslichten macht man auch hier nach der Blüte. Wer diese Rosen im Frühjahre einem scharfen Schnitt unterwirft, erhält keine Blüten.

Der Sommerschnitt.

Seine Einwirkung auf die Gesundheit der Rose und auf prächtiges Blühen. Prachtrosen.

Schneidest du die Blüten der Rosen nur ab, dann giebt es einen schlechten neuen Flor. Schneidest du sie mit dem dahinterstehendem Auge, dann wird er besser. Mit 2 Augen geschnitten wird er noch besser. So= lange du aber dabei bleibst die Blüten mit ein oder zwei Augen fortzunehmen, leitest du die ganze Kraft der Rose nach der Spitze. Du erzielst dadurch 1., daß deine Rosenkronen immer höher und höher werden, oben dicht beblättert sind, aber nach unten zu abnehmen in der Üppigkeit der Blattentwickelung und in der Gesundheit der Blätter. Weil die unteren Blätter am Leben der Rose nur wenig mehr beteiligt sind, fangen sie an abzusterben und bilden einen willkommenen Herd für Rost, für Thrips und rote Spinne. 2. erzielst du keine prächtigen Rosenblumen und zwar deshalb nicht, weil die Augen, welche gleich hinter dem Blütenstengel stehen, mehr geneigt sind eine neue Blüte als kräftigen Trieb hervorzubringen; du erhältst Blüten auf kurzem Stiel, die Wucht des Laubes fehlt. Solche Blüten sind nicht allein kleiner als andere, sie sind im Zimmer, im Strauße auch schlechter verwendbar und wenn du einmal Blüten für den Verkauf ziehen willst, dann kannst du mit Blüten auf so kurzen Stielen recht wenig anfangen.

Da du auf keinen Fall also Blüten ersten Ranges durch solchen Schnitt erzielen kannst, so empfehle ich dir die Ängstlichkeit abzulegen, auch dich von dem Gedanken frei zu machen, daß du bei einem Schnitt, wie er jetzt ausgeführt wurde, mehr Blüten erhältst, denn das ist nicht der Fall, und hineinzugreifen ins volle Leben der Rosenkrone um es unten und oben gleich kräftig zu erhalten. Bist du aber noch nicht völlig überzeugt, so kannst du ja erst an ein oder der anderen Rose versuchen, wie starker Sommerschnitt wirkt.

Nimm also hier die verblühten Blumen nicht mit ein oder zwei Blätter fort, sondern schneide den Trieb zurück bis auf 3, 4, 5 auch 6 und 7 Blätter vor seiner Ursprungsstelle. Ob du mehr oder minder Blattknospen lassen sollst, das richtet sich nach der Triebkraft der Rose und manchmal auch nach der Rosensorte, bei starkwachsenden Rosen mehr, bei schwachwachsenden weniger.

Es giebt einige raschwachsende Sorten, so Maréchal Niel, Gloire de Dijon, Madame Bérard, Reine Marie Henriette etc. bei denen du diesen Schnitt nicht anwenden darfst.

Auch einige Remontantrosen sind für sehr starken Sommerschnitt nicht passend, im allgemeinen allerdings deshalb, weil sie überhaupt nur einen schlechten zweiten Flor geben.

Solche Rosen darfst du also nicht zu deinem Versuche nehmen. Aber mache ihn bei den meisten Theerosen, Theehybridrosen, Noisetterosen und vielen Remontantrosen, also bei la France, Mademoiselle Franziska Krüger, Viscountess Folkestone, Madame Caroline Testout, Grace Darling, Grossherzogin Mathilde, Homère und anderen. Mache ihn dort selbst dann noch, wenn oben an der Spitze schon kleine Triebe entstanden sind. Du wirst finden, daß die Augen an den so stark zurückgeschnittenen Zweigen sich bald ganz prächtig entwickeln und ihre Triebe mit großer Energie hoch wachsen lassen. Du wirst dich über ihre von Kraft strotzenden Blütenknospen freuen und mehr noch von der kräftigen Blüte erfreut sein. Du wirst dann ganz von selbst für diese hochstrebenden Triebe Platz machen, durch gänzliche Fortnahme von schwachen Zweigen und so in der Krone die nötige Lockerheit schaffen, welche die Gesundheit der Blätter begünstigt, Pilz und Ungeziefer weniger leicht sich ansiedeln lassen und das Ausreifen des Holzes befördert.

Der starke Sommerschnitt der, es kann nicht genug betont werden, zur Grundlage starke Düngung und reichliche Bewässerung haben muß, ist ein vorzügliches Mittel um dauernd Rosenblüten zu gewinnen.

Nichts wirkt besser als der Erfolg. Daß er bei dir eintreten wird, und daß dann bald die Rosen deiner Nachbarschaft eben solchem Sommerschnitt unterworfen werden, ist sicher. Du wirst dann selbst Vergnügen darin finden zu beobachten, wie allmählich die jetzt nur zu häufig besenartig dichten Kronen verschwinden und einer leichten, lockeren, wüchsigen Krone Platz machen.

Die Zucht von Prachtblüten.

Und bist du erst dahin gelangt, hast du Geschmack bekommen an den viel kräftigeren üppigen Blumen, dann wirst du vielleicht auch noch einen Schritt weitergehen, und dich in der Hauptsache nur auf die Zucht von Prachtblüten verlegen. Dazu gehört nun wieder, daß auf einem Stiel nur eine Blüte steht, damit dieser einen alle Kraft zugeführt werde. Nebenknospen sind schon recht früh, wenn sie eben erst sichtbar werden, zu entfernen. Die Zucht solcher Prachtrosen ist ganz besonders angebracht, wenn eine Rosenausstellung beschickt werden soll, oder wenn im Gartenbauverein oder Rosenverein die einzelnen Mitglieder ihre Kräfte in der Rosenkultur messen.

Ein besonderer Sommerschnitt bei Polyantharosen und Monatsrosen.

Diese Rosen haben die Eigentümlichkeit, aus den Trieben, welche geblüht haben, nur wenig und kraftlose neue Blütentriebe zu bringen. Die alten Zweige haben daher keinen Zweck. Sie leiten die Kraft nur ab. Wie anderes, wenn wir sie nach der Blüte ganz fortnehmen, oder, wenn sie besonders kräftig sind, auf 1 oder 2 Augen zurückschneiben. Da treibt es von unten prächtig. Wir bekommen immer wieder Ruten und Blütenbüschel, und selbst der Frost findet noch Triebe in vollstem Wachstum.

Fort mit den Wildtrieben.

Wildtriebe verderben alles, wenn sie ungestört wachsen können, weil sie allen Saft an sich ziehen. Darum fort mit den Wildtrieben, solange sie noch klein sind. Am Stamme soll man sie gar nicht erst zur Entwickelung kommen lassen. Man sieht ja, wo sie erscheinen wollen, da schwellen die Knospen aus dem Stamm heraus. Es bedarf nicht des Messers und der Schere sie zu entfernen. Streife mit der Hand den Stamm hinunter und du wirst die ganze Brut zerstören.

Wildtriebe, welche aus der Erde hervorwachsen, manchmal ein ziemliches Ende vom Stamme entfernt, sind freizulegen mit der Kelle oder dem Spaten und dann tief unten abzuschneiden. Wer sie nur glatt über

— 26 —

der Erde abreißt, hat eine ewige Last damit. Fig. 24. Am unbequemsten ist das Entfernen der Wildtriebe bei Wurzelhalsveredlungen.

Fig. 24. Wildtriebe abschneiden.

Viele wissen den Wildtrieb und Edeltrieb nicht recht zu unterscheiden, weil sie miteinander hochwachsen, und doch ist es verhältnismäßig leicht. Man braucht sich nur die Blätter der Rosentriebe anzusehen. Der Wildtrieb hat viel kleineres und weniger edelgeformtes Laub, als die Edelrose, seine Stacheln sind auch ganz anders, im allgemeinen ist der Trieb auch hellgrüner.

Gar Mancher, der neben seiner Edelrose einen kräftigen Wildtrieb emporschießen sieht, läßt ihn, von seiner Üppigkeit bestochen, hochwachsen, um später die Veredlung vorzunehmen.

Das kommt im allgemeinen nur einer Verjüngung des Stammes gleich, denn der Wildtrieb wächst so stark, daß die Edelrose zurückbleibt. und auch später, wenn der Wildling veredelt wird, ändert sich das nicht. Er ist der jüngere, kräftigere, er zieht den Hauptteil des Saftes an sich und der andere Stamm verkümmert.

Winterschutz.

Wo Rosen im Herbste lange unbedeckt stehen, da giebt es reifes Holz und da wird ihre Widerstandsfähigkeit gegen die Kälte um so größer. Ein Frost von 4—5° R. schadet keiner Rose. Im Gegenteil, er nutzt, weil er die Säfte zur Ruhe zwingt und die Folgerung: Decke Rosen nicht zu früh.

Vor dem 10. November braucht man im allgemeinen nicht daran denken, damit aber plötzlich einsetzender Frost nicht das Niederbiegen — durch Gefrierenlassen — der Stämme verhindere, werden die Rosen schon früher zur Erde niedergebogen.

Wer richtig pflanzte, also schräg, wer auf Schäden, besonders unten befindliche Absätze des Rosenstammes Rücksicht nimmt und nicht gerade von ihrer Seite wegbiegt, Fig. 25, wird leicht damit fertig werden, sobald er etwas Erde hinter dem Stamme fortnimmt, um ihn etwas zu lockern. Knackst ein Stamm, dann

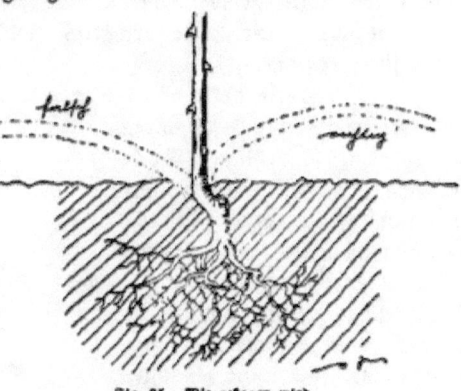

Fig. 25. Wie gebogen wird.

nimm Leinwand und Bindfaden oder Bast, umwickle die gebrochene Stelle recht vorsichtig, schiene sie womöglich durch zwei Stäbe an beiden Seiten und überlasse die Rose dem Winter. Fig. 26 und 27. Sie wird ihren Bruch heilen, auch wenn es sehr gefährlich aussieht, sobald nur die Rinde auf einer Seite die Verbindung zwischen Stamm und Ende aufrecht gehalten

Fig. 26. Gebrochener Stamm.

hat. Zur Vorsicht kann man den Verband im Frühjahre noch mit Lehm und Kuhdung verschmieren. Wenn das Bildchen die niedergebogene Rose auch schon entblättert zeigt, es soll das Entblättern vorläufig doch nicht geschehen. Nach einigen kühlen Tagen folgt oft eine Reihe warmer und hat dann die Krone zum Verdunsten des Wassers keine Blätter, dann benutzt sie das überflüssige Wasser, um ihre Knospen auszutreiben.

Durchaus falsch ist es aber, Rosen mit den Blättern einzuwintern. Wer es thut, schützt seine Rosen vielleicht gegen Kälte aber er bettet sie feucht, weil die Blätter über Winter faulen und öffnet so einem anderen grimmigen Feinde Thür und Thor — der Nässe.

Nur wenn wir beide abhalten, Kälte und Nässe, liegen unsere Rosen sicher, darum:

Decke beine Rosen warm und trocken.

Und wer bereits üble Erfahrungen gemacht hat, fügt hinzu: Decke besonders vorsichtig die Veredlungsstelle, denn sie ist die empfindlichste und zugleich wichtigste Stelle am Rosenstamm. Mögen einige Zweige dem Winter erliegen, es schadet nicht; die Rose ist erhalten, sobald nur die Veredlungsstelle gesund blieb. Aber schütze sie nicht durch höhere Anhäufung der Winterdecke, sondern dadurch, daß ihr die Feuchtigkeit abgehalten wird.

Fig. 27. Geschlenter Stamm.

Nach dem bisher gesagten, werden wir es uns zum Hauptgrundsatz machen, die Rosenkrone über dem Boden einzuwintern, Fig. 28, weil die tiefliegenden Kronen von selbst der Nässe mehr ausgesetzt sind. Ich lege die Veredlungsstelle auf einen Stein, also hoch, sobald ich es mit härteren Rosen zu thun habe, mit den Remontantrosen. Die empfindlichen Theerosen, Noisetterosen, Noisettehybriden und auch Theehybriden erhalten außerdem noch einen besonderen Schutz dadurch, daß über die Veredlungsstelle ein handbreiter Streifen Blech gelegt wird oder in Ermangelung desselben ein Streifen wasserdichten Papiers, Ölpapier 2c.

Genügt einfaches Überlegen nicht, dann wickle das Papier einmal um die Veredlungsstelle weitbauchig herum. Fest um die Veredlungsstelle gelegt, wirkt das Papier schädlich, weil es die Luft abschließt und die Veredlung leicht sticken läßt. Okulanten ersticken auf jeden Fall.

Fig. 29. Beim Einwintern.

Am besten liegen die Kronen auf einem harten Wege; wo das nicht geht, auf dem Rosenbeete. Auf Rasen liegen sie weniger gut. Der Rasen muß kurz vorher geschoren werden und dann eine 5—6 Centimeter hohe Schicht trockenen Sandes als Isolierschicht erhalten.

Vor dem völligen Einwintern werden alle unreifen Zweige aus der Krone herausgeschnitten, wo es not thut auch die andern Zweige etwas gekürzt, aber nicht viel.

Fig. 29 zeigt uns das Einwintern der Rosen in verschiedenen Stadien. Die Kronen werden zuerst mit Tannenreisig überdeckt; es geht auch ohne Reisig. Nachher träufelt man einige Tropfen Asa foetida zum Schutz gegen Mäuse über und deckt nun mit Gartenerde zu. Sand, Torfmull, Kiefernadeln sind noch besser, aber hier ist Erde ausreichend, weil die Rosen auf einem durchlässigen lockeren Boden wachsen. Auf schwerem Boden sind Sand, Torfmull und Kiefernadeln zu verwenden, weil ein zäher Boden als Bedeckungsmaterial zu feucht ist.

Auf jeden Fall muß der Deckhaufen 20—30 Centimeter hoch werden — bei starken Kronen noch höher — und so breit sein, daß er wenigstens handbreit über die Zweigspitzen hinwegsteht, damit er den Frost auch von der Seite abhält. Jeder Deckhaufen muß ferner nach oben spitz zulaufen und um den Abfluß des Wassers noch mehr zu begünstigen, fest und glatt geklopft sein. Torfmull ist zu diesem Zwecke etwas anzufeuchten, nur oben, da sich sonst kein Haufen bilden läßt.

Bei sehr starkem Frost schützt man die Haufen noch durch Ueberlegen von strohigem Dünger, Tannenreisig oder ähnlichen Sachen.

Damit der Frost auch dem Wildstamme nichts anhabe, wird dieser schon im Herbst mit Stroh oder Leinwand umwickelt.

Viele decken die in Tannenreisig eingewickelten Rosenkronen nach Art von Fig. 30 durch kleine Holzdächer und bringen über die Dächer noch Kartoffelstroh, Tannenreisig u. s. w.

Fig. 30. Winterdecke durch Dächer.

Auch dieser, wenngleich theuere Schutz, ist vortrefflich, da er alle Bedingungen erfüllt, welche die Rose erfüllt sehen will und auf feuchten Boden noch gut verwendbar ist.

Einwinterung auf sehr feuchten Böden.

Es giebt Lagen im Überschwemmungsgebiet oder bei hohem Grundwasser, wo kein Winter ohne große Verluste vorübergeht und keine Decke ausreicht. Dort ist die Rosenkultur nur möglich in Töpfen oder durchbrochenen Kästen, die eine Überwinterung der Rosen in besonderen

Winterquartieren möglich machen. Glaube nicht, daß solchen Rosen Üppigkeit fehlt. Sie gedeihen vorzüglich, wenn ihre Töpfe in jedem Frühjahre in das Beet eingesenkt und 5 Centimeter hoch mit Erde bedeckt werden. Ihre Wurzeln wachsen da bald aus den Gefäßen heraus, Fig. 31, und erarbeiten hinreichend Nahrung.

Die Wurzeln müssen allerdings über Winter erhalten werden, wer das nicht kann, muß in jedem Frühjahre ziemlich lange warten, bevor die Rosen ordentlich in Trieb kommen; die Wurzeln, welche für sie Nahrung erarbeiten, müssen sich dann ja erst bilden. Das Erhalten der Wurzeln ist aber nicht sehr schwer.

Lege die Rosen in einen leeren Mistbeetkasten, fülle die Zwischenräume der Töpfe mit Moos oder Erde, decke dann den Mistbeetkasten wenn es friert zu, lüfte bei mildem Wetter und deine Rosen halten sich vorzüglich.

Ein ebenso guter Überwinterungsraum bildet die Remise, in der das Thermometer nicht unter 8—10° R. sinkt. Die Rosen werden dort dicht an dicht hingestellt und ihre Töpfe mit Sand oder Erde überschüttet 15—20 Centimeter hoch (Fig. 32). Ohne Erddecke verkommen die Stämme.

Fig. 31. Rose im Topf.

Eine Remise ist besser als der warme Keller und das kalte Zimmer. In beiden treiben die Rosen zu früh, in letzterem leiden sie auch noch durch Trockenheit.

Wo Mistbeet und Remise fehlen, da lassen sich auch die Rosen auf einem trocknen Platz im Freien überwintern. Sie werden hier hingelegt, die Töpfe in einen kleinen Graben, die Kronen höher, und nun mit Sand, Torfmull oder Tannennadeln tüchtig bedeckt. Die Wurzeln kommen auf jeden Fall in Sand. Die Bedeckung muß 20—30 Centimeter auf allen Seiten überstehen, damit der Frost nicht von den Seiten eindringen kann.

Gleiche Überwinterung lohnt sich bei Stämmen, die man des Umzuges wegen oder um das Beet an einen anderen Platz zu bringen, früher herausgenommen hat.

Fig. 32. Einwintern von Topfrosen.

Bei allen in Räumen überwinterten Rosen ist sehr darauf zu achten, daß diese reichlich bei mildem Wetter gelüftet werden. Mit dem kommenden Frühjahre und der damit hervorgerufenen größeren Wärme, wächst die Gefahr, daß die Rosen zu treiben anfangen. Das dürfen sie auf keinen Fall. Damit ist der Erfolg zu nichte gemacht, weil der frühe Trieb bei späterer kalter Witterung im Freien arg leidet. Läßt sich durch starkes Lüften das Austreiben nicht länger zurückhalten, dann ist es besser, die Rosen ins Freie an Ort und Stelle mit den Töpfen tief in den Boden eingelassen hinzustellen und den Boden stark mit Dünger zu bedecken. Geschnitten dürfen die Rosen nicht gleich werden. Die unteren Augen werden so zurückgehalten und treiben später, nach erfolgtem Rückschnitt im April desto freudiger.

Die in Sand niedergelegten Stämme deckt man erst frei, wenn man sie im April verwendet.

Unbiegsame Stämme.

Solange wir unsere Kronen auf die Erde niederlegen können, profitieren wir immer von der Erdwärme. Es strömt aus den tieferen Schichten Wärme nach oben, ersetzt die verloren gegangene und verhindert eine allzustarke Abkühlung. Dieses Vorteils gehen wir verlustig, sobald die Stämme sich nicht mehr zur Erde niederbiegen lassen und deshalb ist es so schwer, solche Stämme lange zu erhalten.

Wo der Stamm noch etwas biegsam ist, da läßt sich aber die Erdwärme zur Geltung bringen, wenn eine Tonne, wie auf Fig. 33, Füße erhält und die Krone hineingesteckt wird. Zur Füllung der Tonne dient Torfmull und vom Boden aus wird ein Berg aus Laub errichtet, der die Tonne überdeckt.

Stämme die sich nicht biegen lassen, stecke in einen Sack, bis tief unter die Veredlungsstelle, fülle diesen mit Torfmull, binde den Sack zu und befestige die Krone an den Pfahl. In den meisten Fällen wird der eng anschließende Torfmull die Winterkälte abhalten.

Fig. 33. Einwintern schlecht biegsamer Stämme.

Besondere Ueberwinterung der Okulanten.

Da das eingesetzte Edelauge im Winter sehr empfindlich ist, besonders von Theerosen, so sucht man dort, wo es sich nur um einzelne Stämme handelt, durch ausgedehntesten Schutz die Veredlung zu erhalten. Es steckt der Eine die Veredlung in eine Flasche, die mit der Öffnung nach unten in einen Sandhaufen eingepackt wird, der Andere verwendet eine Cigarrenkiste, welche mit Sand oder Torf gefüllt in den Boden kommt. Wieder andere nehmen gewöhnliche Drainröhren, stecken dahinein die Okulanten, bringen die Röhre schräg in den Boden und überdecken sie mit Torfmull.

Wo die Flasche, Drainröhre u. s. w. so gelegt wird, daß das Wasser abfließen muß, wird man gute Erfolge haben. Fig. 34.

Ganz empfindliche Rosen, Niel, Niphetos, Belle des jardins u. s. w., manchmal auch Gloire de Dijon, werden als Okulanten im Herbst aus dem Boden herausgenommen, in der Remise oder im Mistbeetkasten in

Fig. 34. Okulanten in Drainröhren.

Sand vergraben überwintert. Die herausgenommenen Okulanten treiben im nächsten Jahre nicht so kräftig als die im Freien an Ort und Stelle gebliebenen und verlangen wie alle frischgepflanzten Rosen sehr große Sorgfalt.

Okulanten, welche noch im Herbst austreiben werden ähnlich überwintert. Der krautige Trieb darf aber nicht mit in das Winterquartier. Wir schneiden ihn kurz zurück. Fig. 35 mag dies erläutern.

Die niedrigen Rosen.

Niedrige Rosen deckt man ebenso wie Hochstämme. Auch hier wird bei den empfindlichen Sorten die Veredlungsstelle besonders geschützt. Im allgemeinen zeichnen sich niedrige Rosen durch größere Härte aus

Fig. 35. Zurückgeschnittener Edeltrieb.

und halten sich die härteren Sorten unter einer leichten Tannendecke oft vorzüglich. Manchmal genügt es, wenn der Boden etwas über handhoch mit Tannennadeln oder Laub belegt wird. Stehen die Rosen in Reihen so werden sie handhoch angehäufelt, bei stärkerem Frost kann man event. auch durch Überdecken von strohigem Dünger, wenn nichts anderes zur Hand ist, schützen.

Bodenschutz und Düngung.

Ich benutze den Winter gern, um den Rosen Nahrung zu geben und fülle darum alle Löcher, die auf den Beeten durch Herausnehmen der Erde entstanden sind, mit kurzem verrotteten Dung, gebe auch 40 Gramm Superphosphat. Der Dünger giebt bei mildem Wetter schon im Winter Nahrung, ist aber im Frühjahre ein wahrer Nahrungsquell für die Rosen, deren Wurzeln begehrlich nach den mit Dünger gefüllten Löchern eilen.

Der Dünger hat aber noch einen andern Zweck. Er soll den Frost abhalten durch die Löcher tief in den Boden zu bringen. Denn je weniger tief der Frost eindringt, desto wärmer stehen die Wurzeln unserer Rosen und je wärmer sie stehen, desto mehr wird von ihnen eine Rückwirkung ihres Wohlergehens auf den Stamm und die Krone übertragen.

So manche Rose, die ohne Bedeckung des Bodens zu Grunde geht, kommt bei einer Bedeckung noch gut durch. Lasse es deshalb nicht daran fehlen, fülle die Löcher, aber schütze auch den anderen Teil des Bodens durch Dünger, und zwar dann, wenn der Frost den Boden eben überkrustet hat. — Du hast dann auch gleich den Vorteil, daß die Rose vor plötzlichem Witterungswechsel viel mehr geschützt ist.

Das Aufdecken der Rosen.

Es ist gefährlich, die Rosen zu früh aufzudecken, aber eben so gefährlich, sie zu lange unter der Decke liegen zu lassen. Richte dich nach der Witterung. Im allgemeinen wirst du Ende März damit beginnen können, oft noch früher, wenn es sehr warm ist. Die aufgedeckten Rosen bleiben auf dem Boden liegen, werden bei starkem Sonnenschein und Frosttagen etwas mit Reisig oder Moos bedeckt und nach 8—14 Tagen aufgerichtet. Doch ist dafür die Witterung maßgebend.

Zu spät aufgedeckte Rosen machen im Boden lange gelbe Triebe, die äußerst empfindlich sind. Wurden die Rosen schon im Herbst geschnitten, dann muß man diese Triebe durch Umhüllen mit Seidenpapier besonders schützen, damit sie allmählich erstarken. Rosen die erst im Frühjahr geschnitten werden, haben die gelben Triebe an der Spitze. Bei ihnen kann der Schnitt helfen. — Häufig sind aber doch die unteren noch nicht ausgetriebenen Augen so empfindlich, daß sie fürsorglichen Schutz verlangen.

Zu spätes Aufdecken hat aber noch einen Fehler, es verzögert die Rosenblüte ganz bedeutend.

Der Einfluß des Winters auf die Decke.

Die Meinungsverschiedenheiten über die beste Art des Winterschutzes würden nicht soweit von einander abweichen, wenn wir den Einfluß des Winters auf die Winterdecke und die Rosen in Betracht ziehen wollten. Du deckst heute deine Rosen genau so, wie du es im vorigen strengen Winter gemacht hast. Heuer ist der Winter milde und, o Wunder, die Rosen leiden trotz des milden Winters unter derselben Decke, die sie im vergangenen Jahre prächtig schützte. Ja, Rosen derselben Sorte sind ohne Decke besser durchgekommen als deine Rosen. Woher dieser Unterschied? Der Einfluß des Winters auf die Decke schafft ihn.

Haben wir einen strengen Winter, dann friert die Decke in sich zu einer festen trockenen Masse und darunter halten sich alle Rosen so lange gut, als es nicht zu kalt wird.

Haben wir einen warmen Winter, da herrscht unter der Decke eine große Wärme. All und jede Feuchtigkeit, auch die geringste, kann sich bemerkbar machen, weil sie beim Vorhandensein von Wärme intensiver wirkt. Es bildet sich eine feuchte moderige Luft, die die Rosenzweige angreift und verursacht, daß oft erst im April schwarze Flecken an den Zweigen entstehen und sie absterben.

In milden Wintern ist daher die Feuchtigkeit noch viel schädlicher als in strengen. Wer sich nicht ganz sicher fühlt, ob seine Rosen auch trocken liegen, soll lieber noch mal nachsehen. Können sie dann, so lange es milde ist, frei bleiben, oder ist die Decke gut zu lüften, besto besser. Den freiliegenden Rosen schadet der Regen nichts.

Wo man Rosen anhaltend stark mit stickstoffreichen Düngern düngt, ohne an eine reiche Gabe von Phosphorsäure zu denken, da kann es passieren, daß die Rosen trotz bester Winterdecke, im Frühjahre eingehen, nachdem sie anscheinend gut durch den Winter gekommen sind. Es bilden sich dann schwarze Flecke, welche erst vereinzelt auftreten, immer mehr aus und töten alles Leben. In solchen Fällen ist es angebracht, mit dem Düngen durch Blut, Stalldung, Jauche aufzuhören und nur reichlich verrottetem Lehm, sowie Kalk und Thomasmehl zu geben. Wo es angängig ist, wäre ein Ersatz des alten Bodens durch neuen von der Landstraße sehr dienlich. Der Winterschutz wird dann bald wieder in alter Weise den Rosen dienen.

Vermehrung der Rosen.

Verschiedene Wildlinge, der beste, ihr Einfluß.

Die Anzucht von Rosen geschieht durch Vermehrung aus Stecklingen und durch Veredlung. Die wichtigste ist die Veredlung. Zum Veredeln gehört als erste Hauptsache ein guter Rosenwildling. Er bildet die Unterlage, von der technisch so oft die Rede ist. Als solche hat er sehr wichtige Bedingungen zu erfüllen. Er muß im stande sein, die auf ihn veredelte edle Rose gehörig zu ernähren. Er muß winterfest sein, so winterfest, daß er von seiner Winterfestigkeit an die edle Krone abgeben kann. Die Erfahrung hat gelehrt, daß die Kronen auf winterfesten Unterlagen auch an und für sich viel mehr Widerstand leisten. Wo finden wir solchen Wildling? Wir brauchen nicht weit zu suchen. Die in Deutschland und fast in ganz Europa wild vorkommende Hundsrose, Rosa canina, entspricht den Anforderungen. Sie gedeiht fast auf jedem Boden, macht schöne gerade kräftige Triebe, und ernährt die Edelrose gut, so gut, daß sie lange auf ihr leben kann. Keine andere Wildrosensorte vermag erfolgreich mit der Hundsrose zu konkurrieren, wenngleich ja hin und wieder auf anderen Rosen veredelt wird.

In England und Holland benutzt man die Mannettirose, eine Rose von italienischer Abkunft, die den Nachteil hat, viele starke Wildschösse zu treiben, und sehr oft die edle Rose, wenn sie schwachwüchsig ist, so schlecht ernährt, daß die Krone schon nach wenigen Jahren wieder abstirbt. Zu Wurzelhalsveredlungen, besonders für Treibereien, ist sie besser verwendbar.

Auch die Centifolienrose, Rosa centifolia, ist als Unterlage verwertbar, und wer Centifolien im Garten hat, mit ihnen aber nicht zufrieden ist, mag sie getrost veredeln. Die edlen Rosen wachsen zwar nicht sehr üppig darauf, aber sie bringen große prächtige Blüten. Für starkwachsende Rosensorten ist die Centifolie als Unterlage manchmal gar nicht zu verachten. Sie zwingt sie, ihren Wuchs zu mäßigen.

Zimmtrosen, Rosa cinnamomea, sind ebenfalls zur Veredlung verwendbar, wenn man sie gerade hat, doch besitzen sie nicht Kraft genug, um die Veredlung lange zu ernähren. Ferner sind Rosen wie de la Grifferaie, Rosa rubifolia als Unterlagen für niedrige Rosen verwendbar und kann man sie dazu durch Stecklinge heranziehen.

In neuerer Zeit haben zwei Rosen viel von sich reden gemacht, Rosa laxa, neuerdings Rosa Froebeli und die sogenannte Ketten'sche Unterlage. Beide sind im Winter 94/95 bis zur Schneegrenze herunter gefroren. Rosa laxa ist zu niedrigen Rosen sehr gut.

Fig. 36.
Waldwildling und Sämling.

Waldwildling oder Rosensämling.

Früher suchte man alte Wildstämme der Hundsrose in Wald und Feld, grub sie aus und pflanzte sie wieder ein. Da aber der Bedarf an Wildstämmen in jedem Jahre gestiegen ist und der Zuwachs fehlte, so wurden sie allmählig teurer und nun kamen Rosenzüchter auf die Idee, die Hundsrose durch Aussaat von Samen selbst heranzuziehen. Wir besitzen jetzt Wildstämme und sogenannte Sämlingsstämme, das sind die in Rosenschulen aus Samen herangezogenen Hundsrosen. Waldrose und Rosensämling unterscheiden sich sowohl im Stamm als in der Bewurzelung. Die Waldrose ist nicht so schlank, nicht so biegsam, als die unter günstigeren Verhältnissen aufgewachsene Sämlingsrose. Letztere hat einen Busch von feinen Faserwurzeln, erstere fast nur einen Wurzelknorren. Fig. 36.

Unzweifelhaft macht der Wurzelreichtum die Sämlingsrose wertvoller, weil er das Anwachsen erleichtert.

Ob ich aber, wenn ich Rosenwildlinge beschaffen will, zum Waldwildstamm oder zum Rosensämling greife, das ist lediglich eine Folge der Verhältnisse. In einer Gegend, welche noch gute Wald- oder Heckenstämme birgt, werde ich keine Sämlingsstämme verwenden. Dort, wo ich auf den Kauf aus weiter Ferne angewiesen bin, auch nur einzelne Stämme gebrauche, komme ich mit Sämlingsstämmen stets besser fort, weil sie auf keinen Fall so sehr durch das Herausnehmen gelitten haben, wie der oft tagelang ohne Bedeckung liegengebliebene Waldwildling.

I. Gewinnung des Waldwildlings.

Auswahl.

Die richtige Zeit, den Waldwildling auszugraben, kommt Mitte und Ende Oktober. Bei mildem Wetter läßt es sich den ganzen Winter hindurch fortsetzen, auch im zeitigen Frühjahre noch betreiben, aber nur, wenn man für den eigenen Garten sammelt. Es ist aber nicht jeder Rosenstamm gut. Die Hundsrosen unter sich sind schon sehr verschieden. Der struppige Geselle mit einer Anzahl von Zweigen und einer erschreckenden Menge langer Dornen, ist nichts für deinen Garten. Er taugt nicht einmal zur Gewinnung von Samen. Denn wenn von ihm Samen gesammelt wird, giebt es wieder solch' häßliche Pflanzen, die eine Menge kurzer Triebe machen, aber keinen brauchbaren Schoß herausbringen. Die gute Hundsrose muß lange, schlanke Schosse haben und wenig aber starke Dornen. Fig. 38. An jeder Rose bleibt nur der beste Schoß. Er muß frei sein von Schorfflecken, von Frostrissen und Roststellen. Gleich nach dem Ausheben sind die Rosen einzuschlagen. Wer sie tagelang der Luft und Sonne aussetzt, verscherzt sich leichteres Anwachsen und verschlechtert die mit großer Mühe gewonnene Ware.

Behandlung des Waldwildlings.

Wer den Waldwildling gleich auf das Rosenbeet pflanzt, um ihn zeitig im Frühjahr zu veredeln, würde argen Mißerfolg erleben. Solch Waldwildling hat in der ersten Hälfte des Jahres genug mit sich selbst zu thun. Er muß erst Wurzeln bilden und kommt deshalb auf ein besonderes Beet.

Der Rosengärtner rigolt den Boden für die Wildlinge 50—60 Centimeter tief und düngt ihn stark. Im kräftig gedüngten Gartenboden ist letzteres nicht notwendig, gut aber doch, besonders deshalb, um die Rosen zu veranlassen, ein viel verzweigtes Wurzelnetz zu treiben. Alle Pflanzen haben nämlich die Eigentümlichkeit, in lockerem Boden viel mehr Wurzeln hervorzubringen als in festem, schwerem Boden. Auf schwerem Boden kann man durch Beifügung von reichlich Dünger ganz in der Nähe des Wurzelknorrens dort ein förmliches Wurzelnetz schaffen und Rosen erhalten, welche ein späteres Verpflanzen vorzüglich vertragen. Auch durch Beifügung von Torfmull ist das Wurzelsystem recht feinwurzelig zu machen, selbst Sand hilft, wenn man ihn mit der Erde mischt, innig mischt. Hauptsache ist aber, daß dies alles ganz in der Nähe des Wurzelknorrens geschieht, damit dessen Wurzeln sich hier wohl fühlen und nicht erst veranlaßt werden, weit heraus zu treiben.

Die Pflanzung des Wildlings geschieht im Herbst, nur im Notfalle im Frühjahre. Vor derselben wird der Wildling einem Wurzelschnitt unterworfen, weil sein großer Wurzelknorren keinen Zweck hat. Es genügt, wenn ihm 10—12 Centimeter davon stehen bleiben, wie auf Fig. 37. Der Schusterpfriemen hat den Zweck, den stehengebliebenen Wurzelknorren mit Löchern zu versehen, um dem Knorren dadurch Gelegenheit zu geben, mehr Callus zu bilden und dementsprechend aus ihm heraus Wurzeln. Mit einem Messer läßt sich dasselbe erreichen, wenn man flache Wunden von 2—3 Millimeter Tiefe und 5—6 Millimeter Breite schafft. Dem Schneiden folgt das Eintauchen in den Lehmbrei und darauf das Einpflanzen. Es geschieht auch dies mit etwas schräger Richtung der Wildlinge und erfolgt entweder mit einer Entfernung von 15—20 Centimeter in den Reihen und 80 Centimeter der einzelnen Reihe oder aber in der Weise, daß man zwei Reihen dicht aneinander bringt und dann einen Zwischenraum von 80 Centimeter läßt. Die einzelnen Rosen in den Reihen und unter sich erhalten 30 Centimeter Entfernung. Diese Pflanzenweise ist sehr gut. Fig. 38.

Fig. 37.
Wurzelschnitt des Waldwildlings.

Wo man viel pflanzen muß, wird auf der Pflanzreihe ein 1 Spatenstich tiefer Graben ausgeworfen und dessen Sohle mit kurzem Dünger belegt. In ihn hinein setzt ein Mann, der soviel Rosen unter dem Arme mitnimmt, als er halten kann, den Wildling und ein zweiter Mann wirft den Graben wieder zu. Es ist dabei nicht zu befürchten, daß die Rosen zu tief gepflanzt werden.

Nach dem Pflanzen legt man die Rosen nieder, Fig. 38, entweder so, daß ihre Stämme zwischen den Reihen liegen und jedesmal die Spitze des Wildlings heraussieht, oder so, daß die Rosen der Reihe entlang niedergebogen werden und durch Anbinden an den vorherstehenden den nötigen Halt gewinnen. Auch bei der Pflanzung im Frühjahre ist ein Niederbiegen und Bedecken notwendig. Das Hochnehmen geschieht, sobald die Knospen austreiben.

An den Wildstämmen

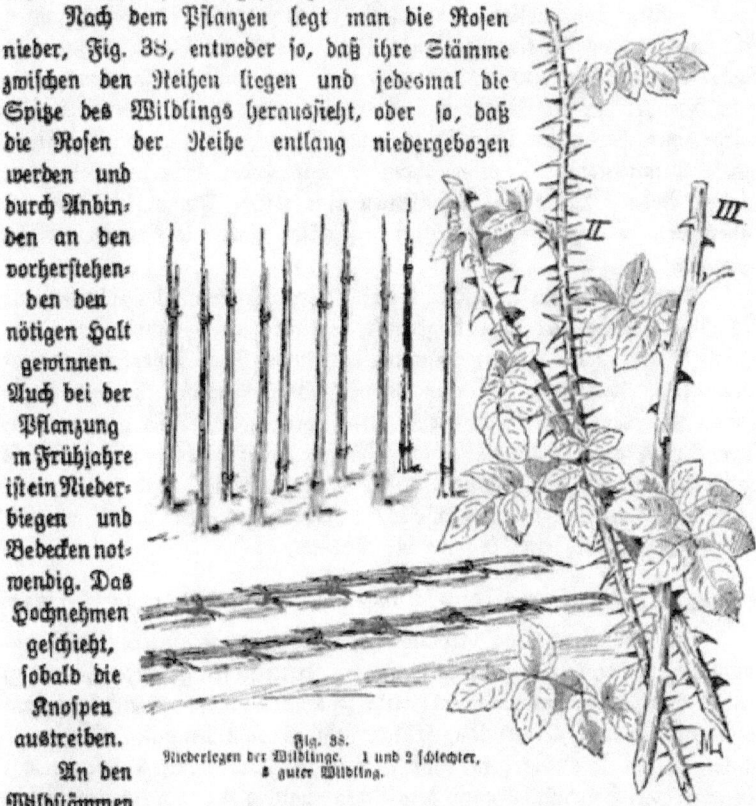

Fig. 38.
Niederlegen der Wildlinge. 1 und 2 schlechter,
3 guter Wildling.

kann alles wachsen mit Ausnahme von Schossen aus dem Boden. Ihre Bewurzelung ist bei reichlicher Bewässerung bald eine üppige, manchmal so üppig, daß sie keinen Vergleich mit der des Sämlingsstammes zu scheuen braucht. Die Veredlung durch Okulation geschieht im Juli, August.

Anzucht des Sämlingsstammes.

a. von Samen, die erst im zweiten Jahre keimen.

Zur Zucht der Sämlingsstämme gehört guter Samen. Wo wir ihn von Rosen mit schlanken Schossen und geringer Bewehrung selbst sammeln können, werden wir ungleich bessere Resultate haben, als dort, wo wir den Rosensamen kaufen müssen. Der Rosensamen hat die Eigentümlichkeit, daß er, ordentlich reif geworden, nicht im ersten Jahre keimt. Wer ihn aussäet, muß zwei Jahre warten, bis die Pflanzen erscheinen. Das ist eine zu lange Zeit, um dafür Beete herzugeben. Reifer Rosensamen wird deshalb auch nicht im ersten Jahre ausgesäet, man bewahrt ihn ein Jahr auf. Aber nicht etwa trocken, im Sacke, das würde einen Verlust der Keimfähigkeit nach sich ziehen, nein, man stratifiziert ihn. Stratifizieren ist aufbewahren in Sand oder Erde und vergraben in den Boden, damit die Rosensamen eine stetige Feuchtigkeit um sich haben und so denselben Einflüssen ausgesetzt sind wie Samen, welche man aussäet.

Das Stratifizieren geschieht gleich nach der Ernte folgendermaßen: In einen Kasten wird eine fingerdicke, mäßig feuchte Schicht Erde oder Sand hineingethan, darauf kommt eine dünne Lage Rosensamen, nicht ausgebeert, sondern so wie man sie vom Busche gepflückt hat als Hagebutten und über diese dann wieder Erde oder Sand. So geht es fort. Der Kasten wird, nachdem einige Tropfen Asa foetida gegen Mäuse darauf geträpfelt sind, vergraben, 30 Centimeter tief, und ringsherum noch etwas Asa foetida geträufelt. Er bleibt bis zum Herbste nächsten Jahres stehen und dann beginnt die Aussaat.

b. Anzucht aus Samen die schon im nächsten Frühjahre keimen.

Das Sammeln der Hagebutten ist bereits vorzunehmen, wenn diese anfangen, sich bräunlich zu färben und die Kerne so fest geworden sind, daß sie sich mit den Fingernägeln nicht mehr zerdrücken lassen. Gleich nach dem Sammeln, auch nicht einen Tag später, geht es an's Reinigen. Die Hagebutten werden, so gut es geht, ohne Beschädigung des Samens zerstoßen mit einem festen Holzknüttel oder dergleichen und gleich darauf im selben Gefäß gereinigt, ausgewaschen, durch Reiben, Schütteln, Erneuern des Wassers u. s. w. Und ist das Reinigen vorbei, dann beginnt die Aussaat, noch bevor die Samen abgetrocknet sind. Nur so erhält man im nächsten Jahre Pflanzen, alle anderen Mittel, die Keimfähigkeit zu beschleunigen, sind erfolglos.

Aussaat des Samens und Verstopfen.

Eine schnelle Entwickelung der Sämlinge verlangt kräftigen, stark gedüngten Boden. Man richtet Beete von 1 Meter Breite her, auf welche fünf etwa 3 Centimeter tiefe Furchen gezogen werden. Der Same ist dünn zu streuen. Kann man die Furchen mit Komposterde füllen, desto besser, sonst wird mit dem Rechen die Gartenerde hereingezogen. Ein Festdrücken derselben gehört zur guten Aussaat und als Schluß dazu das Überdecken der Samenbeete mit verrottetem Dung.

Hacken und Gießen steht später in erster Reihe.

Haben die Sämlinge 4—5 Blättchen getrieben und sind sie gut aufgegangen, dann beginnt für sie die Zeit des Verstopfens, d. h. sie werden mitten im Wachstum herausgenommen und auf andere gut gedüngte, wenn möglich im Herbst rigolte Beete von 1 Meter Breite gepflanzt. Dies muß mit großer Sorgfalt geschehen, wenn die Pflanzen nicht heillosen Schaden nehmen sollen. Nicht jeder beliebige Tag ist dazu gut. Windige und sonnige Tage sind ausgeschlossen, je trüber die Witterung, desto besser.

Die erste Sorgfalt ist auf das Herausnehmen der Pflanzen zu verwenden. Gieße den Boden einen Tag vorher tüchtig durch, fasse dann mit dem Spaten oder der Hand tief genug, um die Wurzeln unbeschädigt herauszubekommen. Nimm nie zu viel Pflanzen heraus, nicht mehr als in kurzer Zeit gepflanzt werden können und lege sie auf ein Brett mit feuchtem Moos oder feuchter Erde.

Die Sämlinge erhalten beim Verstopfen 18 Centimeter Reihenentfernung bei 6 Centimeter in den Reihen. An sonnigen Tagen muß das Rosensämlingsbeet Schatten

Fig. 39.
Sämling vom Pflänzling bis zur fertigen Pflanze.

durch Tannenreisig oder durch übergelegte Bretter erhalten. Fig. 39. Öfteres Spritzen ist dem Gedeihen sehr dienlich, öfteres durchbringendes Gießen ebenfalls, späterhin nicht mit Wasser allein, sondern mit Wasser, dem Jauche zu $1/5$ beigesetzt ist. Neben reichlichem Spritzen,

Gießen und Düngen ist das Auflockern und Jäten nicht zu vergessen. Erst dann kommt die andere Pflege recht zur Geltung und werden bis zum Herbst Pflanzen von 30—40 Centimeter Höhe erzielt.

Nochmaliges Verpflanzen.

An Ruhe dürfen die Rosen noch nicht denken. Sie müssen im Herbste wieder heraus und auf andere 1 Meter breite Beete, aber jetzt mit 20—25 Centimeter Entfernung der einzelnen Pflanzen unter sich und nur drei Reihen auf das Beet. Beim Herausnehmen bleibt die sorgfältigste Schonung der Wurzeln stets die Hauptsache. Sie sind das wichtigste Glied der Pflanzen, das nicht genug in Acht genommen werden kann. Was nutzt es, wenn wir im Sommer noch so gut pflegen und im Herbst durch einen nachlässigen Spatenstich oder durch sorgloses Herumliegen und Ausdörren alles verderben lassen. Deshalb vorsichtig heraus mit den Pflanzen, dann sortiert nach der Größe, die Zweige bis zur Hälfte gestutzt und darauf gleich eingeschlagen, wenn noch nicht gepflanzt werden kann. Beim Pflanzen dann in der Pflanzreihe einen Graben ziehen, tief genug um die Wurzeln gehörig hineinlegen zu können. Hineinstopfen darf man die Wurzeln nicht. Die Wildlinge können etwas tiefer gepflanzt werden, als sie bislang standen. Wo man dies nicht will, da muß nachher aus den Zwischenräumen Erde an die Pflanzen herangezogen werden. Es entstehen so kleine Furchen, die zum späteren Gießen und Düngen ganz vortrefflich sind. Kräftiges Düngen mit Jauche ist niemals zu vergessen, es giebt überraschende Erfolge.

Bis zum Juli—August haben die Rosensämlinge zum Veredeln für niedrige Rosen, für sogenannte Wurzelhalsveredlungen die nötige Stärke erreicht. Für Wurzelhalsveredlungen kennt man keine andere Anzucht der Hundsrose. Dazu werden Rosen aus dem Walde nicht benutzt. Man würde sie auch gar nicht so billig und so gut erhalten können. Sollen die Sämlinge zu Hochstämmen werden, kommt ein weiteres Jahr der Pflege hinzu, die wirkliche

Erziehung zu Hochstämmen.

Man darf sich darunter keine Zucht vorstellen, wie beim Obstbaum etwa, wo der neueste Trieb immer die Verlängerung des letztjährigen bildet. So ist unsere Rose nicht geartet. Sie treibt alljährlich neue

Schosse aus dem Boden. Je kräftiger der Boden, je sorgfältiger die Pflege, desto länger werden diese. Aber die alten Schosse treiben nur Nebentriebe, wachsen nicht mehr gerade in die Höhe. Trotzdem sind die alten Schosse wichtig. Wer da glaubt, daß die neuen Schosse besser Platz finden und besser heraustreiben, wenn die alten weggeschnitten werden, irrt. Man darf um Rosenhochstämme zu ziehen, im dritten Jahre der Zucht kein Messer ansetzen, sondern muß die Rosen treiben lassen, soviel sie wollen. Man darf nur den Trieb unterstützen durch Umgraben des Bodens im Frühjahre und durch sehr starkes Düngen mit flüssigem Dung, womöglich in kleine Gräben. Die Schosse werden dann von selbst sich Bahn brechen und 1½—2 Meter hoch werden, wenn der Boden gut und die Düngung kräftig gewesen ist. Die Veredlung geschieht ohne Umpflanzen auf ihren Beeten. Als fertige Rosen werden sie dort fortgenommen.

Anzucht aus Wurzelschnittling.

Unsere Wildrosen haben alle das Bestreben, Wildtriebe aus den Wurzeln hervor zu bringen. Diese Unart läßt sich für die Anzucht von Wildlingen im kleinen ausnutzen, dadurch daß man von den Wurzeln der Wildlinge, Schnittlinge und zwar in einer Länge von 8—10 Centimeter macht. Diese Schnittlinge kommen alle dicht an dicht liegend — auch wohl mal übereinander in eine kleine Vertiefung, 5—10 Centimeter tief, der besseren Feuchtigkeit wegen. Fig. 40. Sie erhalten etwas Komposterde und dauernd viel Wasser, das ist alles. Lebenszeichen erscheinen nach geraumer

Fig. 40. Zucht aus Wurzelschnittlingen.

Zeit in Form von jungen Rosentrieben. Ist eine Anzahl davon hochgewachsen, dann werden die Rosen auf ein Beet gepflanzt, wo sie später veredelt werden sollen.

Wildlinge aus Stecklingen.

Von Manetti, de la Grifferaie schneidet man im Herbst die Triebe in 20—25 Centimeter lange Stücke, der unterste Schnitt immer unter dem letzten Auge und steckt diese im Einschlage überwinterten Stecklinge im zeitigen Frühjahr bis an das oberste Auge in den Boden eines lockeren Beetes. Am besten so, daß man tiefe Furchen zieht, die Stecklinge 10 Centimeter auseinander hineinstellt, etwas gute Komposterbe giebt und dann die Furche füllt.

Das Veredeln der Wildlinge.

Von den Veredlungen gelingt, sobald die Arbeit gewissenhaft und schnell ausgeführt wird die größte Zahl.

Zum Schnellarbeiten gehört Übung, übe daher, ehe du zu veredeln anfängst am grünen Rosenholze. Wie? Die Rose läßt sich auf verschiedene Weise echt machen, durch Triangulation, Copulation, Anplatten und Okulieren. Letztere ist die gebräuchlichste, einfachste und am besten wachsende Veredlungsart.

Okulieren.

Fig. 41.
Gutgeschnittenes Auge.

Vermittelst des Okulierens wird ein Auge (Knospe) der eblen Rose in den Stamm oder Zweig des Wildlings gesetzt. Platz dafür schafft man durch einen Schnitt, der so T oder so ⊥ aussieht (je nachdem man lieber das Auge von oben oder unten einschiebt) und nur bis durch die Rinde geführt werden darf. Er verletzt sonst das Holz und bringt Wunden, die schlecht ausheilen. Übe zuerst den Schnitt T.

Übe ferner den Schnitt des Edelauges. Am leichtesten ist er, wenn man das Auge mit einem sehr dünnen Stückchen Holz vom Zweige löst. Nimm dabei den Zweig verkehrt in die Hand, die Spitze dem Körper zu, setze das Messer 1 Centimeter unterhalb des Blattstiels an und schneide behutsam, aber mit ruhigem, gleichmäßigen, etwa ⅕ Centimeter starkem Schnitt bis 1 Centimeter darüber hinaus, nicht weiter, weil eine längere Rinde das Anwachsen leicht hindert. Fig. 41 und 42.

Schwieriger ist das Augenschneiden, wenn man ohne Holz veredeln will, weil dabei der Kern des Auges häufig ausbricht. Ich veredle nie ohne Holz, da die Okulation nach voriger Methode ebenso sicher und ebenso gut wächst.

Wer ohne Holz okulieren will, nehme beim Auslösen eine Federspule zu Hülfe, dann geht es ziemlich gut. Das Auge wird zuerst umschnitten, auf der rechten Seite zweimal, und mit dem zweiten Schnitt der schmale Rindenstreifen entfernt. Das Messer soll alsbann oben die Spitze des Schildes etwas heben, um den Ansatz der Pose zu ermöglichen.

Fig. 42. Schlechtgeschnittenes Auge.

Setzt man nun den Daumen der linken Hand unter den Blattstiel und schiebt die feuchtgehaltene Pose von oben langsam nach unten, so ist jedes Auge vor dem Ausbruch des Kernes ziemlich bewahrt und wachstumsfähig erhalten.

Übe zum dritten das Hineinschieben des Edelauges unter die Rinde des Wildlings. Es ist oft das Schwierigste bei der ganzen Vereblung. Man muß mit der einen Hand das Edelauge am Blattstiel anfassen, mit der andern den Rindenschnitt durch das Messer etwas öffnen und nun das Edelauge langsam einschieben. Jede Berührung des Auges an seiner Schnittfläche ist gleichbedeutend mit dem Nichtwachsen. Man kann auch nur bei trockenem Wetter veredeln, darf aber nicht die heißen Mittagsstunden wählen.

Edelauge und ⊥ Schnitt müssen gleich lang sein. Vorne etwas angespitzt, läßt sich ersteres leichter in den Schnitt hineinschieben.

Der Verband wird aus Raffia-Bast oder Wollfäden hergestellt. Fig. 43. Man fängt unten an zu wickeln und kehrt wieder dahin zurück, um den Faden zu knoten. Ziemlich fest binden! Ein kleines Insekt, die Rosenvereblungsmücke, Okuliermade, auch rote Made genannt, hat in den letzten Jahren viele Verheerungen unter den Vereblungen angerichtet, und ihretwegen müssen wir beim Verbande sehr behutsam sein. Ein Verband aus Bast, noch so dicht gelegt, schützt nicht, wenn er nicht mit Baumwachs verstrichen wird. Ohne Baumwachs giebt nur ein ganz dichter Verband von Wollfäden oder ein Umwickeln von Papier Schutz. (Siehe schädliche Insekten.)

Fig. 43.
Verbundenes Edelauge.

Daß zum gutem Schnitte ein scharfes Messer gehört ist selbstverständlich. Ein scharfes Federmesser, haarscharf, thut zwar seine Schuldigkeit. Besser, weil handlicher, ist aber im allgemeinen ein Veredlungsmesser, von dem es ja viele Formen giebt.

Gutes Lösen.

Das Nichtlösen der Rinde ist ein Zeichen von Saftlosigkeit des Wildlings. Er befindet sich noch nicht in ordentlichem Wachstum, oder hat es schon wieder aufgegeben, was auch vorkommt.

Da gutes Lösen, Fig. 44, beim Veredeln überaus wichtig ist, dürfen wir zum Veredeln immer nur die Wildlinge nehmen, welche sich im vollsten Wachstum befinden und müssen dort, wo das Lösen nicht ganz sicher scheint vorher die Probe machen. An einer beliebigen ungefährlichen Stelle über der späteren Veredlung wird ein einfacher Querschnitt gemacht. Knackt die Rinde, dann löst sie sicher, knackt sie nicht, dann müssen wir mit der Veredlung warten und Mittel anwenden, um das Lösen der Rinde zu beschleunigen. Diese bestehen im kräftigen Gießen und Düngen. Die Rose muß wieder in Trieb kommen. Aber kleine Mittel helfen nicht. Ein bischen Spritzen ist nutzlos, es muß tüchtig gegossen werden, bis zu den äußersten Spitzen der Wurzeln muß die Feuchtigkeit hinziehen, wenn sie Erfolg bringen soll.

Fig. 44. Gut gelöst.

Vorteilhaft ist es immer 8—14 Tage vor dem Veredeln die Wildrosen tüchtig durchzunässen, dann lösen sie sicherer.

Reifes Edelholz.

So wie der Wildling seine Zeit hat, so hat sie auch das Edelauge oder vielmehr der Edeltrieb. Man kann Rosenreiser nicht in jedem

Stadium schneiden. Vor der Blüte giebt es keine Reiser. Da sind sie zu jung und zu weich. Erst wenn die Rosen zu blühen anfangen, haben ihre Triebe und Augen die zur Veredlung nötige Festigkeit und Reife.

Die besten Augen sitzen in der Mitte, unten und oben sind sie nicht vollkommen ausgebildet. Während erstere häufig Rosen mit großer Blütenwilligkeit und schwachem Triebe geben, liefern die unteren leicht Rosen mit starkem Wuchse und geringer Blühwilligkeit.

Fig. 45. Reifer Trieb.

Augen, welche schon etwas ausgewachsen sind, taugen nicht, weil sie gleich weiter wachsen und bis zum Herbst kein reifes Holz mehr bringen.

Schneide Rosenreiser nur kurz vor der Veredlung und entferne die Blätter bis zu den Blattstielen, damit sie nicht durch die Verdunstung von Wasser leiden. In feuchtem Moos lassen sich

Fig. 46. Unreifer Trieb.

die Reiser einige Zeit aufbewahren, in feuchtes Moos verpackt auch recht gut verschicken, wenn die Schnittwunde mit einem Stückchen feuchten Schwamm umbunden wird.

Beim Veredeln führt man die Reiser in feuchtem Moos, oder mit dem unteren Teil in einem Gefäß mit Waſſer ſteckend, mit ſich.

Wann wird veredelt?

Fig. 47. Ein Wildling, der veredelt werden ſoll.

Von Mitte Juli bis Mitte Auguſt läßt ſich veredeln. Biſt du Anfänger, ſo veredle ſo früh als möglich, weil du noch einmal veredeln kannſt, wenn es beim erſten mal mißlingt. Einige Bedenken hat allerdings frühes Veredeln. Früh eingeſetzte Augen treiben leichter im ſelben Sommer aus als ſpät eingeſetzte. — Die beſte Gewähr für das Nichtaustreiben giebt uns die Behandlung des Wildlings. Solch ein unveredelter Roſenwildling ſieht etwa aus, wie Fig. 47. Was er an Kraft beſitzt, zeigt er in ſeinen Seitenzweigen. Was er durch ſeine Wurzeln erarbeitet, dient zur kräftigen Fortentwickelung ſämtlicher Zweige. Nehmen wir ihm 2 auch 3, ſo wird er durch vermehrtes Wachstum der übrigen Zweige den entſtandenen Überfluß an Nahrung ausnutzen. Nehmen wir ihm noch mehr Zweige, dann genügt dieſer Ausweg nicht. Von dem überflüſſigen Safte werden ſchlafende Augen, die unter gewöhnlichen Verhältnissen nicht austreiben, kräftiger ernährt und wir erhalten neben den vorhandenen Trieben statt der abgeschnittenen, neue. Was wollen wir nun beim Veredeln? Durch das Okulieren setzen wir Edelaugen, schlafende Augen ein. Sie sollen im nächsten Jahre treiben, im heutigen nur anwachsen. Ergo, wenn wir okulieren, dürfen wir dem Wildstamm nicht so viel Zweige nehmen, daß er schlafende Augen austreibt; müssen die Wegnahme einrichten nach der Zeit, in der wir veredeln. Je früher veredelt wird, besto weniger Zweige dürfen abgeschnitten werden, denn das Wachstum ist Anfang Juli kräftiger als Ende Juli und Ende Juli kräftiger als im August.

Fig. 48 zeigt den Wildling veredelt und zwar ist letzteres recht spät, erst Ende August geschehen. Deshalb sind ihm auch so viele Zweige genommen und so viele entspitzt worden. Bei früher Veredlung hätte er seine Zweige alle oder fast alle behalten und wäre nur durch Entspitzen einiger Triebe die Begünstigung des Edelauges möglich geworden.

Durch das Einsetzen von zwei Augen kommt man schneller zu einer Krone. Der Rosenzüchter setzt nur ein Auge ein, weil er Arbeit spart und eine gleichmäßigere Kronenbildung erzwingt. Zwei Augen müssen so gesetzt sein, daß eins auf dieser Seite, das andere auf der entgegen-

Fig. 48. Ende August veredelter Wildling.

gesetzten Seite des Stammes, aber 3—4 Centimeter höher, Platz findet. Ebenso gut als in den Stamm läßt sich auch in die vorjährigen Seitentriebe des Wildlings veredeln, sobald diese passend stehen. Die Veredlung muß aber dicht am Stamme gemacht werden, nicht eine Strecke davon.

Behält das Auge im Laufe der Tage sein frisches Grün und ist nach 8—14 Tagen der Blattstengel abgefallen, dann ist es gewachsen. Nicht gewachsen dagegen, wenn der Stengel nach dieser Zeit noch verschrumpft dahängt. Da der Verband, wenn er mit Baumwachs verschmiert wurde, drückt, ist ein Lösen desselben nach 4—5 Wochen notwendig.

Wie hoch wird veredelt.

Fig. 49. Zu hoch veredelt.

Es herrscht die wenig hübsche Gewohnheit unter Rosenfreunden und Rosenzüchtern, erst dann eine Rose für vollständig anzusehen, wenn sie auf einen recht hohen Wildling veredelt wurde.

Ist das nun hübsch, ist es praktisch und gesund für die Rose?

Über das Hübschsein läßt sich streiten, ich persönlich finde es schrecklich, wenn auf einem Stamm von 2—2,50 Metern sich die Krone wiegt, aber ist es praktisch? Hier läßt sich nichts deuteln und drehen. Wir ziehen Rosen, um sie beschauen zu können, um uns an ihrem Duft zu erfreuen, aber ist das möglich, wenn die Krone in den Himmel ragt?

Die Dame auf unserem Bilde, Fig. 49, ist noch glücklich daran, die nächsten Rosen, welche sie pflückt, kann sie nur noch auf dem Stuhle stehend erreichen.

Ja, für Rosen, die hängen, wie Mel, Dijon, wie die Rankrosen, da lasse ich mir hohe Stämme gefallen, die Blüten wachsen ja zu uns herunter, aber für Rosen, welche selbst nach oben streben, oder ihre Blumen nur wenig nicken lassen, ist 2 Meter, auch 1,50 viel zu hoch.

Die bequemste Höhe ist die von 80—100 Centimeter. Für aufrechtwachsende Rosen, wie die meisten Theehybriden, die Remontantrosen, ist auch diese Höhe noch fast zu hoch. Die Kronen entwachsen mit der Zeit unserem Gesichtskreis und wir müssen immer höher schauen, wenn wir etwas sehen wollen.

Ich liebe für solche Rosen den sogenannten Halbstamm, veredle sie auf 40—60 Centimeter Höhe und kann dann die Blüten hübsch beschauen und ihren Duft auf mich einwirken lassen, ohne Stuhl und Leiter zu Hülfe nehmen zu müssen.

Doch wer allen praktischen Gesichtspunkten gegenüber seine Liebhaberei aufrecht erhält, der mag vielleicht schwankend werden, wenn er erfährt, daß zu hohes Veredeln für die Gesundheit der Rose nicht dienlich ist. Es ist ein künstlicher Zustand, den wir schaffen. Die Rose ist kein Baum, sondern ein Strauch, und wenn der Saft den langen Stamm entlang geleitet werden soll, da entstehen viel leichter Saftstörungen als im kurzen. Hochveredelte Rosen leiden aus diesem Grunde auch mehr als niedrigveredelte. Die ganz niedrigen, die Wurzelhalsveredlungen, sind gegen den Winter am gefeitesten.

Herbstschnitt des veredelten Wildlings.

Das viele Gezweig des Wildlings hat im Spätherbst keinen Wert mehr, es würde uns das Einwintern erschweren. Nimm es deshalb fort, laß aber die Spitze der Rose stehen und hast du im Seitenzweige veredelt, kürze diese nur wenig.

Im nächsten Jahre.

Bei Veredlungen wird viel von Saftleitern gesprochen. Das sind Wildtriebe, welche oberhalb der Veredlung stehen und den Saft an sich ziehen, so das Absterben des oberen Teiles verhüten und gleichzeitig Saft am Edelauge vorbei leiten. Aber Maß darin! Jeder Wildstamm gebraucht nur einen Saftleiter. Auch diesen nicht lange. Um ihn zu erhalten, schneiden wir im Frühjahre den Stamm 10—15 Centimeter über der Veredlung ab, brechen alle Augen, mit Ausnahme eines einzigen, welches senkrecht über dem Edelauge steht, aus. So muß das Edelauge treiben. Es wächst mit dem Wildtriebe um die Wette. Wenn dieser handlang geworden ist, wird er weggeschnitten und nun dient der Stumpf zum Anbinden des Edeltriebes. Fig. 50.

Der Edeltrieb wird nach dem dritten Blatte entspitzt. Es bilden sich alsbald drei neue Triebe und kann man wiederum nach dem 4. Blatte entspitzen. Wer zwei Augen einsetzte, braucht nur einmal entspitzen.

Die Stümpfe bleiben bis zum Herbst oder Frühjahr des nächsten Jahres und werden beim Verpflanzen abgeschnitten.

Veredelte Rosen verpflanzt man gewöhnlich im zweiten Jahre, im ersten — als Okulanten — vertragen sie das Verpflanzen jedoch auch.

Fig. 50.
Angebundener Edeltrieb.

Das Okulieren in den Wurzelhals.

Als Wurzelhalsveredlungen werden alle niedrigen Rosen, Buschrosen angesprochen, welche auf einen Wildling veredelt sind und bei denen die Veredlung in den Wurzelhals angebracht ist. Wurzelhals bezeichnet die Stelle der Rose, an der die Wurzel in den Stamm übergeht. Das ist bei richtiger Pflanzung eine Stelle, etwa 2 oder 3 Centimeter tief im Boden. Wer Wurzelhalsveredlungen machen will, muß um den Wildling herum etwas Erde fortnehmen, wie das Fig. 51 zeigt. Ob die Veredlung ein wenig höher oder tiefer gemacht wird, ist gleichgültig für das Anwachsen. Nicht ganz so gleichgültig ist es für die spätere Überwinterung der Rose. Rosen mit tiefer gesetzten Augen überwintern besser. Im allgemeinen ist jedoch die Überwinterung der Wurzelhalsveredlungen

eine viel leichtere als die der Hochstämme. Man braucht nur Erde an
die Veredlung heranziehen, sie anhäufen und damit ist genug geschehen.
Die Wildtriebe der Wurzelhalsveredlungen
werden auch nicht im Herbst fortgenommen.
Man schneidet sie erst im nächsten Frühjahre weg und läßt dann auch einen
Saftleiter.

Wurzelhalsveredlungen werden häufig
in Gegensatz gebracht zu wurzelechten
Rosen, deren Anzucht wir später kennen
lernen werden. Es unterscheiden sich
beide wesentlich, wenn sie auch beide Buschrosen bilden. Die Wurzelhalsveredlungen
sind veredelt und haben Wurzeln, auch
manchmal einen kleinen Stammteil vom
Wildling. Wurzelechte Rosen dagegen

Fig. 51. Wurzelhalsveredlung.

sind nicht veredelt, sie sind aus Stecklingen herangezogen und stehen auf
ihren eigenen Wurzeln. Wurzelhalsveredlungen können Wildtriebe treiben
und dadurch manchmal lästig werden, wurzelechte Rosen nicht. Wurzelechte Rosen kommen jetzt mehr in Aufnahme. Es läßt sich aber nicht
leugnen, daß sie häufig ein wilderes Wachstum zeigen und nicht so dankbar
blühen als Wurzelhalsveredlungen.

Okulieren auf's treibende Auge.

Beim gewöhnlichen Okulieren ist es fehlerhaft, wenn das Auge bald
nach der Veredlung austreibt. Das Okulieren auf's treibende Auge dagegen verlangt noch im selben Sommer Zweige und Blüten von der
Veredlung. Und dieses Verlangen wird berechtigt durch den Zeitpunkt,
in welchem beide Veredlungen vorgenommen werden. Aufs treibende
Auge okuliert man, sobald der Wildling löst, also schon im Mai, und
setzt es fort bis Mitte Juni, aufs schlafende erst von Anfang Juli ab.

Nicht jeder kann aufs treibende Auge okulieren. Es besteht hier
die Schwierigkeit, Reiser rechtzeitig zu haben. Soll man kaufen, dann
sind sie teuer, weil die Reiser von im Winter getriebenen Rosen genommen werden. Sammelt man beim Frühjahrsschnitt die abgeschnittenen Zweige und vergräbt sie an einer schattigen, recht kühlen
Stelle in die Erde oder stellt sie in den Eisschrank, so treiben sie nicht

aus und ihre Augen sind später zum Okulieren verwendbar. Bei ihnen schadet es nicht, wenn sie wirklich ein wenig lang geworden sind. Sie

Fig. 52. Edelauge im Sommer und Edelauge im Frühjahr.

haben zwar keinen Blattstiel, an den man fassen könnte, dafür giebts aber Rat. Es werden die Augen hinten mit etwas längere Rinde geschnitten, statt mit 1 Centimeter mit 2 Centimeter und diese Verlängerung dient als Handhabe. Fig. 52. Ist das Auge 1 Centimeter tief eingeschoben, so wird das Überstehende weggeschnitten. Auf treibendes Auge veredelte Rosen werden ebenso behandelt, wie die anderen Okulationen im zweiten Jahre. Nur ein Saftleiter darf bleiben, alles übrige muß fort. Sonst treibt das Auge nicht oder wartet zu lange und giebt kein ausgereiftes Holz. Da die Okuliermade um diese Zeit noch nicht auftritt, so ist der dagegen angewendete Papier- oder Wollfadenverband oder das Bestreichen mit Baumwachs nicht notwendig.

Andere Veredlungsarten.
Veredeln des frischgepflanzten Wildlings.

Kann man frisch gepflanzte Rosen gleich veredeln? Ich habe es versucht und es gelang wider Erwarten schon drei Jahre hindurch vorzüglich.

Allerdings so ohne weiteres empfehlen kann ich die Veredlung der frischgepflanzten Wildlinge doch nicht. Gewisse Bedingungen müssen erfüllt werden, wenn der Erfolg zufriedenstellend sein soll.

Nimmst du einen Wildling, eben erst im Walde gegraben, pflanzt und veredelst ihn, dann hast du sicher keinen Erfolg. Nimmst du hingegen einen Wildling, welcher ein Jahr bei dir eingeschult war, kräftig ist und gute Wurzeln besitzt, gräbst ihn vorsichtig aus, pflanzt ihn so rasch wieder aufs Rosenbeet, daß keine der Wurzeln an der Luft trocknet, dann bildet er in acht Tagen neue Wurzeln und treibt seine Veredlung ebenso rasch, wie frischgepflanzte Edelrosen. Rosensämlingsstämme sind noch besser geeignet, man kann sie auch von weit her kommen lassen. Hast du Zeit, deine Wildlinge schon im Herbst auf das Rosenbeet zu setzen, desto besser. Ich hatte dann noch nicht den Platz dazu, er wurde erst rigolt und gedüngt. — Also ein kräftiger, gut bewurzelter Wildling ist erste Bedingung, die zweite: Pflege durch reichliches Gießen und Ausbrechen der Augen, event. auch in sehr trockenen Frühjahren durch Niederlegen der Stämme.

Ich veredle 3—4—8 Tage nach der Pflanzung, wenn diese im März geschieht, warte etwas länger bei einer früheren Pflanzung. Welche Veredlung ich anwende? Ich habe kopuliert mit Gegenzungen, angeschäftet, trianguliert, angeplattet, alles ist gewachsen. Aber das Angeplattete wuchs am besten und schnellsten, ließ sich auch am schnellsten ausführen. Manche sind dieser Veredlungsart nicht hold, weil sie ein leichtes Ausbrechen der Krone befürchten. Mir ist noch keine heruntergebrochen.

Fig. 53—55 zeigen das Anplatten, auch Okulieren nach Forkertscher Methode genannt.

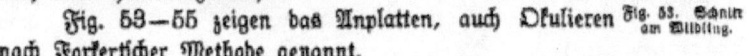
Fig. 53. Schnitt am Wildling.

Den Schnitt am Wildling führt man von oben nach unten und nimmt einen Rindenstreifen fort, der der Breite des Edelauges etwa entspricht, auch breiter, aber nicht schmäler sein darf.

Der Rindenlappen bleibt zur Hälfte hängen, um eine Stütze für das Edelauge abzugeben. Sehr wichtig ist richtiges Auflegen des Edelauges. Legst du es in die Mitte des Wildlingsschnittes, so daß beide Seiten gleichmäßig hervorschauen, dann liegt es falsch und kann nicht anwachsen. Legst du es so, daß auf einer Seite genau Rinde auf Rinde liegt, dann liegt es richtig und wird sich entwickeln, sobald der Bastverband und Baumwachsverstrich ordentlich gemacht wird. Das Bestreichen mit Baumwachs soll jeden Luftzutritt verhindern. Das Edelauge kann mit verschmiert werden.

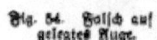
Fig. 54. Falsch aufgelegtes Auge.

10—12 Centimeter über der Veredlung, die ich stets in der Nähe eines guten Wildlingsauges mache, wird der Wildling abgeschnitten, seine Wunde bestrichen. Alle Augen, mit Ausnahme der in diesem Stumpfe stehenden, werden entfernt und sobald das Edelauge treibt, ist kein Wildlingstrieb mehr zu dulden. Der Stumpf bleibt stehen zum Anbinden des Edelauges.

Fig. 55.
Richtig aufgelegt und verbunden.

Mit Vorliebe setzte ich im Frühjahre zwei Augen ein. Wo ich eine starke Wildlingskrone vor mir habe, in drei der besten Triebe auch je ein Auge unten dicht am Stamm. So giebt es schneller Kronen.

Statt der Augen lassen sich auch, wenn es daran fehlt, Astteile mit Augen einsetzen. Augen, die etwas ausgetrieben sind, können noch benutzt werden. Der Wildling ist zum Anplatten den ganzen Sommer hindurch tauglich und wo wir im August auf Stämme treffen, welche nicht lösen, da kann angeplattet werden. Viel Zeitverlust bedeutet es nicht, da wir der Okuliernarbe wegen doch gern mit Baumwachs verschmieren.

Winterveredlungen im Glashaus und Zimmer.

Der Rosengärtner veredelt den ganzen Winter. Er hat niedrige Gewächshäuser, deren Beete geheizt werden können. Die Rosen stehen dort auf warmen Fuß. Dadurch wird eine regere Triebkraft und schnelleres Anwachsen hervorgerufen.

Zumeist werden niedrige Rosen, Wurzelhalsveredlungen gemacht, von Neuheiten, oder von empfindlichen Sorten.

Um die Wildlinge für die ersten Wintermonate mobil zu haben, werden diese schon im Herbst oder Frühjahr in Töpfe gesetzt, eingesenkt und auf einem Gartenbeete den Sommer über gepflegt. Für die spätere Veredlung, von Januar, Februar ab, genügt ein Einpflanzen im Herbst. Die Rosen bekommen möglichst kleine Töpfe, mehr hoch als breit. Die Wurzeln der kleinen Wildlinge lassen sich in solche Töpfe auch hineinzwängen, man braucht sie vorher nur um die Hand zu wickeln und

Fig. 56. Wurzeln krümmen.

in dieser Krümmung in den Topf zu schieben. Fig. 56. Das Abschneiden von gesunden Wurzeln schwächt die Pflanze.

Schwieriger ist das Einsetzen der Hochstämme, aber auch da läßt sich beim Sämlingsstamm viel biegen. Bei Waldwildlingen werden die Knorren den Töpfen entsprechend zurecht gesägt und nachher glatt geschnitten. Ragt trotzdem noch ein Teil aus dem Topfe heraus, dann ist er mit Moos zu umlegen. Vielfach werden Waldwildlinge überhaupt nur in Moos einballiert. Fig. 57. Man läßt sie zu diesem Zweck wohlverwahrt, ganz in Erde eingeschlagen, bis zu dem Zeitpunkt liegen, wo sie angetrieben werden sollen — Mitte Januar — taucht dann die Knorren in Lehmbrei, umwickelt sie mit Moos und taucht sie nochmals ein. Im Lehm und Moosverband machen sie hübsch Wurzeln und können mit ihm später ausgepflanzt werden.

Fig. 57. Rosen in Moosballen.

Für Zimmerveredlungen ist solche Moosumhüllung wenig geeignet. Soll sie feucht bleiben, bedarf sie fortwährenden Spritzens, sehr feuchter Luft, und eines Standes auf feuchtem Boden, dicht an dicht zusammengepackt.

Willst du über Winter im Zimmer Rosen heranziehen, pflanze sie im Herbst in Töpfe und stelle alle, mit den Töpfen in ein kaltes, frostfreies Zimmer oder in den Keller. Halte die Erde der Töpfe mäßig feucht, schneide den Hochstämmen alle Nebenzweige fort, sofern du nicht beabsichtigst dahinein zu veredeln; auch das Holz der niedrigen Rosen kürze nach Bedarf.

Veredle nicht zu früh. Ich halte Mitte Februar für den passendsten Zeitpunkt die Stöcke ins warme Zimmer zu stellen, und sie zu veredeln, sobald die Knospen schwellen. Wenn ich keinen genügenden Platz habe, lasse ich die Rosen im kalten Zimmer und veredle Anfang März durch Anplatten, soweit es sich um Hochstämme handelt und um die sehr verwendbaren Stämmchen von 30, 40 bis 60 Centimeter Höhe. Wurzelhalsveredlungen veredelt man lieber durch das Kerbpfropfen.

Der Vollständigkeit halber seien auch die anderen Veredlungsarten beschrieben. Zuerst

Das Kopulieren mit Gegenzungen.

Hier soll sowohl beim Wildling als beim Edelreis ein glatter, schräger Schnitt gemacht werden und beide Schnitte sollen genau aufeinander passen. Doch damit nicht genug erhalte beide noch einen Einschnitt, der Wildling oben, das Edelreis unten in dem schrägen Kopulationsschnitt, so daß zungenförmige Lappen entstehen, und nun werden die Schnitte ineinander geschoben. Fig. 58. Die Lappen, ihretwegen heißt das Veredeln Kopulieren mit Gegenzungen, sind sehr wichtig, weil sie ein inniges Zusammenwachsen ermöglichen und großen Schutz gegen Abbrechen geben. Für den Anfänger haben sie auch den Vorteil, daß die Veredlung bei ihrer Anwendung viel leichter wächst. Der Bast muß fest umliegen, damit etwaige kleine Unebenheiten

Fig. 58.
Schnitt von Wildling und Edelauge.

Fig. 59.
Verband.

des Schnittes durch den Druck ausgeglichen werden. Baumwachs hat den ganzen Bastverband zu schließen, selbst die Augen können mit verschmiert werden. Das Edelreis wird hinter dem zweiten oder dritten Auge abgeschnitten und bekommt oben auf seine Wunde auch Baumwachs. Fig. 59 und 60.

Der Wildling darf dicker sein als das Edelreis, nicht umgekehrt. Daß eine Seite der Schnittwunden mit ihren Rindenseiten genau aufeinander liegt, ist wie beim Anplatten durchaus notwendig.

Beim Kerbpfropfen — Triangulation

schneidet man den Wildling dort, wo er veredelt werden soll, glatt ab und nimmt alsdann aus einer Seite ein Dreieck 2 Centimeter lang und der Dicke des Edelreises entsprechend $1/_2$—$1/_2$ Centimeter dick heraus. Das Edelreis erhält einen Zuschnitt wie das herausgenommene Dreieck und wird alsdann in die Wunde des Wildlings hineingelegt. Genaues Hineinpassen ist notwendig, es darf nicht überstehen oder Lücken lassen. Rinde hat auf Rinde zu stoßen, wenn es wachsen soll. Die Veredlung erhält einen Verband durch Bast oder Wollfaden und wird nachher mit Baumwachs verstrichen. Damit aber letzteres nicht in die Wunde eindringt, hat der Verband genau zu schließen. Fig. 61 und 62.

Als Reiser dienen für alle Winterveredlungen die im Herbst geschnittenen Triebe der Edelrosen, welche in Bündel gebunden, mit Etiquetten versehen an einem kühlen Orte ganz oder bis zur Hälfte in Sand oder Erde einzuschlagen sind, oder Reiser von Topfrosen.

Das Kerbpfropfen und das Kopulieren kann auch dazu dienen

Fig. 60. Verschmiert.

Wurzeln anzuveredeln.

Unzählige Male können wir in Wald und Feld die Beobachtung machen, daß aus einem Wurzelstocke mehrere schlanke, brauchbare Ruten hervorgewachsen sind. Aber es ist immer nur eine davon verwendbar, die anderen müssen weggeschnitten werden, weil der Wurzelstock sich nicht teilen läßt. Dem ist durch das Kerbpfropfen und Kopulieren abzuhelfen.

Fig. 61. Schnitt zum Kerbpfropfen.

Man nimmt Wurzeln von alten Büschen, die keinen Wert mehr haben und setzt sie, so lang sie sind, an die Schöße heran. Entweder nur eine, oder zwei und drei, was sich beim Kerbpfropfen, wo man sie rings um den unten glatt abgeschnittenen Stamm setzt, sehr gut macht. Die Vereblungen brauchen nicht mit Baumwachs verstrichen zu werden, es genügt, sie mit Bast zu umbinden. Nach dem Umbinden muß man sie gleich der Länge nach in ein Moosbett einlegen, welches im Gewächshause, im Freien oder im luftigen Keller gemacht sein kann, zu ebener Erde oder einen Spatenstich tief, womöglich etwas im Schatten. Das Moos wird hübsch feucht gehalten, darin besteht die ganze Arbeit. Wenn nach 4 bis 5 Wochen die Wurzeln angewachsen sind, kann man die Wildrosen einpflanzen, muß sie aber tüchtig beschatten und ordentlich gießen.

Veredlung mit krautigen Trieben.

Im Gewächshause und im Zimmer lassen sich auch die grünen krautigen Triebe als Reiser benutzen, was besonderen Vorteil hat, wenn es sich darum handelt, eine neue Rose rasch zu vermehren.

Willst du mit krautigen Zweigen veredeln, dann treibe deine Wildlinge erst tüchtig an, schneide dann kurz über der Stelle, wo du veredeln willst, ab, mache einen | Schnitt, hebe die Rinde etwas und schiebe dahinein das, wie zur Copulation, aber ohne Gegenzungen zugeschnittene Reis. Verband mit Bast und Baumwachs. Im Zimmer thut eine Glasglocke über solchen Vereblungen gute Dienste. Es giebt auch besonders gefertigte Vereblungscylinder.

Fig. 62. Fertig veredelt durch Kerbpfropfen.

Die Behandlung der im Winter veredelten Rosen.

Im kalten Zimmer werden die veredelten Rosen dicht ans Licht gestellt und bekommen genügend Feuchtigkeit, sowie bei mildem Wetter reichlich frische Luft. Die Vereblungen entwickeln sich langsam aber sicher und sind kräftig genug, wenn es Ende Mai ans Auspflanzen geht.

Im warmen Zimmer ist mehr Pflege notwendig. Hier wirkt die trockene Luft hemmend auf das Wachstum und fördernd auf das Ungeziefer, besonders auf Blattläuse, und wer nicht reichlich und täglich spritzt, erzielt nicht leicht Erfreuliches. Über 12—14° R. soll die Temperatur nicht steigen. Die entstehenden Wildtriebe haben nur zeitweise Berechtigung; alle unterhalb der Veredlung stehenden werden gleich entfernt. Über oder neben derselben können ein auch zwei und drei Triebe, die bald entspitzt werden, wachsen, bis die Veredlung treibt, dann müssen alle fort. Mit dem fortschreitendem Wachstum beginnt die Abhärtung. Die Rosen werden kühler gehalten, 8—10° R, und an die Luft gewöhnt, bis sie schließlich im April oder Mai hinauskommen, zuerst in den Schatten hoher Bäume oder Mauern, später nach 8—14 Tagen in die volle Sonne.

Rosenvermehrung durch Stecklinge.

Während die Vermehrung der Rosen aus Stecklingen früher nur für die Monatsrosen in Anwendung kam, hat sie in letzterer Zeit eine größere Ausdehnung gewonnen und erstreckt sich, vielleicht angeregt durch das Beispiel der Amerikaner, welche selbst ihre Treibrosen aus Stecklingen ziehen, auf alle Rosensorten.

Rosenstecklinge aus krautigen Trieben.

Rosenstecklinge lassen sich zu drei verschiedenen Zeiten machen. Zuerst im Juni und noch früher von krautigen Trieben, und zwar vorzugsweise von den etwas schwächlichen, nicht von den überaus kräftig gewachsenen Haupttrieben. Die Stecklinge werden wie andere Stecklinge nach dem 4. oder 5. Blatte mit schrägem Schnitte glattgeschnitten, dann gesteckt in Töpfe oder Schalen, welche mit guter Komposterde gefüllt sind, die oben eine Schicht von 2—3 Centimeter Sand erhält. Man steckt an den Rand, da hier die Stecklinge besser wurzeln, und bringt weniger in die Mitte. Über jeden Topf kommt eine Glasglocke, die bei sonnigem Wetter zu beschatten ist. Mit großem Nutzen wird sie vor dem Aufdecken durch Kalkanstrich gedämpft. Im Zimmer ist das Beschatten wegen des durch die Fensterscheiben schon gemilderten Lichtes nicht notwendig.

An Stelle der Glasglocke kann eine Glasscheibe benutzt werden, doch darf der Topf dann nur halbgefüllt sein.

Im Mistbeet macht man sich die Sache einfacher. Hier wird der ganze Raum mit guter Erde gefüllt, darüber kommt Sand und dahinein die Stecklinge. Vorzüglich wachsen diese, wenn man ihnen einen warmen Fuß geben kann, also das Mistbeet entweder neu packt, oder eins benutzt, in dem noch Wärme vorhanden ist.

Die Behandlung der Rosenstecklinge besteht im häufigen Spritzen, Schatten geben zur rechten Zeit, und bei den unter Glasglocken, im Abwischen des sich bildenden Schweißes an deren Wänden.

Fig. 68. Rosenkasten gelüftet.

Haben die Stecklinge Wurzeln, dann ist zu lüften, erst nur wenig, später mehr, Fig. 68, schließlich müssen die Fenster abgenommen werden. Bevor es dazu kommt, ist es vorteilhafter die jungen Röschen einzeln in kleine Töpfe zu pflanzen und sie, nachdem dies geschehen ist, noch einige Zeit unter die Fenster zu bringen, damit bei geschlossenen Fenstern und mildem Schatten das Anwurzeln in Töpfen rascher vor sich geht.

Die im Juni gemachten Stecklinge entwickeln sich bis zum Herbst noch leidlich, wenn sie im Laufe des Spätsommers auf sonnigen Beeten mit den Töpfen im Boden eingesenkt sind und überwintern im Zimmer bei 1—2° R oder im Keller gut.

Man kann dieses Verfahren der Rosenzucht aus Stecklingen auch auf grüne, frische Triebe von Treibrosen ausdehnen und von diesen Rosen alle Triebe zur Stecklingszucht benutzen, welche keine Knospen zeigen. Das Ergebnis der Bewurzelung ist im Zimmer nicht immer gleich gut, weil die belebende Sonnenwärme fehlt, aber doch befriedigend. So frühe Zucht giebt Rosen, die häufig noch im selben Jahre blühen.

Rosenstecklinge im Juli, August aus schon beinahe verholzten Trieben.

Wenn die erste Rosenblüte vorüber ist, dann beginnt wieder eine Zeit zum Stecklingmachen. Man kann ganze Ruten nehmen, auch schwaches Holz und immer von zwei oder drei Blättern einen Steckling machen.

Das unterste Blatt wird entfernt, alle übrigen bleiben. Spielt bei den krautigen Stecklingen das richtige Schattengeben eine Rolle, so ist hier das nie zu vergessende Spritzen die Hauptsache. Die krautigen Stecklinge werden hübsch feucht gehalten, die holzigen dagegen müssen halbstündlich überbraust werden und erhalten gar keinen Schatten, auch nicht bei der brennendsten Hitze. Von Luft geben darf ebenfalls keine Rede sein. Die Rosen müssen bei dem steten Bespritzen sich in einer fortwährenden feuchtwarmen Luft befinden, das reizt sie zur Wurzelbildung. Wer das ofte Spritzen für unnütz hält, darf auf Erfolg nicht rechnen.

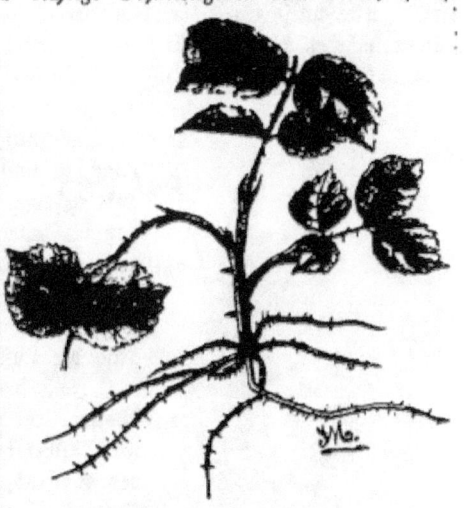

Fig. 64. Bewurzelter Rosenstedling.

Die Pausen zwischen dem Spritzen dürfen höchstens auf eine Stunde verlängert werden.

Sachgemäß behandelt, giebt es wenig Ausfall. Sobald sich Wurzeln gebildet haben, wird das Spritzen eingeschränkt, dauernd mehr, und dafür wird gelüftet.

Das Schwierigste bei dieser Stecklingszucht ist die gute Überwinterung der jungen Pflanzen. Fig. 64. Am besten gelingt sie, wenn man die Rosen einzeln in kleine Töpfe mit sandiger Erde setzt, damit sie sich unter Glas durchwurzeln. Später kommen sie dicht an dicht in einen Kasten, der, solange es die Witterung gestattet, offen bleibt, bei Frost jedoch Deckung durch Bretter erhält, die durch Aufpacken von Mist verstärkt wird.

Im Gewächshause, Keller und kaltem Zimmer hat man gewöhnlich viel Verluste, weil die Temperatur nicht regelmäßig genug ist, und weil die trockene Luft ungünstig einwirkt. Zum wenigsten müssen die Töpfe bis an den Rand in Sand eingelassen werden können.

Stecklinge aus verholzten Trieben, welche im Herbst vor dem Eindecken der Rosen abgeschnitten werden.

Ein drittes Verfahren besteht darin, daß man im Herbst die Rosen etwas zurückschneidet und die abfallenden Triebe als Stecklinge benutzt. Sie dürfen nicht zu kurz gemacht werden, 10—12 Centimeter Länge müssen sie schon haben. Man darf auch nur gutes ausgereiftes Holz verwenden. Zu junges fault und steckt das übrige an.

Die auf 10—12 auch 15 Centimeter Länge geschnittenen Stecklinge werden sortenweis zusammengebunden, Fig. 65, doch so, daß die unteren Enden eine Fläche bilden und mit Namen versehen. Zur Wurzelbildung ist eine mäßige, aber stets gleiche Temperatur und eben solcher Feuchtigkeitsgrad der Luft erforderlich.

Im Hause können wir diese nicht schaffen, im Gewächshause ebenfalls nicht, im Mistbeetkasten vielleicht. Das Erdreich des Gartens, so bald es nicht von hohem Grundwasserstand leidet, giebt noch bessere Verhältnisse. Wir müssen nur tief genug hinein, 1 Meter tief oder noch tiefer, und in dieser Tiefe vergraben wir einfach unsere Stecklinge, nachdem ihnen ein hübsches Bett aus reinem körnigem Sande gemacht ist, senkrecht stehend, dicht an dicht die Bündel. Bei starkem Frost kommt auf den Boden noch eine Schicht Dünger, um jeden Frost abzuhalten.

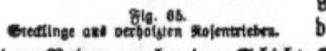
Fig. 65.
Stecklinge aus verholzten Rosentrieben.

Im Frühlinge, aber nicht zu früh, erst im April, besser im Mai, werden die Stecklinge herausgenommen. Sie haben sämtlich Callus gebildet, viele schon Wurzeln, und nun kommt es darauf an, sie richtig zu behandeln.

Der bisherige Aufenthalt war gleichmäßig warm und feucht, dabei von der Luft abgeschlossen, der jetzige darf ihm in der ersten Zeit nicht unähnlich sein. Wollten wir die Stecklinge, ob bewurzelt oder nicht, der vollen Sonne aussetzen, so würden sie zum größten Teil vertrocknen.

Soweit die Stecklinge bewurzelt sind, werden sie einzeln in kleine Töpfe gepflanzt, sehr tief, es soll nur die Spitze heraussehen. Die übrigen kommen zu drei und drei an den Rand eines Topfes. Alle erhalten einen Stand im schattigen, oft gespritzten Mistbeete, dessen Fenster nahezu ganz geschlossen sind, oder im Garten an einer schattigen Stelle. Hier müssen sie in einer kleinen Vertiefung stehen und bis an den Rand in die Erde eingesenkt werden. Erst allmählich gewöhnen sich die Stecklingspflanzen an Licht, bis sie schließlich die volle Sonne vertragen und zum Auspflanzen tauglich sind.

Die Vermehrung der Rosen durch Teilung und Absenken ist wenig gebräuchlich. Man kann sich aber ihrer bedienen, wenn man zum Veredeln keine Lust hat. Die Rosen sind über handhoch mit Erde anzuhäufeln, die Zweige unten etwas anzuschneiden. Es bilden sich so Wurzeln.

Rosenpyramiden.

Rosenpyramiden sind keine Rosen, gehalten im Schnitt wie etwa unsere Obstbaumpyramiden, sondern Rosen, deren Zweige so geleitet sind, daß sie ein Gestell in Form einer Pyramide überziehen und mit ihren Blüten überdecken. Fig. 66.

Es gehören dazu Rosensorten, welche einen kräftigen Wuchs haben, dabei die Eigenschaft aus den Blattwinkeln heraus, wie etwa Niel und Dijon, Triebe mit Blüten zu bringen. Aber Niel ist trotzdem keine passende Rose für eine Pyramide. Sie läßt ihre Blumen herunterhängen und das dürfen die Blüten einer Pyramide nicht, wenn sie zur Geltung gelangen sollen.

Rosen für Pyramiden sind: Mrs. John Laing, Beauty of Waltham, Prince Camille de Rohan, Alfred Colomb., Pride of Waltham, Ulrich Brunner fils, Gloire de Dijon, Mme. Bérard, Reine Marie Henriette, Souvenir de la Malmaison x., dann alle Kletterrosen.

Die Zucht von Pyramidenrosen ist verhältnismäßig leicht. Willst du sie versuchen — und Rosenpyramiden einzeln auf Rasen stehend, sind, schön gelungen, etwas Herrliches — so achte bei der Pflanzung zuerst darauf, daß du den Boden doppelt gut zubereitest, denn die Rosen sollen kräftigen Wuchs haben.

Die frischgepflanzte Rose wird zunächst wie alle andern, kräftig zurückgeschnitten. Sie darf sich im Sommer frei entwickeln; wenn sie wenig blüht und nur immer Triebe macht, desto besser. Im ersten Jahre verlangen wir von Pyramidenrosen keinen großen Blumenflor. Wir werden

ihre Triebe sogar möglichst senkrecht anbinden, damit durch eigenes Zurück=
biegen derselben nicht ein Austreiben der Seitenknospen bewirkt wird.

Im Herbst heißt es recht sauber zuzupacken. Es kommt darauf an
alle Triebe möglichst bis zur Spitze kerngesund zu erhalten.

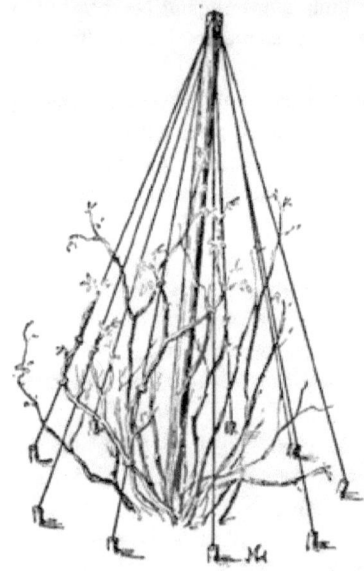

Fig. 66. Rosenpyramide.

Das Frühjahr findet uns bei der Fertigung eines Gestelles für die zukünftige Pyramide. Es wird zunächst ein Pfahl eingeschlagen so hoch als die Pyramide gedacht ist oder auch so hoch als sie zu werden verspricht. Rings um diesen Pfahl herum 25—30 auch 40 Centimeter entfernt, schlagen wir kleine Holzpflöckchen in den Boden und ziehen von ihnen aus Drähte nach der Spitze des Pfahles. Damit ist die Form fertig.

Mit dem Aufbinden der Rosen sei nicht zu eilig. Machst du es, sobald die Rose frei gedeckt ist, dann werden die oberen Augen der Triebe sich kräftig entwickeln, unten aber nicht, die Pyramide bleibt dort kahl. Läßt du dagegen die Triebe erst längere Zeit auf dem Boden liegen
so wirst du ebenso, wie durch das Herunterbiegen der Kronenzweige, starkwachsender Hochstämme (vergl. S. 19) das Austreiben der unteren Augen erzwingen, und wenn die Triebe erst finger= oder handlang geworden sind, vermögen sie sich zu behaupten. Beim Anbinden folge ohne dringenden Grund nie dem Zuge der Drähte, sondern suche die Zweige mehr quer um die Form zu legen, und zwar in der Absicht: ungleich=
mäßigem Wachstum nach Möglichkeit vorzubeugen. Dort allerdings, wo Lücken entstehen, wird hin und wieder ein Zweig senkrecht gebunden werden müssen.

Da Rosenpyramiden nicht dauernd eine Blütenfülle erzeugen können, die sie ganz bedeckt, so sind wir nach der Blüte darauf angewiesen, ein kräftiges Wachstum der Zweige zu fördern. Angeregt durch die Biegung, welche alle Zweige unten am Boden durchmachen müssen, entwickeln sich dort neue kräftige Triebe. Sie sollen im nächsten Jahre zum Teil den Ersatz für die diesjährigen bilden und sind deshalb nicht im Bogen zu leiten, sondern möglichst gerade hochwachsen zu lassen.

Triebe dagegen, die sich mehr oben bilden, kann man etwas quer leiten und von ihnen eine zweite Blüte der Pyramide erhoffen.

Wie werden Rosenneuheiten gezogen?

Vor noch gar nicht zu langer Zeit war Frankreich allein das Land der Rosenneuheiten. Von einer bestimmten Zucht der Neuheiten konnte man aber dort nicht sprechen. Begünstigt durch das milde Klima reifte der Same der Edelrosen in großen Mengen. Er wurde gesammelt und ausgesäet und fand sich unter diesen Sämlingen etwas Gutes, nun so war die Rosenneuheit da und wurde für schweres Geld verkauft.

Auch heute werden auf diese Weise noch Neuheiten gezogen und es sind nicht immer die schlechtesten. Aber der Züchter von Rosenneuheiten schlägt andere Wege ein. Er kann sich nicht so sehr auf den Zufall verlassen, und wenn auch bei ihm der Zufall und das Glück immer eine große Rolle spielen werden: er setzt sich ein Ziel und sucht auf diese oder jene Weise dahin zu gelangen.

Zuerst war es der Engländer Bennett, der sich in solcher Weise mit der Zucht von Rosenneuheiten beschäftigte und wie glänzende Erfolge seine Arbeiten aufweisen, das zeigen die von ihm gezogenen Rosen, beispielsweis Grace Darling, Viscountess Folkestone, A. K. Williams und andere mehr. Bennett, der inzwischen verstorben ist, züchtete im Glashause. Seine zur Zucht bestimmten Rosen waren dort ausgepflanzt und durch die große Wärme des Glashauses erzwang er im nebligen England die Reife der Samen.

Neuerdings wird auch in Deutschland die Zucht von Rosenneuheiten betrieben und wenn nicht alles trügt, werden wir hier den Fremden bald ebenbürtig zur Seite stehen. Von Lambert in Trier ist die prachtvolle Kaiserin Auguste Victoria in den Handel gebracht. Dr. Müller-Weingarten beschäftigt sich besonders mit der Zucht winterharter Rosen und hat auch hier schon recht hübsche Rosen erzielt.

Zumeist geschieht die Zucht von Neuheiten bei uns im Freien. Es ist aber notwendig, daß die ersten Blüten zur Zucht verwendet werden, da das Ausreifen der Samen dadurch gesicherter ist. Und worin besteht nun die Zucht, wenn sie nicht in der ehedem bei den Franzosen üblichen Weise gehandhabt werden soll?

Kennst du die einzelnen Teile der Blüte, den Kelch, die Staubbeutel, die Griffel mit ihren Narben und die Blumenblätter? Das ist notwendig zu wissen, wenn du befruchten willst.

Die Staubbeutel bilden den männlichen Teil, die Griffel mit der Narbe den weiblichen Teil der Blüte. Kommt von dem Staub, der sich in den Staubbeuteln befindet etwas auf die Narbe der Griffel, die, sobald sie reif sind sich klebrig anfühlen, dann findet eine Befruchtung statt und aus der Blüte kann in diesem Falle eine Frucht werden, sonst nicht. Wind, Insekten besorgen im allgemeinen die Befruchtung. Wenn sie es thun, dann haben wir eine ähnliche Zucht wie ehedem die Franzosen. Wir sind vollständig dem Zufall unterworfen.

Fig. 67.
Malmaisonrose zum Befruchten hergerichtet. 1. Staubfäden, 2. Griffel.

Wenn die Rosenknospe sich nahe vor dem Aufblühen befindet, dann geht der wirkliche Züchter hin und nimmt ihr ein Rosenblatt nach dem andern bis sie vollständig kahl dasteht und nur mehr Kelch, Griffel und Staubbeutel besitzt. Fig. 67. Aber damit noch nicht genug, nimmt er jetzt eine Pinzette und entfernt vorsichtig einen Staubbeutel nach dem andern und wirft ihn fort. Es bleibt der Kelch mit den Griffeln stehen.

Es soll auf diese Weise verhindert werden, daß die Staubbeutel sich öffnen, ihren Staub ausstäuben, ihn über die Griffel der eigenen Blume stäuben, und so eine Selbstbefruchtung herbeiführen. Die Arbeit muß deshalb auch vor dem Erblühen der Rose gemacht werden, ist sie erst erblüht, dann stäuben auch schon die Beutel und eine Selbstbefruchtung ist nicht mehr auszuschließen.

Einen Tag etwa bleibt die von Blumenblättern und Staubbeuteln entblößte frühere Rosenknospe mit Gaze umhüllt stehen. In dieser Zeit ist sie bei leidlich gutem Wetter ausgewachsen, ihre Griffel sind befruchtungsfähig geworden und müssen nun befruchtet werden.

Bei andauerndem Regenwetter bedarf sie dazu eines besonderen Schutzes, in Form einer kleinen Pergamentdüte. Diese Düte, der Rosenknospe entsprechend breit gemacht, wird einfach übergestülpt und durch ein Band unten zugezogen. Sie hält den Regen ab, beschleunigt und begünstigt die Befruchtungsfähigkeit der Griffel, und macht so die künstliche Zucht weniger vom Wetter abhängig.

Das Befruchten der Griffel ist eine leichte Arbeit. Man nimmt mit einem kleinen spitzen Haarpinsel von der Rose, welche zur Befruchtung dienen soll, durch Hin- und Herfahren den Blütenstaub und wischt ihn dann auf die Griffel. Am besten geschieht diese Arbeit des Mittags, da die Griffel dann am aufnahmefähigsten sind, weil sie am besten kleben. Vorausgesetzt ist, daß die Blüte, von welcher der Staub genommen werden soll, die also der Vater der neuen Rose wird, reife Blütenbeutel, welche stäuben, hat. Nicht immer kann sich der Züchter das so bequem einrichten. Sehr oft sind die Griffel noch nicht so weit, wenn der Staub reif ist und umgekehrt. Was da machen? Es muß der Blütenstaub aufbewahrt werden und dies geht recht gut in mit Glasstöpseln verschlossenen Gläsern, dort hält er sich 8—14 Tage und länger.

In den meisten Fällen muß der Züchter die Staubbeutel erst nachreifen lassen. Manche thun dies, indem sie dieselben in das Notizbuch legen, andere wickeln sie in Papier und tragen dies mit sich in der Tasche herum damit die Körperwärme günstig einwirke, wieder andere legen sie in ein Glasschälchen.

Solange die Staubbeutel nicht stäuben sind sie nicht verwendungsfähig. Wollte jemand einfach die Beutel auf die Griffel legen, dann würde er keine Erfolge haben.

Nach welchen Prinzipien wird nun befruchtet, gekreuzt wie es technisch heißt? Das ist eine heikle Frage. Jeder Züchter hat da eigene Grundsätze.

Wenn man es in der Rosenneuheitenzucht zu etwas bringen, vor allem eigene Freude haben will, dann muß man in erster Linie möglichst auf neue Farben hinzüchten. Da liegt der Schwerpunkt, Rosen in rot, weiß, gelb, sind so viele vorhanden, daß es schwer hält in diesen Farben wirklich Neues und Gutes hervorzubringen. Es fehlen dunkle Töne, es fehlen leuchtenbe, es fehlt an gutem Remontiren und außerdem fehlt es an der Winterhärte der Rosen. Da haben wir gleich vier Ziele.

Woburch wird nun Farbenreichtum erzielt? Die Grundfarben unserer Rosen sind rot, weiß, gelb. Mischungen von weiß und rot sind die Farben der ältesten und meisten Rosen. Kreuze ich, so brauche ich nicht besonders darauf zu sehen, weiß in die Kreuzungen hineinzubringen wohl aber gelb. Weiß ist schon so wie so vorhanden.

Der Züchter muß aber auch auf die Eigenschaften der Rosen Rücksicht nehmen, aus denen die Rose, welche er zum Kreuzen benutzt, entstanden ist. Sehr häufig treten gerade die Eigenschaften der Großeltern stärker hervor als die der Eltern, und läßt sich oft durch die Kreuzung feststellen von welchen Rosen diese oder jene Sorte stammt. Wesentlich ist daher reines Blut. Der Züchter muß es sich erst schaffen, um erfolgreich weiter arbeiten zu können und die mannigfachsten Eigenschaften zusammenzubringen; häufig sind deshalb Doppelkreuzungen nötig.

Ein Beispiel nur. Dr. Müller-Weingarten hat eine Rose Marie Zahn. Sie ist auf folgende Weise entstanden: Es wurde gekreuzt Pierre Notting mit Safrano. Einer der daraus hervorgegangenen Sämlinge (Hybriden) diente als Mutter, d. h. ihre Blüte wurde bestäubt. Dann wurde gekreuzt La Reine de la pourpre mit Perle des jardins. Ein Sämling aus dieser Kreuzung wurde wieder mit Maréchal Niel gekreuzt und einer der aus dieser Kreuzung hervorgegangenen Sämlinge endlich gab den Blütenstaub, wurde also Vater der Rose Marie Zahn. Man bezeichnet dies auf folgende Weise: Pierre Notting und Safrano Mutter, La Reine de la pourpre und Perle des jardins und Maréchal Niel Vater.

Um Winterhärte in die Rosen hineinzubringen sind sehr harte Rosen zu verwenden. Beliebt ist Rosa rugosa. Dr. Müller beschäftigt sich besonders mit rugosa germania und wenn er rugosa als Mutter benutzt hat und durch Doppelkreuzungen die Härte zum Teil wieder verschwunden ist, dann benutzt er noch einmal rugosa um die Härte gewissermaßen neu zu schmieden. Doch sind auch andere harte Rosen zur Kreuzung gewiß von Nutzen, zumal bei der Kreuzung der Rosen die einzelnen Klassen gar kein Hindernis bilden. Man kann Theerosen mit Remontantrosen zusammenbringen, daraus entstehen Theehybriden, ebenso gut ist aber auch eine der beiden mit den niedlichen Polpantharöschen oder mit Kletterrosen oder den zum Teil sehr distinktfarbigen Wildrosen zu kreuzen.

Nach der Befruchtung, die man dreimal vornimmt, kommt die Gaze wieder über dieselbe. Schutz gegen Ameisen ist auch manchmal angebracht, und wird durch etwas Watte hergestellt, die man um den Stengel bindet. An kräftige Düngung, reichliche Bewässerung ist natürlich zu denken, eine Entwickelung von neuen Knospen soll nicht gestattet sein.

Schwillt der Fruchtknoten — die Verdickung unter den Kelchblättern — nicht bald nach der Befruchtung erheblich an, dann ist mit ziemlicher Gewißheit anzunehmen, daß die Befruchtung mißglückt ist.

Die sich entwickelnde Frucht

Fig. 68. Grube mit Samentöpfen und einzelner Topf vor dem Einfüllen der Erde.

bleibt bis zum ersten Froste am Stocke. Es wird die Hagebutte dann entfernt und die gewonnenen Samen kommen in Töpfe, welche mit guter alter Komposterde, frei von jedweden faulenden Überresten, nahezu gefüllt sind. Obenauf, etwa 2½ Centimeter dick, wird eine Schicht weißen, reingewaschenen, grobkörnigen Sandes gebracht. In diese Sandschicht sind die Samen zu legen, 1 Centimeter oder 2 unter einander entfernt, und dann mit reinem ebenfalls gewaschenem Sande zu bedecken. Über die Töpfe kommt eine Glasscheibe. Die Töpfe selbst erhalten, wenn kein Kalthaus vorhanden ist, einen Stand in einer etwa 1 Meter tiefen Grube, Fig. 68, auf deren Boden Sand geschüttet ist, in welchen hinein die Töpfe bis an den Rand eingesenkt werden. Die Grube bleibt offen. Gegen anhaltenden Regen wird sie gut mit Brettern verdeckt, auch gegen Frost, event. kommt über die Bretter noch Stroh. Am besten ist es, wenn sie offen stehen bleiben kann, die Samen also so viel frische Luft erhalten als nur möglich. Das ist eine große Hauptsache. Der besseren Durchlüftung wegen sind die einzelnen Töpfe auch 1 Centimeter von einander entfernt einzusenken.

Selbstverständlich ist, daß in jeden Topf nur die Samen aus einer Hagebutte ausgesäet werden und daß man sorgfältigst etikettiert.

Notwendig ist für den eifrigen Züchter auch ein Stammbuch, welches ihm jeden Augenblick sagt, aus welcher Kreuzung seine Rosen entstanden sind. Notwendig ist das Stammbuch auch, um ersehen zu können, welche Rosen ihre Eigenschaften am besten vererbt haben, welche am leichtesten variieren, welche ganz bestimmte Eigenschaften vererben, um so für die späteren Kreuzungen Unterlagen zu gewinnen. Behalten läßt sich das nicht und ohne Stammbuch geht alles verloren; ohne Stammbuch bleibt man in der Rosenzüchtung immer halber Anfänger. Daß eine sorgfältige Etiquettierung schon gleich nach der Befruchtung beginnen muß, ist vorhin zu erwähnen vergessen und sei hier nachgeholt. Man setzt dabei den Namen der Mutter vorauf und hinterher, getrennt durch ×, den Namen des Vaters. Die Töpfe bleiben den Winter durch ohne weitere Behandlung stehen.

Wer ein Gewächshaus besitzt und mit Gewächshauskulturen umzugehen versteht, kann sie Anfang Februar hereinholen und bei 12—14° R. die Keimung erwirken.. Die Gefahr des Nichtgelingens ist aber groß, Edelrosensämlinge werden sehr leicht schlecht. Unter gewöhnlichen Verhältnissen werden die Töpfe im März ins Zimmer gestellt und bei mäßiger Feuchtigkeit wird die Entwickelung der Samen herbeigeführt.

Die jungen Pflanzen sind, sobald sie 3 Blättchen gemacht haben, zu verstopfen in leichte, sandige Erde, auch anfangs vorsichtig mit der Glasscheibe zu bedecken, sobald sie aber angewachsen sind, ist ihre Abhärtung, d. h. ihre Gewöhnung an die Außenluft, ganz allmählich vorzunehmen. Schroffe Abhärtung bringt Krankheiten und die mildeste davon ist der Mehltau. Doch genügt auch er schon, den jungen Dingerchen das Lebenslicht auszublasen. Vorsichtigerweise wird deshalb mit Schwefelblüte gestäubt, bevor irgend etwas vom Mehltau zu sehen ist. Spätere Anwendung hilft wenig mehr.

Wann blühen die aus Samen herangezogenen Rosen? Werden sie allmählich abgehärtet, an Luft und Licht gewöhnt und Ende Mai — Mitte Juni — hinausgepflanzt auf ein warmes, gut gedüngtes Beet, wo sie in den ersten 14 Tagen noch Schatten erhalten, oder kommen sie in einen Mistbeetkasten, dann blühen viele Sämlinge schon im ersten Jahre. Auf jeden Fall findet eine Veredlung derselben statt auf niedrige oder hohe Wildlingsrosen. Auf hohen blühen sie früher und gewiß im zweiten Jahr.

Sind unter den Sämlingen kränkliche, schwächliche Exemplare, dann findet ein Veredeln auf irgend einen beliebigen Sproß der Rosa canina oder einer anderen Rose statt, um den Sämling zu erhalten. Doch darf nicht zu lange gewartet werden. Fast ganz tote Pflanzen wachsen veredelt auch nicht mehr. Die Veredlung geschieht durch Triangulieren.

Rosensport.

Oft wird von Rosensports gesprochen. Es ist beispielsweise die Rose Augustine Guinoisseau ein Sport von La France. Was ist ein Sport? Kann man Sports züchten, ähnlich wie man neue Rosen züchten kann?

Sports sind Abänderungen in Form und Farbe, meistens aber nur in der Farbe, die sich zufällig auf irgend einer Rose finden und hier häufig nur an einem Zweige auftreten. Weshalb? Dafür giebt es keine Erklärung. Wir müssen uns damit beruhigen, daß sie da sind und uns bemühen, sie zu fixieren, wenn sie es wert erscheinen. Das geschieht durch Veredlung desjenigen Rosenteils, der sich Änderungen unterzogen hat, auf Wildlinge. Aber nur Teile der veränderten Rose sind zur Veredlung brauchbar, andere nicht, denn sie geben die alte Form, die sie besitzen, wieder und haben mit der Abänderung, mit dem Sport garnichts zu thun.

Geben die Veredlungen später die Abänderungen wieder, dann ist der Sport fixiert und verschwindet nicht mehr.

Sports sind gar nicht so selten, aber natürlich sind sie sehr häufig keine Verbesserungen, sondern Verschlechterungen. Häufig währt es auch lange Zeit, bis Sports entdeckt werden, weil der Liebhaber weniger darauf achtet.

Die besten Namentafeln.

Hübsch sauber und abrett sieht es aus, wenn jeder Rosenstamm ein Täfelchen trägt, auf dem der Name der Rose, ihre Herkunft, ihr Alter verzeichnet ist, besonders zu Anfang, wo noch alles frisch und neu. Später ändert sich ja manchmal. Die Namen verwischen, die Tafeln verwittern, und wers zum ersten Mal erlebt, schreibt wohl eine Philippika gegen die Unbeständigkeit der Namentafeln. Was ist gegen sie nicht schon alles geschrieben worden! Wie viele neue Arten von

Fig. 69. Glashülse und Zinktafel.

Tafeln wurden schon empfohlen, aus Ton, aus Blei und Porzellan, aus Glas, aus Pergament; und was ist schließlich das Empfehlenswerteste geblieben? Liebst du das billige, dann wähle kleine Glashülsen, wie sie in verschiedenen Glasfabriken, das Hundert zu 6 Mark, hergestellt werden. Die Hülsen sind dauerhaft und in sie hinein wird ein Papierstreifen mit dem Namen u. s. w. gesteckt. Fig. 69. Zugekorkt hält sich die Schrift darin vorzüglich. Wenn einmal die Rose eingeht, so läßt sich die Hülse bei jeder anderen Rose wieder verwenden. Man braucht ja nur einen neuen Papierstreifen hineinstecken. Befestigt werden die Hülsen durch Draht.

Theuerer als Glashülsen, aber auch schöner sind Porzellantafeln. Fig. 70. Sie halten sich vorzüglich, aber es ist ein gezwungenes Arbeiten damit. Man muß sich die Porzellantafeln vorher bestellen oder doch wenigstens veranlassen, daß die Namen in einer Fabrik eingebrannt werden. Da außerdem Porzellantafeln sich nicht anderweitig beschreiben lassen und verloren sind, sobald man die Sorte eingehen läßt, so werden sie trotz ihrer Schönheit und Dauerhaftigkeit eine allgemeine Verbreitung nicht finden.

Fig. 70. Porzellantafeln und Excelsior=Etiquetten.

Aus Thon kann man vom Töpfer Tafeln brennen lassen. Solche Tafeln sind aber für Rosen wenig hübsch. Da ist es besser zu den sogenannten Excelsior=Etiquetten zu greifen, die für den Anfang kostbar aussehen, mit der Zeit allerdings weniger hübsch werden. Immerhin halten die Excelsior=Tafeln mehrere Jahre und wenn nicht das lästige Beschreiben mit einer besonders dazu präparirten Tinte wäre, sie würden noch mehr Verwendung finden.

Auch Zinktafeln haben das lästige, daß sie mit einer Platinkoribtinte beschrieben werden müssen. Sie sind sonst außerordentlich dauerhaft, sehen allerdings nicht sehr hübsch aus.

Alle Namentafeln sollen mit weichem Bleidraht an den Stämmen befestigt werden. Dieser Draht schneidet nicht leicht ein und hält vorzüglich. Man darf ihn aber nie zu fest anlegen.

Der Rosenzüchter bezeichnet seine Sorten durch Bleistreifen mit Nummern und verschickt sie zum größten Verdruß des Liebhabers auch fast immer damit. Erst das Preisverzeichnis der Firmen kann ihm darüber Aufklärung geben, was unter den Nummern verstanden wird.

Die Versendung der Rosen mit Bleistreifen ist auf jeden Fall eine Rücksichtslosigkeit gegen den Besteller und wäre es zu wünschen, daß beim Versandt auf einfacher Holztafel jede Rose mit ihrem Namen versehen würde.

Im übrigen ist das Bezeichnen mit Bleistreifen, die nummerirt sind sehr praktisch, weil der Bleistreifen um die Rose gewickelt nicht verloren gehen kann.

Signierzangen zum Numerieren und Bleistreifen sind in größeren Rosengärtnereien käuflich. Es ist empfehlenswert, davon Gebrauch zu machen, wenn man selbst viele Rosen veredelt.

Namentafeln aus Holz dürfen stets nur Aushülfsmittel sein. Ihre Schrift ist in einem Jahre unleserlich. Um Holztafeln gut beschreiben zu können, streicht man sie mit Chromgelb, dem soviel Firniß zugesetzt ist, daß es sich streichen läßt. Hauptsache dünn streichen, nur dann läßt sich schreiben. Auf der noch nicht trocken gewordenen Farbe schreibt es sich am besten.

Im allgemeinen genügt es, wenn wir neben den Namen der Rose, der Gruppe, ob Thee, ob Remontant, den Namen des Züchters und das Jahr der Einführung setzen, beispielsweise: La France, Th. H. (Guillot 1868), Maréchal Niel, Th. (Pradel 1864), da dann eine Verwechselung mit Rosen gleichen Namens von anderen Züchtern ausgeschlossen ist. Wer sich für die Entstehung seiner Rosen interessirt, wird auch den Namen von Mutter und Vater kurz andeuten: Lady Mary Fitzwilliam, Th. H. (Bennet 82), Devoniensis × Victor Verdier.

Gute Rosenscheeren.

Zum Veredeln der Rose gebraucht man das Messer, zum Schneiden die Scheere.

Es giebt von Scheeren fast ebensoviele Formen, wie bei den Messern, und wenn die Scheere gut schneidet, so ist es auch ziemlich gleichgültig, was für eine Scheere wir benutzen.

Gute Scheeren sind aber seltener als gute Messer. Gute Scheeren müssen handlich sein, leichten, sicheren Verschluß haben, gute Federn besitzen und vorzüglich schneiden, aber nicht quetschen. Um letzteres zu verhindern, hat man immer mehr angefangen, Scheeren mit ziehendem Schnitt herzustellen, mit einem Schnitt, der dem des Messers ungefähr gleichkommt.

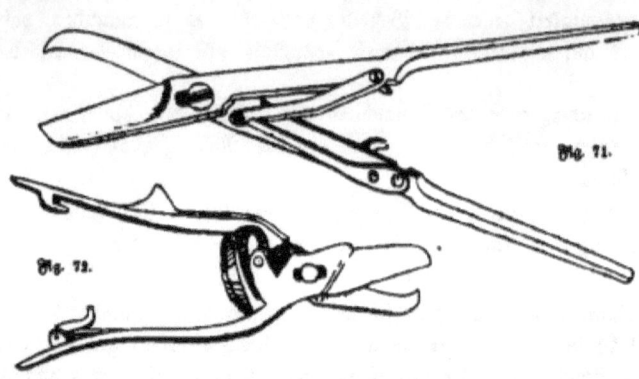

Fig. 71 und 72 zeigen auch solche Scheeren mit ziehendem Schnitt. Die erstere ist aber schlank und schön gebaut und so recht darauf eingerichtet, vermittelst ihrer langen Schenkel, eine Berührung von Hand und Dornen zu vermeiden.

Zum Schnitt von Blumen, Ausdünnen der Zweige, auch zum Frühjahrsschnitt giebt es nichts bequemeres. Abgestorbene, dicke Zweige, auch übermäßig dicke grüne Triebe soll man lieber nicht mit ihr schneiden, sie könnte brechen, falls nicht genügende Vorsicht angewendet wird. — Fig. 72 ist dazu besser geeignet, das ist eine Scheere für grobe Arbeit.

Es giebt auch sogenannte Präsentierscheeren, Scheeren, welche die abgeschnittene Blume festhalten; aber sie haben nur Wert für den Liebhaber, welcher seine Blüten mit 1—2 Blättern abschneidet.

Rosenblüten vom April bis Dezember.

Schnittblumen im Freien.

Die Rose ist die vornehmste Blume zur Binderei. Sie wird deshalb auch immer in großen Mengen verlangt und es ist, wenn man die Verhältnisse des Marktes kennt und vor allem ganz vorzügliche Rosenblüten zu ziehen weiß, sehr oft gar nicht so unrentabel einige Stöcke des Gartens zur Rosenschnittkultur einzurichten.

Aber jeder muß es sich gesagt sein lassen, daß nur die allerbesten Rosen Absatz finden, daß ferner die Nähe einer größeren Stadt in den allerhäufigsten Fällen erst die Rosenschnittkultur ermöglicht. Also nicht planlos eine Rosenschnittkultur anlegen, erst wägen, dann aber energisch ans Werk gehen, zuerst mit der Bodenverbesserung im Herbst. Man kann der Rose nie zu viel Dünger geben! Das sei der erste Grundsatz. Ich sah Rosenschnittkulturen — morgenweis betrieben — von einer Sorte: der herrlichen La France. Sie standen in einer 30 Centimeter hohen Erdschicht, welche aus Straßenabfall und aus Dünger gewonnen war. Und unter dieser Schicht kam guter Lehm. In dem Boden war ein Wuchs und ein Blütenreichtum! Meterhoch schossen die Triebe, überall mit Knospen und Blüten von der herrlichsten Form und üppigsten Farbe. So soll man sich nicht allein seine Rosenschnittkulturen wünschen, so muß man sie haben, wenn ein klingender Erfolg herausspringen soll.

Schnittrosenkulturen werden nur in Wurzelhalsveredlungen angelegt. Hochstämme sind zu kostspielig und zu empfindlich. Man pflanzt, wenn der Boden vom Herbst an genügend gedüngt und vorbereitet ist, im Frühjahre und setzt die Rosen auf 50—60 Centimeter im Quadrat. Groß werden Schnittrosen nicht, da die Blumen bei der heutigen Mode immer mit langen Stielen geschnitten werden müssen.

Rosen die von unten aus stets neue kräftige Schosse treiben, wie La France, Kaiserin Augusta Victoria, welche sich mit einem Kranz Blüten schmücken, sind deshalb, wenn ihre Eigenschaften sonst passen, für die Schnittblumenkultur am geeignetesten. Da gut gedüngter Boden zum Treiben solcher Schosse immer von neuem anregt, magerer Boden die Rosen gar nicht zu solcher Üppigkeit bringt, so leuchtet es doppelt ein, wie wichtig bei der Schnittrosenkultur kräftiges gut gedüngtes Land ist.

Der Schnittrosengärtner hat sehr mit der Zeit und mit dem Bedarf an Rosen zu rechnen. Blühen seine Rosen, wenn alle Welt Rosen hat, dann sind sie billig und kaum abzusetzen. Er muß Blüten haben, wenn Andere keine besitzen, das sei sein Ziel. Mittel, es zu erreichen, stehen ihm mehrere zur Verfügung.

Das Abschneiden der noch nicht halbentwickelten Knospen im Frühjahre, bewirkt einen neuen schnellen Austrieb und eine Verlegung der Blüte um 2—3 Wochen, also in eine blütenarme Zeit.

Das Anpflanzen von Rosen, die besonders reich im Herbste blühen, giebt im Herbst, wo Rosen immer gesuchter sind, einen reichen Flor. Wer bei den Herbstblühern die Frühjahrs- und Sommerblüte einschränkt, sobald der Bedarf dafür nicht vorhanden ist, kräftigt die Stöcke zum Vorteil der Herbstblüte.

Rosen mit starkem Herbstflor sind: La France, unübertroffen bislang in der Reichblütigkeit, ferner Général Jaqueminot, ganz vorzüglicher Herbstblüher, Charles Lamb, Prince Camille de Rohan, A. K. Williams, Fischer & Holms, Ulrich Brunner fils, Alfred Colomb, Marie Baumann, Mrs. John Laing. Das sind dunkle und leuchtende Sorten, die wegen ihrer Farbe oft sehr begehrt sind.

Gute weiße Schnittrosen liefern Kaiserin Augusta Victoria, Merveille de Lyon, Souvenir de la Malmaison, Elisa Boëlle, Boule de Neige, die empfindliche The Bride, die noch empfindlichere aber schönste reinweiße Niphetos.

Von hellfarbigen Sorten sind außer La France, die an erster Stelle steht, Grace Darling, Captain Christy, Mademoiselle Franciska Krüger, Maman Cochet, Madame Caroline Testout, Augustine Guinoisseau zu nennen.

Und in gelb, da ist die beste und begehrteste Rose stets Maréchal Niel, aber sie kann mit der Niphetos zugleich nur in sehr warmen Gärten mit Erfolg als Schnittrose gezogen werden, und ist selbst da ein sehr unsicherer Kantonist.

Von gelben Sorten wären außer Niel, Gloire de Dijon, Honourable Edith Gifford, Madame Chédane Guinoisseau, Belle Lyonaise, Mme. Bérard, William Allen Richardson zu nennen.

Und nun käme noch das kleine Heer der Rosen, die als Knospe reizend sind und vorzügliche Knopflochrosen geben. Sie dürfen keinesfalls vergessen werden, wenn sich auch schon einige unter den vorhingenannten befinden, Camoëns, Dr. Grill, Gustav Régis Mlle. Laurette Messimy, Papa Gontier, Mme. Pierre Oger, Mme. Falkot, Mme. Agathe Nabonnand, Archiduchesse Maria Immaculata, bilden einen Stamm davon, den man aber sehr vergrößern könnte, wie überhaupt die Zusammenstellung der zum Schnitt passenden Rosen eine weit reichlichere werden könnte.

Doch nur das beste darf herausgesucht werden. Für den einzelnen ist fast schon die Sortenzahl zu groß, denn es liegt nicht der Wert in der großen Sortenzahl, sondern in der Güte der einzelnen Blumen und in der Anpassung an die augenblickliche Mode. Auch diese wechselt und oft sehr schnell. So gab es Jahre in denen William Allen Richardson, Niphetos in beliebiger Menge verkäuflich waren, während heute, wo ich dies schreibe, gerade diese Rosen in Berlin wenig unterzubringen sind. Jetzt ist die Hauptsache langer Stiel. Wer seine Rosen mit fast meterlangem Stiele schneiden kann, wird sie los.

Schnittrosen werden stets sortenweis gepflanzt. Nur dadurch wird ein gleichmäßiger Bestand erzielt, das Überwuchern einzelner Sorten verhindert und das Krankwerden nach Möglichkeit vermieden.

Die Sommerpflege besteht im reichlichen Düngen, sobald die Blüte nachläßt, mit Jauche, verrottetem Mist ꝛc. und in reichlichem Gießen. Wo es möglich ist Schnittblumenkulturen zu rieseln, da werden ganz besondere Erfolge erzielt, denn geringe Mengen von Wasser nützen wenig. Das Gießen muß zum mindesten sehr energisch betrieben werden, nicht gerade häufig, aber große Mengen auf einmal.

Sehr alt dürfen Schnittrosenbeete nicht werden. Trotz energischer Düngung läßt die Schönheit der Blüten mit der Zeit nach. Im zweiten und dritten Jahre der Pflanzung giebt es gemeinhin die besten Blüten.

Wer alljährlich Rosen veredelt, erhält von den frisch veredelten Stämmen immer die besten Blüten.

Das Schneiden der Rosenblüten verlangt frühes Aufstehen. Um 3—4 Uhr sind die Schnittrosengärtner bereits an der Arbeit, weil um diese Zeit die Rosen am köstlichsten sind.

Rosen in Kästen.

Verbunden mit jeder Schnittrosenkultur ist mehr oder weniger immer eine Zucht von Rosen in Mistbeetkästen, um zeitig Rosen und spät solche zu haben. Selbst zu Privatzwecken ist eine Kultur in Kästen, weil sie sehr wenig Mühe und viel Freude macht, recht empfehlenswert.

Fig. 73. Das Bauen von Kästen um Rosenbeete.

Früher zog man Niel, Malmaison, Dijon, Reine Marie Henriette, also die starkwachsenden Sorten vielfach in Steinkästen. Diese Kultur verschwindet aber mehr und mehr und macht der in den viel praktischeren Holzkästen Platz.

In Holzkästen werden die Rosen nicht hineingepflanzt, nein umgekehrt, man baut die Kästen um die Rosenbeete, welche den Größenverhältnissen der Fenster entsprechen. Die zur Verfügung stehenden Kästen kommen also erst um die fertigen Rosen. Fig. 73.

Das Bepflanzen der gehörig vorbereiteten Beete geschieht im Frühjahre. Es werden die Rosen stets sortenweis gepflanzt nicht durcheinander; am besten ist es in einen Kasten nur eine Sorte zu setzen, die Rosen bleiben gesunder. In der Hauptsache werden Wurzelhalsveredlungen genommen, seltener wurzelechte Rosen, weil sie im allgemeinen nicht so willig blühen.

Sorten wie: Camoëns, Honourable Edith Gifford, Mme. Chédane Guinoisseau, van Houtte, Mme. Lombard, Dr. Grill, Maman Cochet, Papa Gontier, Marie van Houtte, Général Jacqueminot, La France, Niphetos, Prince Camille de Rohan, Fischer & Holms, Caroline Testout sind sehr geeignet und blühen reichlich.

Maréchal Niel, Gloire de Dijon, Souvenir de la Malmaison, Reine Marie Henriette, Mrs. John Laing haben starken Wuchs und sind ohne Schnitt zu behandeln. Für sie werden Drahtlinien etwa 50 Centimeter vom Boden gezogen, an denen die niedergehefteten Zweige in großer Anzahl Blüten entwickeln.

Die Pflanzung geschieht auf 40 Centimeter. Bei dieser Weite können sich die Rosen in den ersten beiden Jahren gut entwickeln. Die zu eng stehenden lassen sich später anderweitig verwenden.

Damit der Herbstflor nicht verloren geht, und die Rosen bis spät in den Winter hinein blühen, werden die Kästen vor dem ersten Nachtfroste gemacht. Die Fenster sind aufzulegen, Tag und Nacht zu lüften, später des Nachts zuzumachen.

Im Winter erhalten sie einen Mantel von Pferdedung, auch oben auf kommt Pferdedung, nachdem statt der Fenster Bretter aufgelegt sind.

Ende Februar, manchmal auch erst Mitte März, je nachdem der Winter streng oder milde ist, wird der Dünger oben entfernt und statt der Bretter kommen wieder Fenster auf die Kästen, damit es hell darin wird und die Sonne ihre Wirkung ausüben kann.

Hand in Hand damit geht ein vorsichtiges Umgraben des Erdbodens, ein Entfernen des überflüssigen Holzes, geringer Rückschnitt der Triebspitzen, anbinden, event. an Draht und ein ordentliches Durchwässern und Düngen. Auf das Durchwässern muß ich einen Hauptwert legen.

Man stelle sich vor: die Rosen haben durch den Winterschutz von keiner Feuchtigkeit Nutzen ziehen können. Ihr Boden im Kasten, der von Wurzeln eng durchzogen ist, hat schon zum Teil im Herbst nicht mehr an den Regengüssen teilgenommen, weil zum Schutze der Blüten gegen Regen und Frost zeitig Fenster aufgedeckt wurden. Der Boden ist deshalb auf größere Tiefen hin ausgetrocknet. Jetzt sollen die Rosen treiben, da fehlt in erster Linie Wasser. Darum gießen, — recht kräftig gießen — bevor die Rosen anfangen zu wachsen. 20 Gießkannen voll Wasser für einen Kasten von 5 Fenstern sind nicht viel, sondern wenig. Daneben ist zu düngen mit Jauche, verrottetem Mist, aber nicht mit Kloake. Verrotteter Mist ist besonders zu verwenden. Er macht den Boden hübsch locker, hält ihn locker auch bei späterem Gießen und ersetzt in etwas eine Nachlässigkeit beim späteren Hacken. Aber zuviel darf man nicht auf ihn bauen. Häufiges Hacken durchlüftet den Boden, giebt frische Luft im Kasten und ist wie alle Reinlichkeit überhaupt ein gutes Abwehrmittel für Krankheit und Ungeziefer.

Um die Rosen recht rasch ins Wachsen zu bringen, bleiben die Fenster vorläufig geschlossen. Bei mildem Wetter wird gelüftet! sonst treiben die Rosen lang und schwach, bilden nur geringen Blütenansatz und werden von Krankheiten heimgesucht. Das Lüften geschieht des Mittags und mit der immer wärmer werdenden Witterung stets länger und ausgiebiger. Wann und wie hoch gelüftet werden soll, das ist von Fall zu Fall zu entscheiden und läßt sich nicht schematisch festsetzen. Es kommen sonnige warme Tage, an denen stark gelüftet werden muß, es kommen aber oft auch recht viele Tage, an denen jedes Lüften Verderben bringt. Eisiger Wind, plötzlicher Wechsel sind immer zu vermeiden. Sie bringen Saftstockungen und begünstigen die Bildung des Mehltaues, der sich in Kästen, wenn nicht aufgepaßt wird, sehr gern einfindet. Wo er sich zeigt, da müssen sofort Mittel angewendet werden. In der ersten Entwickelung ist er am schnellsten zu bekämpfen und im Kasten leichter als im Freien.

Um nicht so sehr von der Sonne abhängig zu sein, ist es sehr häufig ratsam, besonders dort, wo der Dünger billig ist, den Kasten mit einer starken neuen Düngerschicht zu umgeben, die durch ihre Wärme den Kasten mitwärmt. Aber die Schicht muß mindestens 50 Centimeter dick sein, damit sie eine geraume Zeit aushält, und noch etwas über den Rand des Kastens hinausreichen, wenn sie wirken soll.

Schattengeben ist bei Rosenkästen nicht notwendig, aber ein Zudecken der Kästen, solange nicht warme Nächte eingetreten sind, mit Strohmatten und darüber Bretter. Es soll auf keinen Fall die Wärme, die sich tagsüber durch Sonnenschein entwickelt hat, fortziehen und einer empfindlichen Kühle Platz machen.

Zunehmende Wärme in der Nacht macht diesen Nachtschutz später überflüssig und erfordert eine Abnahme der Fenster erst des Nachts, später auch am Tage. Im Laufe des Sommers stehen die Rosen völlig frei. Gleich nach der Blüte erhalten sie aber eine tüchtige Düngung um sich zu kräftigen.

Rosen in Häusern.

a. Die Rose mit andern Pflanzen.

Ein weiterer Schritt, sich Rosenblüten im Winter zu einer Zeit zu verschaffen, wo es im Freien und in den Kästen noch keine giebt, ist die Rosenkultur in Häusern. Sie kann gar mannigfaltig betrieben werden. Da ist zuerst der Gartenfreund, der ein kleines Gewächshaus zur Überwinterung seiner Pflanzen im Gärtchen stehen hat. Er wünscht so nebenher noch einige Rosen zu ziehen — es geht. Wir haben einige Rosensorten, unter ihnen besonders die herrliche Maréchal Niel, ferner die schwachwachsende Niphetos, weiterhin Gloire de Dijon, Reine Marie Henriette, die für solch Häuschen ganz vorzüglich sind und ohne viel Pflege ihre Blumen bringen, wenn man sie von vornherein auf einen Stand setzt, der ihnen reichliche Nahrung, genügend Licht und Luft und nicht allzu große Wärme giebt. 10 Grad R. Durchschnittswärme bildet das Maximum, am besten sind 8—10 Grad R.

Am häufigsten wird bei diesen Rosen aber in der Nahrungsgabe gefehlt. Man bestimmt einen Platz, wirft dorthin etwas Erde und damit ist es gut. Die Rose soll wachsen, aber sie thut es nicht, weil ihr solch winzige Abfindung nicht behagt. Sie will reichlich Erde und gute Erde und darum, willst du in deinem Häuschen eine Rose anpflanzen — es geht zumeist nur hochstämmig, damit sie dem Lichte nahe genug ist und die anderen Pflanzen nicht stört, — so beherzige das.

Ist der Boden deines Gewächshauses cementiert oder vermauert, oder ist er hart wie eine Tenne, dann brich zuerst ein Stück davon 1 Meter breit und ebenso lang, mindestens 50 Centimeter tief auf, nimm die alte Erde fort und ersetze sie durch gute Rosenerde. Muß die Rose etwas erhöht gepflanzt werden, so ist dies kein Fehler, sie wächst dann viel besser als zu ebener Erde, aber es ist notwendig, die Pflanzstelle zu ummauern, 20—30—40 Centimeter hoch, wie es die Verhältnisse verlangen und so hoch gute Erde aufzuschütten. Dahin wird dann die Rose gepflanzt. Ihre Zweige werden später 25—30 Centimeter vom Glasdach entfernt, an Drähten, die dort gezogen sind, angebunden; sie liefern einen reichen Flor, wenn möglichst gar nichts an ihnen geschnitten wird, sondern nur durch sachgemäßes Niederbiegen oder Umbiegen der Austrieb aller Augen erzwungen wird.

Maréchal Niel, Niphetos, auch Reine Marie Henriette lieben im Sommer große Wärme. Es ist deshalb nicht notwendig, dieser Rosen wegen die Fenster von den Häusern abzunehmen. Man muß nur stark lüften, stark schatten durch Bestreichen der Fenster mit Kalk, durch Auflegen von Schattendecken ꝛc. und außerdem ist viel zu spritzen. Eine feuchte Luft ist zu schaffen, auch durch häufiges Begießen der Wände und Wege, um das Ungeziefer den Rosen fern zu halten.

In ähnlicher Weise lassen sich überdachte Gänge, Höfe, Veranden ꝛc. mit Rosen bepflanzen und schmücken.

b. Die Rosenzucht in besonderen Rosenhäusern.

Bei den Rosenhäusern macht man es sehr häufig wie bei den Rosenkästen. Man legt Rosenbeete, der Größe des Hauses entsprechend, an, und baut im Laufe des Herbstes oder nächsten Sommers darum das Haus. Das sind allerdings fast nur Häuser für niedrige Rosen, und zwar auf die einfachste Weise aus Holz und Eisen gebaut, die sich selbst versetzen und anderweitig verwenden lassen. Fig. 74 und 75.

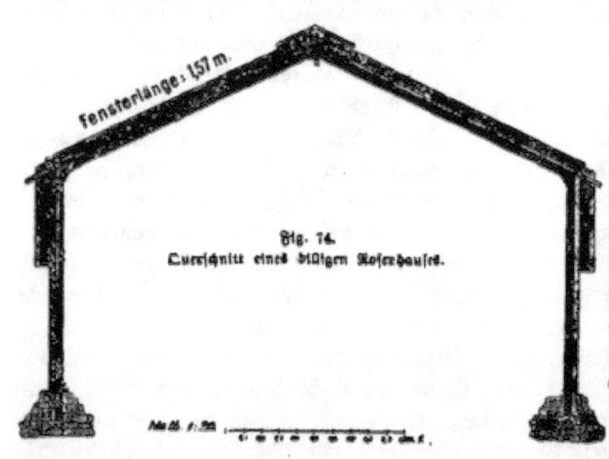

Fig. 74.
Querschnitt eines billigen Rosenhauses.

Diese Häuser haben gewöhnlich den Weg in der Mitte und zu beiden Seiten Beete, oft sind sie auch breiter gemacht und besitzen ein Mittelbeet und zwei Seitenbeete. Der Weg führt dann um das Mittelbeet herum; manchmal ist auch gar kein Weg vorhanden, und besteht das Haus aus einem Beete. Letzteres ist jedoch nicht praktisch und ist auch keine Platzersparnis, denn die Breite der Wege läßt sich vom Beete aus durch Rankrosen überdecken und so nutzbar machen.

Man kann die Häuser in den Boden hineinlegen, sie auch auf demselben anbringen. Es werden dementsprechend die Beete von vornherein etwas tiefer gelegt.

Das Gerippe dieser Häuser besteht aus ⊥ Eisen: 35—40 mm breit, 5—6 mm dick. Die Pfosten und Sparren sind aus einem Stück gearbeitet. Sie werden in den Ecken gebogen, mit kleinen eisernen Platten vernietet, so daß sie auch bei starkem Druck nicht aus ihrer Lage kommen. Die unteren senkrecht stehenden Teile bilden die Pfosten für die Bretterwände, und damit sich die Bretter daran befestigen lassen erhalten sie Löcher in Entfernung von 20—25 cm. Die oberen schrägen Teile des ⊥ Eisens dienen zum Auflegen der Fenster.

Rosenhäuser mit Holzwänden können zwar durch eine Kanalheizung geheizt werden, wenn die baupolizeilichen Bestimmungen dies gestatten. Vorteilhaft ist es immer, sie mit Wasserheizung zu versehen. Der Kessel liegt dann tiefer als das Haus in einem

Fig. 75. Seitenansicht eines billigen Rosenhauses.

Feuerungsraum, der mit massiven Mauern errichtet ist. Von einem solchen Heizraum aus können 5 bis 6 Häuser gleichzeitig erwärmt werden und ist es vorteilhaft, die Häuser neben einander zu legen und die Giebelseite durch einen verdeckten Raum mit einander zu verbinden. Die Hauptheizrohre laufen dann in diesen Gang und von ihnen aus werden Abzweigungen in die Häuser gemacht. 4 Röhren genügen für jedes Haus, welches zeitig angetrieben werden soll; im allgemeinen verwendet man nur 2, da die Rosen in diesen Häusern nicht besonders früh getrieben werden, erst von Ende Februar ab. Man kann die Häuser aber auch ohne Heizung lassen. Sie gleichen dann großen Rosenkästen.

Ähnlich diesen Rosenhäusern lassen sich solche mit Mauerumfassung bauen. Die ersteren sind aber billiger.

Außerdem giebt es Häuser der verschiedensten Art. Der Eine baut spitze, der Andere zieht mehr flache Häuser vor, dieser baut einseitig, klebt sein Haus mit der Front nach Süden an die Mauer eines anderen Gebäudes, jener wählt Satteldach u. s. w.

Einen Blick in ein großes Rosenhaus giebt Fig. 76.

Die Wüchsigkeit der Rosen richtet sich aber nicht nach der Pracht und Größe der Häuser, sondern danach, daß Licht und Luft Zutritt erhalten können und die Pflege eine sachgemäße ist.

Im allgemeinen ist es vorteilhaft die Beete etwas erhöht anzulegen und sie mit niedrigen Mauern zu umgeben.

Man behält dadurch die Rosen mehr in Gewalt. Es wird eine bessere Durchlüftung des Bodens herbeigeführt und Hand in Hand damit geht eine schnellere Erwärmung desselben, zwei für das Treiben der Rosen sehr wichtige Momente, denn was nützt alle Wärme des Hauses, wenn die Wurzeln tief im kalten Untergrunde stecken, der sich nicht erwärmen läßt?

In hohen Häusern kommen Rosenhochstämme zur Geltung, auch anfangs sehr dicht gepflanzt auf 50 Centimeter. Durch Berankung der Wände, der Pfeiler mit Schlingrosen, wozu sich ganz vorzüglich auch Crimson Rambler eignet, kann man hier jeden Raum ausnutzen und das Ganze wesentlich verschönern.

Die Pflege gleicht der in den Rosenkästen, nur ist sie regelmäßiger, weil man hinein kann, um Wärme und Feuchtigkeit zu regulieren. Man halte Maß zwischen beiden. Vieles Spritzen hält zwar die Blattlaus fern, gefällt auch den Rosen, die an den wärmsten Stellen des Hauses, weniger aber denen, die an den kühleren stehen, wo die Feuchtigkeit sich so wie so schon niederschlägt. Dort stellt sich, wird zuviel gespritzt, rasch Mehltau ein, und ist er erst da, dann verfallen ihm trotz eifriger Gegenmaßregeln sicher ein Theil der Blätter. Spritze daher nur, wenn die Sonne hübsch warm ins Haus scheint und auch dann nur wenig. Halte aber die Wege und Wände, wenn die Luft trocken ist, feucht. Blattläuse werden leicht durch Räuchern mit Tabak getötet.

Gegen Mehltau legt man auf die Röhren in Lehm eingebacken, Schwefel, aber nur wenig, etwas zuviel zerstört sämmtliche Blätter. Der schlimmste Feind im Rosenhause ist der Wickler, weil er hinterrücks arbeitet und die hier doppelt wertvollen Knospen oft schon zerstört hat, wenn man ihn bemerkt. Er wird auch durch kein Räuchermittel vertrieben. Die einzigste Gegenwehr bleibt ein wachsames Auge, das jede Unregelmäßigkeit bemerkt und auch ihn sofort in den gerollten Blättern aufzustöbern weiß.

In Rosenhäusern wird viel gelockert, auch gedüngt mit Kuhdung, und wenn die Außentemperatur es gestattet, reichlich gelüftet. Frische, reine Luft ist eine Hauptsache.

Fig. 70. Blick in ein großes Rosenhaus.

Im Sommer nimmt man die Fenster ab. Vor der neuen Treibperiode sollten stets die Wände gewaschen und frisch gestrichen werden. Der Kalkmilch wäre etwas Seife, Kupfervitriol und Schwefelblüte beizumischen. Mit großem Vorteil unterzieht man auch alle Rosen einer Reinigung, spritzt sie erst mit Wasser tüchtig ab, läßt sie wieder trocknen und spritzt darauf mit bordelaiser Brühe. 2 Kilogramm Kalk, 2 Kilogramm Kupfervitriol, 100 Liter Wasser. Die Blätter bekommen darnach eine weiße

Farbe, die aber den Rosen jetzt nicht schadet. Bordelaiser Brühe hält den Mehltau hintenan, schädigt auch den Rost.

Treiben von Topfrosen.

Bevor wir zu treiben anfangen, müssen wir darüber klar sein, ob früh oder spät getrieben werden soll. Rosen, die erst März, April zum Treiben eingestellt werden, brauchen nicht so viele Vorbereitungen als solche, die durch frühe Treiberei schon im Februar, März die Blüten zeitigen sollen.

Für erstere, also für die ganz späte Treiberei, genügt es, die Rosen im Herbst in Töpfe zu pflanzen und sie frostfrei, 1—2° R. warm, aufzustellen, bis zur Treiberei selbst. Für letztere ist es unbedingt notwendig, daß sie eine Vorbereitungszeit durchmachen, um bei intensiverer Pflege die zur frühen Treiberei notwendige Kraft zu sammeln.

Rosen zum Frühtreiben pflanze im Herbste oder im Frühjahre in Töpfe. Nimm ein- oder zweijährige, aber recht kräftige Wurzelhalsveredlungen oder Stämmchen von 30—40 Centimeter Höhe, die sich etwas besser treiben lassen, oder auch Hochstämme. Schneide sie kurz zurück und gieb besonders gute Erde. Kräftige, faserige Rasenerde, die mit Kuhdung geschichtet 1 Jahr gelagert hat, ist die beste; gute Mistbeeterde mit gutem Lehm und Kuhdung zu $^1/_3$ gemischt, die zweitbeste.

Alle im Herbste eingesetzten Rosen überwintere frostfrei im Kasten und bringe sie mit den im Frühjahr eingepflanzten bis an den Rand eingesenkt auf sonnige, geschützte Beete, welche mit dem Schlauch oder der Gießkanne leicht erreichbar sind. Boden und Töpfe sind alsbald mit einer mindestens fingerdicken Schicht verrotteten Düngers zu bedecken. Die Sommerpflege besteht im reichlichen Gießen und Spritzen. Blüten dürfen nicht geduldet werden, sie schwächen. Ungeziefer und Pilz sei ganz verbannt durch sorgfältigste Obacht. Kein Blatt darf verloren gehen oder erkranken. Die Rose braucht sie alle, um Kräfte zu sammeln.

Ende September wird das Gießen vermindert. Die Rosen müssen nun ruhen. Trockenheit begünstigt diese Ruhe. Bei andauerndem Regenwetter empfiehlt es sich, die Töpfe aus dem Boden herauszunehmen und umzulegen, damit das Wasser ablaufen kann.

Frost gebietet Vorsicht, 1—2° R. schaden nicht. Bei größerer Kälte müssen die Rosen ins Winterquartier, das ist ein Mistbeetkasten oder sonst ein frostfreier Raum.

Das Treiben der Rosen beginnt je nach den Sorten früher oder später, im Gewächshause natürlich früher als im Zimmer. Bevor getrieben wird sind noch einige sehr wichtige Arbeiten zu machen. Es ist 1. zu schneiden und 2. zu reinigen. Das Schneiden findet Jeder für selbstverständlich, das Reinigen weniger.

Beim Schnitt werden alle Rosen, besonders sind es Remontantrosen mit gedrungenen kurzen Zweigen, gleich behandelt durch einen Schnitt auf 3—4 Augen. Wo starke Ruthen bei Remontantrosen sich finden, nimmt man 6—7. Schwaches Holz und Zweige, die sich engen, müssen bei niedrigen Rosen immer entfernt werden. Bei hochstämmigen hat man oft nur schwaches Holz, da wird dieses auf 2—3 Augen fortgenommen. Bei Theerosen mit langen Ruthen, Gloire de Dijon, Maréchal Niel, Reine Marie Henriette x. sind die Zweige nach unten zu biegen an ein Gestell oder nur an Stäbe, wie man es gerade für passend hält.

Das Reinigen der Rosen erstreckt sich sowohl auf Töpfe wie Stämme. Zuerst sind die geschnittenen Stämme abzubürsten, damit alle Pilzsporen entfernt werden und dann einzutauchen in bordelaiser Brühe oder damit anzupinseln. Der Brühe wird etwas Zucker oder Blut beigemischt. Ersterer macht sie klebriger, letzteres tödtet die Insekteneier.

Das Reinigen der Töpfe geschieht mittelst Strohwisch oder Bürste und Wasser, um jeden Pilzbezug zu entfernen und die Poren zu öffnen. Krankheiten aller Art hält solche Reinigung hintenan.

Gewächshäuser müssen, bevor sie bezogen werden, ebenfalls gründlich gereinigt und gekalkt werden.

Die Rosen lieben eine gleichmäßige feuchte Temperatur von 12 bis 14—16° R. Nur in der ersten Zeit darf es nicht so warm sein; damit das Wachstum sich langsam entwickelt, bekommen sie 8 auch 14 Tage lang nur 6—8° R. und werden hierzu entweder in einem kühlen, wenn auch dunklen Raume oder im kühlen Zimmer aufgestellt.

Das Licht spielt bei der Treiberei eine Hauptrolle. Frühtreiben läßt sich nur in Häusern mit Süd-Lage oder in Zimmern mit Süd-Fenstern, dabei müssen die Rosen auf Stellagen dem Glase recht nahe gestellt werden, um ja das Licht voll zu bekommen.

Vergiß beim Aufstellen das Auflockern der Töpfe nicht! Gut gelockerter Boden giebt ein viel schnelleres Wachstum. Werden die gelockerten Töpfe gleich mit etwas strohfreiem Kuhdung belegt, desto besser. Im Zimmer kann man ihnen dafür Wasser reichen, in welchem etwas phosphorsaures Kali aufgelöst ist. 2 Gramm auf 1 Liter. Gut ist überhaupt, mit solchem Wasser dauernd zu gießen, aber dann nur 1 Gramm zu nehmen und abwechselnd eine Woche phosphorsaures Kali, die andere salpetersaures Kali. An Kali liegt der Rose sehr viel.

Die Behandlung der Rose im Zimmer und im Gewächshause muß natürlich verschieden sein. Das Zimmer hat sehr trockene Luft, eine am hellen Fenster verhältnismäßig kühle Temperatur 10—12° R. In derselben entwickelt sich die Rose langsamer. Sie muß aber trotz der geringeren Wärme noch öfters gespritzt werden als im Gewächshause, einmal am Tage, entsprechend dem Sonnenlichte und der augenblicklichen Wärme und zwar recht fein mit dem Drosophor.

Die Luft im Gewächshause ist ziemlich feucht. Wenn wir im Gewächshause viel spritzen, dann schlägt sich die große Feuchtigkeit an den kältesten Orten nieder, dort, wo das Röhrenende ist oder der Kanal aufhört. Hier sind die Blätter dauernd feucht, die Temperatur ist niedrig und die Folge: Mehlthau als gelindester Feind, als schlimmster eine Fäule der Stiele und Blätter, die sich darin zeigt, daß beide ein glasiges Aussehen bekommen. Es hört der Trieb auf und die Blätter fallen ab, erst einzeln, der Rest auf einmal.

Mit solchen Rosen ist nichts mehr anzufangen, sie sind völlig verdorben. Das Spritzen ist daher nur mit Vorsicht zu betreiben. Am besten ist es, durch gleichmäßige Temperatur und lindes Feuchthalten der Wege einen mäßigen Feuchtigkeitsgrad zu erzwingen.

Aber der Treibgärtner darf nicht schablonenhaft arbeiten. Bei starkem Sonnenschein, erhöhter Temperatur, beim Nähern des Frühlings wird oft ein Spritzen geboten. Uebertrieben soll es niemals werden, auch schon der vielen Flecke wegen, die es bei kalkhaltigem Wasser auf den Blättern giebt.

Blattläuse vernichte man durch Tabaksdampf, Thrips und Spinne durch Nicotindämpfe; Dämpfe, welche erzeugt werden, wenn man Nicotin tropfenweis auf heiße Platten fallen und hier verdunsten läßt. Gegen Mehlthau werde das Einbacken von Schwefelblüte in Lehm, aber nur wenig, $1/2$—1 Gramm, nicht vergessen. Den Wickler lasse man nie aus den Augen. Durch das dem Einstellen vorangegangene Reinigen und Eintauchen in bordelaiser Brühe ist der größte Teil zwar vernichtet. Hin und wieder schlüpft aber doch einer durch, und immer sind es die besten Blütenknospen, welche zerfressen werden.

Solange die Rosen anfangen zu treiben, haben sie wenig Bedürfnis nach Wasser, wenn sie vor dem Einstellen, was ich zu erwähnen vergessen habe, mehrere mal tüchtig durchgewässert sind. Erst allmählich steigt der Wasserverbrauch und wird immer größer je energischer das Wachstum vorschreitet. Wer nicht darauf achtet, hält seine Rosen erst zu feucht, und später meistens zu trocken. Milde Feuchtigkeit soll immer im Topfe herrschen. Reicht im Zimmer einmaliges Gießen am Tage nicht aus, was vorkommen kann, dann lasse man den Topf über Nacht in einem Untersatz mit Wasser stehen. Besonders vorteilhaft ist dies, wenn wir in der Zeit schon vorgeschritten sind und heiße Tage haben.

Zum Gießen werde immer nur warmes, abgestandenes Wasser benutzt, kaltes läßt das Wachstum stocken. Unregelmäßiges und schlechtes Aufblühen der Knospen ist oft eine Folge kalten Wassers.

Damit der Boden nicht zu sehr verschlämmt und das Eindringen der Luft nicht verhindert werde, sei dem Auflockern der Töpfe allwöchentlich ein Tag gewidmet. Die Arbeit lohnt sich.

Eine Treibrose soll kräftige Triebe machen, aber nicht zu viel Triebe haben, besonders nicht schwache. Nach dem Knospenansatz findet daher ein Schnitt statt, gewissermaßen der Sommerschnitt. Er soll Luft schaffen für alle Triebe mit Knospen und fortnehmen alles hindernde.

Schattengeben scheint im Widerspruch mit der Treiberei zu stehen. In den Monaten Februar—März scheint die Sonne energisch, so energisch, daß nach einer Reihe trüber Tage, welche die Blätter verweichlichen, ein greller Sonnenstrahl Schaden anrichten kann, wenn nicht durch Schattengeben vorgebeugt wird.

Bei höher stehender Sonne nimmt die Temperatur im Hause auch merklich zu. 2—4° R. kann man sich gefallen lassen, mehr nicht. Es muß dann, sobald es die Witterung nur irgendwie gestattet, gelüftet werden. Ganz wenig erst und ja so, daß kein Zug entsteht, aber allmählich immer mehr und mehr.

Eine gute Entwickelung der Knospen verlangt sogar als Maximum nur 12° R. im Durchschnitt. Größere Wärme beschleunigt zu Ungunsten der Güte ihre Entwickelung. Damit nach allen Seiten für eine bestmöglichste Ausbildung gesorgt werde, ist das Auskneifen von Knospen, wenn mehrere auf einem Stiele stehen, nicht zu vergessen.

Treibrosensorten.

Welches sind die besten Treibrosen? Man hat verschiedene Zusammenstellungen. Die bekannteste ist die Liste der Hamburger Treib=

rosen, weil in Hamburg die Frühtreiberei der Rosen für Deutschland ihren Anfang nahm. Ferner hat der Verein deutscher Rosenfreunde durch Abstimmung eine besondere Liste aufgestellt.

Man kann sich jedoch nach beiden nicht streng richten. Die Sorteneigenschaften entwickeln sich nicht überall gleich. Es sprechen die verschiedenen Verhältnisse, unter denen getrieben, und die Verhältnisse, unter denen herangezogen ist, mit, und so treten in dem Werte der einzelnen Rosen Verschiedenheiten ein, die man sich zu Nutze machen muß. Wesentlichen Einfluß auf die Auswahl der Farbe übt der Markt. Im allgemeinen sind dunkle und hellrote Farben beliebter als weiße und gelbe.

Es gelten jetzt als beste Treibsorten für die Frühtreiberei vom Januar ab: Rosa:

La France, die beste, Lady Mary Fitzwilliam, Mme Caroline Testout, beide ihr nahezu gleich am Wert; ferner Captain Christy und Eugenie Verdier, dann folgt Souvenir d'un ami.

Rot: Horace Vernet, Jean Liabaud, Ulrich Brunner fils, Fischer & Holms in erster Linie, Monsieur Boncenne, Général Jacqueminot in zweiter; früher trieb man auch Thriomph de l'Exposition, John Hopper, Anna Alexieff, doch werden sie wenig mehr verwendet.

Weiß: Niphetos, Kaiserin Auguste Victoria, Coquette des Blanches, Grossherzogin Mathilde, Devoniensis, Chlotilde, früher auch Sombreuil.

Gelb: Coquette de Lyon, Mme. Chédane Guinoisseau, Mme. Falcot, Mme. Safrano, Perle des Jardins.

Zur Treiberei vom Februar—März ab kommen zu den genannten hinzu:

Rosa: Baronne de Rothschild, Mrs. John Laing, Marie Baumann, Marie van Houtte, Catherine Mermet, Comtesse of Edinburgh.

Rot: Prince Camille de Rohan, Mme. Victor Verdier, Alfred Colomb, Charles Lefèvre, Louis van Houtte.

Gelb: Maréchal Niel, Isabella Sprunt, Adrienne Christophel.

Weiß: Souvenir de la Malmaison.

Für das Zimmer: Maréchal Niel, Perle des Jardins, gelb; Niphetos, Kaiserin Auguste Victoria, weiß; La France, Mme. Caroline Testout, Captain Christy, Baronne de Rothschild, rosa;

Horace Vernet, Fischer & Holms, Louis van Houtte, rot; ferner Hermosa, Gloire de Dijon, Safrano.

Später als vom angegebenen Zeitpunkte an, lassen sich alle Rosen treiben und werden, je später die Treiberei beginnt, desto besser.

Bei der frühen Treiberei dauert es 10—12 Wochen bis zur Blüte, später wachsen die Rosen schneller und genügen 8—9 Wochen.

Getriebene Rosen sind auch im nächsten Jahre wieder verwendbar. Sie treiben sich sogar leichter, wenn ihnen eine gute Pflege zu teil wird. Diese wird eingeleitet durch gute Aufbewahrung bis zum Sommer. Abgetriebene Rosen dürfen keinen dunklen Stand erhalten, sondern müssen im kühlen Zimmer oder im Kalthause aufgestellt werden wenn es draußen noch friert. Ist das nicht mehr der Fall, bringt man sie heraus an eine schattige Stelle und läßt sie noch einige Wochen ruhen. Alsdann wird verpflanzt und beschnitten, kurz, damit kräftige Triebe entstehen und nicht gar zu viel Zweige. Das stehengebliebene Holz muß eine Reinigung vermittelst Bürste durchmachen, und muß mit bordelaiser Brühe, wie die zum Treiben fertigen Rosen angestrichen werden. Standort auch wie ehedem auf sonnigem Beete, eingesenkt bis an den Rand im Boden und mit Dünger überdeckt. So erholen sich die Pflanzen.

Der Amerikaner verwendet selten Topfrosen zur Treiberei. Er braucht die Pflanzen auch nur einmal und wirft sie dann fort. Das Gewächshaus, in welchem die Erde in stellagenartigen Kästen 30—40 Centimeter hoch angefüllt wird, ersetzt bei ihm den Topf. Im Gegensatz zu unserer Treiberei werden dort hauptsächlich wurzelechte, also aus Stecklingen herangezogene Rosen verwendet, die zeitig im Februar—März vom frischen Holze gemacht werden und durch emsige Pflege bis zum Herbst starke Pflanzen liefern.

Das Verfahren ist einfacher als das unserige. Weshalb wir es nicht anwenden? Es fehlt uns eins — der klare Himmel. Unsere Winter sind zu trübe und lassen aus Mangel an Licht eine solch intensive Ausnutzung nicht gut zu.

Auspflanzen von Topfrosen.

Um vor Verlusten beim Anwachsen gesichert zu sein, auch um im schon sehr vorgerückten Frühjahre noch Rosen pflanzen zu können, kann man Topfrosen zur Pflanzung brauchen. Es ist hier aber eine besondere Art der Pflege nötig. Erstens sind die Rosen 3—4 Centimeter tiefer zu stellen, der ganze Erdballen muß so tief unter den Boden kommen. Zweitens ist der Wurzelballen zu lockern, mit der Hand leicht auseinander zu drücken, Fig. 77, oder die Wurzeln sind mit einem Hölzchen frei zu legen. Wird das versäumt, dann bleibt die ausgepflanzte Topfrose, so lange sie keine neuen Wurzeln gebildet hat, auf das Wasser in dem kleinen Erdballen angewiesen, der ihr Eigentum ist. Während früher aber, als der Erdballen noch im Topfe stand, alles Gießwasser durch den Ballen hindurchsickern mußte, läuft das Wasser jetzt in die den Ballen umgebende lockere Erde hin, und der Erdballen bleibt trocken.

Fig. 77. Wurzeln lockern.

Wir erleben es auf diese Weise, daß frischgepflanzte Topfrosen sehr lange kränkeln und erst spät mit gutem Triebe hervorkommen.

Pflanzest du daher Topfrosen, so vergiß nicht den Ballen zu lockern und den so gepflanzten Rosen doppelt soviel Wasser zu geben wie anderen, damit sich ja genügend Feuchtigkeit in der Nähe des Ballens befindet.

Die Rose im Zimmer.

Viel frische Luft, heller Stand, nicht zu hohe Wärme, sind die ersten Momente zur Rosenzucht im Zimmer. Wer sich bemüht, diesen Bedingungen gerecht zu werden, wird in den Frühjahrs= und Herbstmonaten seine Rosen zu üppigem Wachstum bringen. Aber in den Sommermonaten, wo die Wärme so sehr steigt, da haperts oft, weil die Rosen infolge der trockenen Hitze von Blattläusen und von dem viel schlimmeren Thrips befallen werden.

Wie läßt sich diesem Übelstande abhelfen? Dadurch, daß die Rosen in der Sommerzeit nicht am Süd= oder Ostfenster stehen bleiben, sondern in ein Zimmer mit Nordwest= oder Nordostlage gebracht werden, wo sie am offenen Fenster stehen und täglich mindestens zweimal gespritzt werden.

Wer einen Garten hat, wird seine Rose besser dahin bringen, aber auch hier ist ein wenig schattiges Plätzchen dem sonnigen vorzuziehen, weil gar zu viel Sonne den daran nicht gewöhnten Topfrosen schlecht bekommt und ihre alten Blätter verbrennen läßt. Notwendig ist außerdem Einsenken der Töpfe bis an den Rand in den Erdboden, damit sie eine gleichmäßigere Feuchtigkeit haben.

Bei der Zimmerzucht kann man nicht allzugroße Töpfe verwenden, der Rose gefällt es darin auch gar nicht gut. Für Monatsrosen hat man am besten Töpfe mit 10 Centimeter Durchmesser. Für die Erde gilt dasselbe, was bei den Treibrosen gesagt ist.

Das Einpflanzen der Rosen geschieht im Frühjahre vom März ab. An den Wurzeln darf nur das Schlechte oder arg Verletzte fort=

geschnitten werden. Lange Wurzeln sind an den Topfrand herumzulegen. In der Nähe der porösen Wände geht die Wurzelbildung besonders rasch vor sich.

Die Erde ist fest anzudrücken und nachher tüchtig anzugießen. Gut angegossene Töpfe lassen das Wasser aus dem Abzugsloch herausfließen. Der Schnitt sei kurz auf 2 Augen.

Ein warmer Stand ist den frisch eingesetzten Rosen schädlich. In einem Zimmer mit 3—4° R. Wärme oder auf dem ungeheizten Flur, wo sie Zeit haben, allmählich hervorzutreiben, stehen sie gut.

Gegossen wird anfangs mäßig. Rosen im vollen Trieb lieben viel Wasser.

Nach der ersten Blüte machen die Rosen, wenn sie nicht sehr kräftig sind, eine Ruhe von einigen Wochen durch, in der sie etwas trockener gehalten werden, um ihren nächsten Trieb zu kräftigen. Man schneidet dann die Triebe etwas zurück, entfernt alle schwachen Zweige und giebt auch etwas neue Nahrung, nicht durch Umpflanzen, sondern durch Fortnahme der oberen Erde bis zur Mitte des Topfes und Ersatz derselben durch neue. Bei schwächlichem Wuchse läßt sich vorteilhaft auch frischer strohfreier Kuhdung in 1 oder 2 fingerdicker Lage auf die Wurzeln legen. Obenauf kommt Erde, sie verdeckt den Kuhdung und verhindert auch jeden Geruch desselben. Die Wurzeln finden sich bald im Kuhdung zurecht, schaden kann er ihnen nie.

Künstlicher Dung wird im Gießwasser aufgelöst. Man nimmt pro Liter Wasser 2 Gramm phosphorsaures Kali und $1/2$ Gramm Chilisalpeter, und gießt damit wöchentlich einmal.

Rosen, welche viel treiben und wenig blühen, erhalten keine Düngergabe, auch keine neue Erde. Sie müssen durch mageren Stand zur Blüte gezwungen werden. Bei ihnen kommt man deshalb oft auch viel weiter, wenn man sie selbst im zweiten Jahre noch nicht verpflanzt.

Wer nach dem zweiten Flor eine nochmalige Aufbesserung der Erde vornimmt — etwa im September — kann, dies gilt von den meisten Theerosen, von ihnen noch einen dritten Flor erzielen. Allerdings müssen solche Rosen von September ab einen sonnigen Stand am Südfenster erhalten und viel frische Luft bekommen, solange es draußen warm ist.

Über Winter stehen die Topfrosen bei einigen Graden Wärme oder Eispunkt im Keller oder kaltem Zimmer. Wasser gebrauchen sie dort nur sehr wenig.

Das Verpflanzen beginnt im zeitigen Frühjahre. Man nimmt dabei nicht viel größere Töpfe, sondern verkleinert den Ballen oder drückt ihn zwischen den Fingern und schüttelt die Erde aus.

Wurzelechte Rosen, Wurzelhalsveredlungen, Hoch- und Mittelstämme sind als Topfrosen verwendbar. Die veredelten Rosen blühen im allgemeinen besser als die aus Stecklingen gezogenen. Und von den veredelten zeichnen sich die auf einen Stamm veredelten wieder durch größere Blütenwilligkeit vor den Wurzelhalsveredlungen aus.

Die Vermehrung der Rose im Zimmer geschieht durch Stecklinge — vergl. S. 44 — und durch Veredlung von Wildlingen. S. 64.

Wer darauf angewiesen ist, die bewurzelten Stecklinge dauernd im Topfe zu pflegen, muß ziemlich lange auf Blumen warten.

Schneller und besser geht die Anzucht durch Auspflanzen der jungen Rosen im zweiten Jahre auf ein nahrhaftes Gartenbeet in 15—25 Centimeter gegenseitiger Entfernung. Da bringen sie bald kräftige Triebe, blühen reichlich und sind oft schon im Herbst zu so starken Pflanzen geworden, daß es sich empfiehlt, sie wieder in Töpfe zu pflanzen.

Auch den Veredlungen auf Wurzelhals ist es dienlich, wenn sie sich im freien Grunde eines Gartenbeetes kräftigen können. Nur dort, wo wir sehr starke, mindestens fingerstarke Wildlinge eingesetzt haben, ist dies Auspflanzen nicht so sehr notwendig. Auch bei Hochstämmen braucht man dasselbe nicht.

Während die aus Stecklingen gewonnenen Pflanzen erst spät zu blühen anfangen, kann man von den auf kräftigen Unterlagen veredelten im gleichen Frühjahr Blumen erhalten. Es ist schon ein Zeichen geringer Blühwilligkeit, wenn es nicht geschieht.

Blühend gekaufte Rosen müssen wie andere Topfrosen behandelt werden. Sie sollen nicht zu warm stehen, 8—10° R., weil sie sonst zu rasch verblühen und auch von Ungeziefer zu rasch angegriffen werden.

Kann man Topfrosen auch in den Garten pflanzen? Unbedenklich, denn viele Rosen ebensolcher Sorten werden dauernd im Freien gezogen. Die Topfrose ist keine besondere Rosenklasse, sondern eine Rose, die von uns nur gezwungen wird, im Topfe zu leben.

Welche Rosensorten eignen sich nun besonders zur Zimmerkultur? Wer Wert auf andauerndes Blühen, nicht aber auf besonders prächtige Blüten legt, dem werden die drei Monatsrosen: Hermosa, Cramoisi superieur und Mlle. Laurette Messimy, die letztere chinesisch rosa, die andere lebhaft rot und die erstere blaßrot, besonders zu empfehlen sein. Diese drei Röschen blühen, aus Stecklingen gezogen, ungemein dankbar, sogar im Winter lassen sie nicht nach, wenn ihnen die Pflege zusagt. Man veredelt sie als Topfrosen nicht.

In zweiter Linie sind alle Theerosen und Theehybridrosen fürs Zimmer geeignet. Je empfindlicher diese draußen sind, desto besser eignen sie sich sogar. Von Maréchal Niel, Niphetos, Madame Falcot, Mistress Bosanquet, Marie van Houtte, Mademoiselle Franziska Krüger, Madame Lombard, Souvenir de la Malmaison, The Bride, La France, Kaiserin Auguste Victoria, Perle des Jardins, Homère, Grace Darling, auch von Gloire de Dijon wird man schöne Erfolge haben.

Fig. 78. Kreuzung von Rosa polyantha remontant.

Als drittbesten sind die Polyantharosen zu bezeichnen. Sie sind für zu hohe Wärme empfindlich und werden, wenn sie im Sommer im trockenen Zimmer stehen, in kurzer Zeit so stark von Ungeziefer heimgesucht, daß kein Blatt grün bleibt. Sie sollten daher unbedingt über Sommer ins Freie kommen und nur im Frühjahr ihre erste Blüte im Zimmer entwickeln, im Herbst die letzte. Clothilde Soupert ist die schönste und auch widerstandsfähigste, ihr folgen Anne-Marie de Montravel, Gloire des Polyanthas, Perle d'or, Pâquerette.

Ein einziges Polyantharöschen, polyantha remontant, läßt sich im Zimmer schnell aus Samen ziehen und bringt schon einige Wochen nach dem Keimen die ersten Blüten. Durch diese Zucht erhält man viele einfachblühende, aber auch manchen Busch mit gefüllten Blumen. Zu Kreuzungen ist diese Rose dem Liebhaber sehr zu empfehlen. Er hat bald Erfolge. Fig. 78 zeigt uns eine durch Kreuzung mit Gloire de Dijon entstandene Rose von polyantha remontant.

Remontantrosen sind ebenfalls nur im Frühjahre und im Herbste mit Erfolg zu ziehen, da sie auch keine trockne Wärme vertragen können. Die als Treibrosen genannten Sorten sind für das Zimmer gut.

Blühende Topfrosen im Oktober, November.

Die eben für die Polyantharosen empfohlene Zucht läßt sich auch auf die Thee- und Theehybridrosen ausdehnen. Man erhält von ihr auf jeden Fall viele Blüten, besonders im Oktober, November, und muß folgendermaßen verfahren:

Fig. 79. In der Erde tief eingesenkter Topf, dessen Rose schon Wurzeln trieb.

Die im Zimmer abgeblühten Rosen werden etwas zurückgeschnitten und im April oder Mai, oder auch später auf ein geschützt liegendes sehr gut gedüngtes Gartenbeet gebracht und hier mit dem Topf eingesenkt, nicht wie es üblich ist bis an den Rand, sondern 4, 5 bis 6 Centimeter tiefer, so daß der Topf ganz mit Erde bedeckt ist. Fig. 79. In der ersten Zeit, ein, zwei Monate hindurch, gießt man die Rosen täglich oder alle paar Tage einmal. Sie wachsen anfangs wenig, mit der Zeit aber treiben sie Wurzeln unten durch das Abzugsloch und auch oben über den Topfrand. Jetzt kommt Leben. Kräftige Triebe erscheinen, auch Blüten. Solange es Hochsommer ist, Juni, Juli lassen wir sie uns gern gefallen, auch Anfang August noch, aber von Mitte August ab nicht. Die Pflanzen bringen sonst keine neuen Blüten mehr. Alles was sie daher an Knospen Mitte August noch besitzen, auch an Blüten, wird abgeschnitten. Die Rosen sollen noch einmal treiben, sie thun es auch, wenn sie tüchtig gegossen werden, und sind Ende September bis Mitte Oktober ziemlich weit mit ihren neuen Knospen vorgeschritten. Die Witterung ist aber nicht mehr so, daß sie im Freien zur Blüte kommen. Das wünschen wir auch gar nicht. Vor dem ersten Froste werden die Rosen mit ihren Töpfen ausgehoben. Die überflüssige Erde wird entfernt, auch die oben herabhängenden Wurzeln werden abgeschnitten und nun kommen die Pflanzen ins Wohnzimmer dicht ans Fenster. Das wichtigste aber, was wir hier thun müssen, ist gießen. Alle ausgehobenen Rosen bekommen einen Untersatz, der am ersten

Fig. 80. Franziska Krüger nach der Pflege im Oktober.

Tage immer wieder mit Wasser gefüllt wird und auch später nicht ganz leer sein soll. Steht er längere Zeit leer, dann welken die Rosen und ihre Knospen blühen nicht auf.

Wer das Wasser rechtzeitig und genügend giebt, hat große Freude. Die Rosen, welche fast sämtlich voller Knospen sind, bringen alle zur schönsten Blüte. Fig. 80.

Nach der Blüte müssen sie das Zimmer wieder verlassen. Sie kommen gleich in die Winterruhe bei 2—3° R, mäßiges Gießen ist dort erforderlich, heller Stand nicht.

Läßt man die Rosen zu lange in der Wärme, dann treiben sie wieder aus, es giebt aber keine Blüten mehr, man schwächt nur die Pflanze.

Mitte März bis Anfang April beginnt das Umsetzen in neue Erde und ihm folgt dann wieder das Einstellen ins Wohnzimmer, wo sich kräftige Blüten entwickeln, und nach dieser Blüte das Hinaussetzen ins Freie, wenn die Witterung warm ist.

Erfolge mit Remontantrosen hat man nur mit Sorten, die im Herbste gut blühen: Général Jacqueminot, Alfred Colomb, Marie Baumann, Pierre Notting ꝛc., und wenn man daran denkt, daß hier nach der ersten Blüte die Ruhe möglichst auszudehnen ist, um den Trieb recht lange zurückzuhalten. Ein Abschneiden der Knospen im Herbst ist nicht gestattet.

Maréchal Niel unter besonderen Verhältnissen.

Es sind mir Gärten bekannt, in denen Maréchal Niel die Hauptrose bildet und als Schnittblume den besten Ertrag giebt. Wenn man solche Gärten sieht, dann fragt man sich unwillkürlich, wie machen's die Leute, daß ihre Niel sich so prächtig entwickeln und ohne viel Schaden die Winter überstehen? Es scheint ein Geheimnis zu sein und doch ist's keins. Man braucht nur näher hinsehen und sich die Lage solches Gartens vergegenwärtigen. Er liegt geschützt an der Südseite eines Hügels, sein Boden ist warm und verhältnismäßig trocken. Was an Feuchtigkeit im Sommer fehlt, wird leicht durch Gießen ersetzt. Die Rosen leiden keine Not im Sommer, sie leiden aber auch nicht Not im Herbst und Winter, weil sie warm und trocken stehen. Wärme und Trockenheit begünstigt das Ausreifen des Holzes, begünstigt das Durchwintern und beide sind die Ursachen des guten Erfolges.

Du klagst, daß deine Niel unbändig treiben, aber nicht blühen, obgleich sie nicht zurückgeschnitten werden. Die Ursache: Feuchter, kalter Untergrund, in den die Wurzeln eingedrungen sind und dort auf ein fürchterliches Wachstum der Triebe losarbeiten. Kannst du nicht aus dem vorigem lernen? Sicherlich. Denn die Niel-Rose braucht nur verhindert werden, ihre Wurzeln so frank und frei in den feuchten, kalten Untergrund zu schicken und sie wird sich um ein gut Teil bessern.

Wie das zu machen ist? Wenn du eine Niel-Rose pflanzest, dann grabe zuvor ein 60 Centimeter tiefes und recht breites Loch. 15 Centimeter desselben werden mit Steinbrocken, Topfscherben, Kalkresten ꝛc. gefüllt und darüber wird ein Brett gelegt 1 Meter im Quadrat. Auf das Brett kommt gute Erde, soviel, daß sie mit dem anderen Erdboden gleich steht, und dahinein die Niel-Rose. Fig. 81.

Fig. 81. Niel auf besondere Art gepflanzt.

Sie wird in dem guten Boden eine Menge Faserwurzeln bilden, aus ihm vorzugsweise zehren, weil er luftiger und wärmer ist. Sie wird, so gepflanzt, zum Blühen und Ausreifen des Holzes gezwungen, und wenn sie einmal versuchen sollte, durchzugehen, weil einige Wurzeln über den Rand des Brettes hinaus sich in die Tiefe verloren haben, dann weiß man's und kann abhelfen durch Abschneiden der Wurzeln oder durch Heben derselben.

Versuche niemals durch kräftigen Rückschnitt eine unbändige Niel in Ordnung zu bringen, das gelingt nie, ruft nur stärkeren Trieb und geringere Blüte hervor, auch im Gewächshause. Dort, wo der Frost keinen Schaden anrichten kann, schneide ich gar nichts, nehme nur ab und zu dichtstehende Zweige ganz fort. Auch das passiert nicht häufig, da Niel ein ziemliches Zweiggewirr vertragen kann.

Im Gewächshause verträgt Niel dauernd eine Temperatur von 8—10° R. Sie befindet sich dabei außerordentlich wohl, bleibt frei von Ungeziefer, Mehltau, verliert natürlich auch die Blätter nicht. Diese ihr zu nehmen, um sie zu zwingen, in die Winterruhe einzugehen, ist fehlerhaft. In mildem Klima verlieren die Theerosen ihre Blätter nicht, sie sind dort immergrün und im Februar, wenn die Rosen im Hause wieder neuen Trieb zeigen, dann kommen ihnen die alten Blätter prächtig zu

Fig. 82. Theerose Maréchal Niel.

statten. Sie arbeiten gleich, Blütenreichtum und Blütenfülle wird durch sie wesentlich gefördert.

Die Behandlung der in Häusern ausgepflanzten Niel kann über Sommer eine zweifache sein. Man kann die Fenster des Hauses abnehmen und die Rosen der freien Luft aussetzen. Das ist die übliche

Weise und besonders dann angebracht, wenn noch andere Rosensorten im Hause stehen, die nicht so viel Wärme als Niel vertragen.

Man kann aber auch bei reichlichem Luftgeben und Beschatten der Häuser durch Kalkanstrich die Niel über Sommer im Hause behalten.

Das viele Spritzen macht zwar die Pflege kostspieliger, wenn es aber darauf ankommt früh Niel-Blüten in vorzüglicher Qualität und in übergroßer Menge zu erhalten, dann ziehe ich letztere Behandlung vor. Sie wird bei vielen Liebhabern meist auch deswillen schon vorgezogen werden, weil sie eine Ausnutzung des Hauses mit anderen Pflanzen leichter gestattet, als bei völliger Abnahme der Fenster.

Häufiges Spritzen und recht viel Luft ist auch dort notwendig, wo man die Niel-Rose zur Bekleidung von halbwarmen Wintergärten, mit Fenstern geschützten Veranda's ꝛc. braucht. Ohne Spritzen tritt die Blattlaus bald in starken Scharen auf, und sie läßt sich dann nur durch Spritzen mit Nikotinwasser oder durch Räuchern mit Tabakdampf fortbringen.

Da man während der Blüte nicht viel spritzen darf, so ist zu dieser Zeit das Räuchern mit dem Räucherapparat von Haubold in Striesen das einzige Mittel, die lästigen Gäste zu verscheuchen.

Im Warmhause und im sehr warm gehaltenen Wintergarten, bei 12—14° R, gedeiht Niel nicht mehr. Dort verkommt sie, und wenn man hier auf jeden Fall Rosen haben will, dann muß man zu den Banksrosen Rosa Banksia greifen. Sie sind die einzigen, die leidlich fortkommen.

Niel in Mistbeetkästen ausgepflanzt sind nie so hübsch, wie solche in Häusern, weil es hier an der notwendigen gleichmäßigen Temperatur von 8—10° R während der ersten Wachstumszeit häufig fehlt.

In Kästen sind Niel zumeist auf Wurzelhals veredelt oder wurzelecht, während sie in Häusern fast ausnahmslos hochstämmig gezogen werden. Auch im Freien ist der Hochstamm für Niel die beste Form. Hier wie dort leidet er allerdings durch eine üppige Korkbildung an der Veredlungsstelle und zwar deshalb, weil Niel schneller wächst als jede Unterlage.

Das Übel läßt sich nicht fortbringen, aber eindämmen, und nach Möglichkeit verhüten läßt es sich dadurch, daß man bei jungen Stämmen über die Veredlung hin im Frühjahr sogenannte Schröpfschnitte zieht, d. h. Schnitte, welche die Rinde durchschneiden, aber nicht mehr. Fährt das Messer tiefer, dann schadet jeder Schnitt. Ein richtiger nur bis auf's Holz geführter Schröpfschnitt regt den Wildstamm zu erhöhter Thätigkeit an der bedrängten Stelle an und veranlaßt ihn, sich schneller zu verdicken, als er es sonst gethan hätte. Man kann mehrere Schnitte machen, 5—6.

Eine weiße Niel ist jetzt aufgetaucht. Sie hat die Eigenschaften der Mutter und wurde gleichzeitig an verschiedenen Orten gefunden. Ganz weiß ist diese Niel nicht immer, häufig rahmweiß.

Fig. 33. Theehybridrose Reine Marie Henriette.

Eine blendend weiße Rose, bisher weiße Niel genannt, ist Niphetos. Sie läßt sich wie Niel behandeln, aber es dauert lange, bis sich große Kronen bilden. Niphetos wächst sehr langsam und bringt nur kurze Triebe, blüht aber unaufhörlich.

Im Freien ist Niphetos nicht so empfindlich wie häufig angenommen wird. Sie blüht selbst noch reich auf feuchtem, kaltem Boden. Ihre

Blumen stehen eben so lange wie die von Niel, sowohl am Stocke als abgeschnitten im Glase. Für trockene Lagen ist Niphetos nicht so zu verwenden. Bei ihrem schwachen Wuchse ist stete Anregung durch feuchteren Boden notwendig, um die Krone rascher zu vergrößern.

Reine Marie Henriette, auch rote Gloire de Dijon genannt, kann man gleich wie Niel behandeln. In dem Wuchse ist sie es ungefähr. Fig. 83. Sie liebt im Glashause aber nicht ganz so viel Wärme, ist auch empfänglich für den Mehltau.

Mangelhafte Blüte.

Fig. 84 zeigt uns die Knospe einer Niel-Rose, welche von unten anfängt zu faulen und nicht aufblüht. Diese Erscheinung können wir im Gewächshause auch bei anderen Rosen machen. Sie tritt dann immer besonders häufig auf, wenn die Temperatur des Hauses durch kalte nasse Tage erniedrigt wird, kalt aber feucht ist, wenn die Rosen nebenbei über und über mit Knospen behangen sind. Es ist eine Ernährungsstörung. Eine Rettung der befallenen Knospen ist nicht möglich. Die Einschränkung der Krankheit wird möglich durch reichliches Lüften und tüchtiges Heizen. Die Temperatur muß um 2—4° R. erhöht werden. Der Boden ist zu lockern, bei ausgepflanzten Rosen zu graben, durch Düngung von Kalk zu entsäuern und, wo vorher seit langer Zeit nicht gedüngt wurde, ist durch flüssigen Kuhdung, dem etwas Chilisalpeter oder Blut beigesetzt ist, die Vegetation zu beleben.

Fig. 84. Mangelhafte Blüte.

Im Sommer bedürfen solche Rosen viel Dung, namentlich verrotteten Dung, der den Boden wärmer macht und zur Neubildung von Faserwurzeln anregt.

Gelbe Blätter

zeigen die Rosen in den Kästen häufig, besonders im Anfang, wenn sie zu schnell getrieben werden und wenn der Boden im Kasten selbst noch zu kalt ist. Bei verlangsamertem Wachstum durch Lüften verliert sich die gelbe Farbe vielfach. Wo sie es nicht thut, da muß man durch eine Düngung mit Blut, auf 18 Liter Wasser $^1/_{10}$ Liter Blut oder 25 Gramm Chilisalpeter oder 30 Gramm Eisenvitriol, die Blattfarbe zu heben suchen. Mit allen Düngemitteln ist aber nur der Boden zu gießen, eine Benetzung der Blätter streng zu vermeiden.

Kastenrosen, die in jedem Frühjahre ein gelbes Aussehen zeigen, sollen im Sommer viel Kompost, verrotteten Dünger, nachdem viel alte Erde weggenommen ist, erhalten und recht häufige und tiefe Lockerung ihrer Beete erfahren, auch eine Kalkdüngung, damit alle Ursachen des Gelbwerdens aufhören.

Rosen, die im Freien gelbes Laub treiben, stehen häufig zu tief und wenn trotz des Höherpflanzens, trotz der Verbesserung des Bodens, die Krankheit nicht aufhört, dann muß man sie im Frühjahre schröpfen, indem man Längsschnitte an den Stamm hinunter macht, die nur die Rinde durchschneiden, auf keinen Fall das Holz verletzen. Das Schröpfen kann bis Juni hin stattfinden, nicht später. Die Sonnenseiten sollen womöglich vom Schröpfen verschont bleiben.

Nach jedem Schröpfen tritt eine natürliche Verbreiterung der Wunden ein. Fast gleichzeitig beginnt aber schon von den Wundrändern aus eine Zellenschicht sich vorzuschieben, welche die ganze Wunde mit der Zeit überzieht, vernarbt, oder wie es technisch heißt, überwallt.

Wer beim Schröpfen nicht zu tief bringen will, stecke auf seine Messerspitze einen Pfropfen und lasse das Messer nur 1 Millimeter durchsehen. Schröpfen ist aber nicht allein gut, wenn Rosen gelbes Laub treiben, es ist vorzüglich auch bei starkwachsenden Rosen, Niel beispielsweise, vergleiche S. 106.

Das Schröpfen hat aber noch einen weiteren Nutzen. Da es die Lebensthätigkeit der Rose neu belebt und sie zwingt, ihre Krankheitsstoffe gewissermaßen auszuscheiden, so kann man es mit Vorteil bei Rosen anwenden, die wenig blühen und solchen die verkrüppelte Blüten bringen. Es gilt dies für Rosen, die im Freien stehen und ganz besonders für die in Häusern befindlichen, wenngleich ja hier manchmal auch ungünstige Luft- und Lichtverhältnisse an dem Verkrüppeln die Schuld tragen können.

Undankbares Blühen

ist häufig eine Eigentümlichkeit der Sorte, ich erinnere an Her Majesty, die nur wenig Blumen bringt. Häufig ist sie aber auch eine Folge falscher Behandlung. Rosen im Schatten bringen wenig Blüten, Rosen, die zu dicht stehen, ebenfalls. Rosen auf kaltem Boden treiben viel, blühen wenig und dasselbe sehen wir, wenn die Rosen falsch geschnitten sind.

Wie geschnitten werden soll, ist ausführlich auf S. 17 beschrieben. Kalter Boden, zu dichter Stand, falscher Stand läßt sich ebenfalls beheben, wenn wir wissen, daß undankbares Blühen dadurch hervorgerufen wird. Der Eigentümlichkeit der Sorte stehen wir machtlos gegenüber und wer reiches Blühen wünscht, darf undankbare Sorten nicht pflanzen.

Rosenblumen, die sich im Glase lange halten.

Eine Maréchal Niel im Glase hält sich tagelang, fast eine Woche, nahezu ebensolange hält sich Niphetos, stellt man dagegen eine Grace Darling ins Wasser, so läßt sie häufig am Abend schon den Kopf hängen, als wäre sie welk, und am zweiten ist sie fast häßlich geworden. So schön Grace Darling also am Stamm ist, so wenig ist sie geeignet zur Ausschmückung unserer Zimmer. Wer Rosen pflanzt mit der Absicht, die Blumen für sich zu verwenden, wird daher auf Sorten sehen, die sich lange haltbar zeigen.

Neben den beiden vorhingenannten, die gewissermaßen als Muster hingestellt werden können, denen beiden allerdings der straffe Stiel und die dadurch bedingte aufrechte Haltung fehlt, nenne ich als gut haltbar Herzogin Mathilde, Christine de Nouë, Souvenir de la Malmaison, Kaiserin Auguste Victoria, La France, Augustine Guinoisseau, Madame Caroline Testout, Franziska Krüger, Mrs. John Laing, Madame Susanne Rodocannachi, David Tradel.

Rosenblumen im Sommer mehrere Tage aufbewahren.

Rosen, die im Freien und auch im Glase verblühen würden, lassen sich einige Zeit länger halten, wenn man sie in eine Kiste schichtenweis bringt und über jede Schicht feuchtes Papier legt. Die Kiste muß an einem kühlen Ort aufgestellt werden, damit die Wärme des Tages nicht zu ihr bringen kann. Sie ist es, die die Rosen aufblühen und so bald vergehen läßt.

Deshalb darf man Rosen auch nicht in der Sonnenglut schneiden. Man muß sie als dichte Knospe halb aufgeblüht nehmen und früh am Morgen, wenn noch der Tau auf den Blumen glänzt, sie holen.

Rosenknospen im Herbste zur Blüte zu bringen

ist gar nicht schwer, wenn man die Knospen mit langen Zweigen schneidet und sie im warmen Zimmer dicht ans Fenster, in lauwarmes Wasser stellt. Auch im Sommer, wo bei naßkaltem Wetter sich die Knospen vieler empfindlichen Sorten nicht recht öffnen wollen, kann man durch dasselbe sich einen schönen Rosenflor im Zimmer schaffen.

Wer hat die schönsten Rosen?

Rosenausstellungen veranstaltete in Deutschland zuerst der deutsche Rosenverein, Geschäftsführer Peter Lambert-Trier. Der Wettbewerb erstreckte sich anfangs nur auf abgeschnittene Blumen und Topfrosen. Da für einen großen Verein, dessen Mitglieder überall verstreut leben, Ausstellungen mit abgeschnittenen Blumen immer sehr mißlich sind, weil mit größtem Erfolg nur die dem Ausstellungsort zunächst Wohnenden sich daran beteiligen können, so ist in letzter Zeit und mit Recht, mehr Wert auf ausgepflanzte schon im Frühjahr desselben oder des vorigen Jahres gesetzte Rosen gelegt.

Dem Rosenverein sind in letzter Zeit auch andere Vereine gefolgt, und ich meine, hier im engeren Kreise, gewissermaßen unter sich, da ist es am Platze alljährlich einmal oder zweimal eine kleine Rosenschau unter der Spitzmarke: „Wer hat die schönsten Rosen" zu veranstalten. Dadurch wird nicht allein die Liebhaberei geweckt und gestärkt, dadurch werden auch viele aus dem Wege der Alltäglichkeit herausgerissen, weil sie sehen wie schön man Rosen haben kann.

Wie zieht man nun Ausstellungsrosen? Ich könnte auf das eingangs über die Pflege der Rosen, über die Zucht von Schnittrosen Gesagte, verweisen, weil sorgfältige Bearbeitung des Bodens, fleißiges Gießen, fleißiges Düngen, durch Überdecken der Beete mit verrottetem Dünger die Hauptsache bilden. Eins tritt aber als etwas besonderes hinzu, das Ausbrechen von Knospen und die Zucht solcher Blüten auf Stämmen, die vor 1 oder 2 Jahren veredelt wurden. Ältere Stämme bringen selten so schöne Blumen. Aber auch hier darf auf jedem Stiele nur eine, die Hauptknospe bleiben, keine andere neben ihr sich entwickeln. Die Entfernung der Knospen hat schon früh zu geschehen, nicht erst, wenn sie halb aufgeblüht sind, dann hat es keinen Zweck mehr.

Mit diesen Rosenschauen lassen sich auch dankbare Aufgaben verbinden. Doch dürfen sie nicht zu groß gestellt werden und keineswegs darf in solchen örtlichen Schauen die Masse des Ausgestellten auf den Preisrichter Einfluß haben. Denn dann ziehen sich die Liebhaber, welche nur aus Liebe zur Sache ihre schönsten Blumen opfern, bald zurück. Die Schönheit der Blüten muß maßgebend sein und die Forderung, welche durch die Aufgaben gestellt wurde. Sei es nun, daß hier verlangt wird, die größten und schönsten Rosen zu bringen, dort die am wohlriechendsten und schönsten, anderswo die dunkelsten Remontantrosen oder Theerosen oder Theehybridrosen, oder Rosen, die sich am längsten im Wasserglase halten oder solche, welche auf den längsten strafften Stielen stehen — und wie sich die Aufgaben in der mannigfaltigsten Weise stellen lassen.

Abzuhalten sind Rosenschauen am besten in hellen kühlen Räumen. Vortrefflich erweisen sich auch offene, schattig gelegene Hallen, in welchen man durch Spritzen mit den sogenannten Rebspritzen von Zeit zu Zeit die Luft durch eine Wolke Wasserstaubes erfrischen kann.

Habe ich mir einmal die besondere Mühe gemacht Ausstellungsrosen zu ziehen, so sollen sie sich auch so günstig zeigen, als es möglich ist. Hell muß der Raum sein, aber auf hellem Untergrunde oder an heller Wand wirken die Rosen nicht. Ein dunkler Hintergrund ist allem vorzuziehen. Verwendbar ist noch ein matter, heller Ton. Die Rosen seten auch nicht auf ebenen Tafeln geordnet, da sehen sie zu gleichmäßig aus, wirken nicht recht. Man wähle eine Stellage mit drei Stufen, höchstens vier, weil die hinteren Stufen sonst dem Auge zu weit liegen und eine genaue Besichtigung der Rosen nicht möglich wird.

Die Rosen selbst sollen frühmorgens, wenn noch der Tau darauf liegt, geschnitten werden mit langen Stielen, der besseren Haltung und dem Laube zu Liebe, welches ganz wesentlich dazu beiträgt, die Blüten schön herauszuheben. Um ihre Frische zu erhalten, ist es erforderlich, sie in Gläser mit Wasser zu stellen. Flaschen sehen schlecht aus. Lange, gleichmäßig breite 5—8 Centimeter im Durchmesser haltende Gläser, die viel Wasser fassen und in denen sich mehrere Stiele gut unterbringen lassen, nicht umfallen, haben sich am besten bewährt. Die einzelnen Gläser müssen aber so weit auseinander stehen, daß die Rosen jedes Glases sich vollständig frei zeigen können. Das ist eine große Hauptsache. Eng zusammen gerückte Gläser können die Schönheit der einzelnen Blüten nicht zur Geltung bringen. Wir sehen Massen. Sie zu zeigen ist keine Kunst und fördert nicht die aufmerksame Pflege der

Rosen, weil die Vollendung der einzelnen Blumen, in welcher die sorgsame Pflege zum Ausdruck kommt, sich nicht geltend machen kann.

Müssen unsere Blüten zur Ausstellung eine längere Reise durchmachen, dann wollen sie vorher sorgfältigst verpackt sein. Es geschieht dies in flachen Kisten oder besser noch in flachen langen Körben mit Henkeln. Die einzelnen Rosen werden fest in Seidenpapier gehüllt und

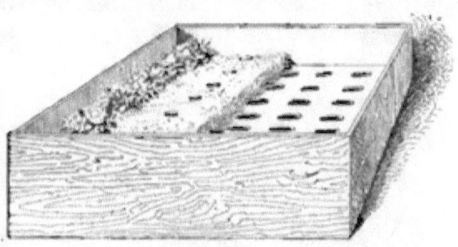

Fig. 85. Ausstellungskiste, Deckel abgenommen.

dann dicht an dicht hingepackt, nachdem die Kiste noch eine Unterlage von Papier oder Watte mit Papier bekommen hat. Letzteres ist besser. Die Hauptsache beim Packen ist festes Packen. Liegen die Rosen lose, so werden sie beim Transport hin und her geschüttelt, das verdirbt sie. Durch festes Packen drücken sie sich nicht so leicht. Natürlich darf man nicht übertreiben. Die Kiste muß voll gepackt werden, so voll, daß das Ma-

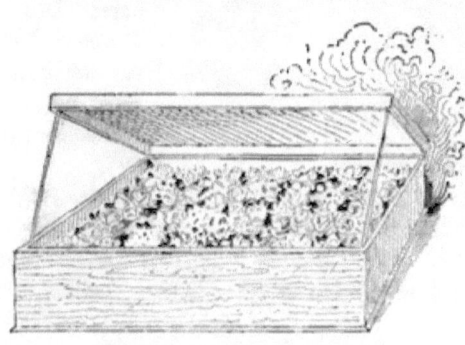

Fig. 86. Ausstellungskiste, Deckel gelüftet.

Fig. 87. Blechgefäß für die Kiste.

terial noch etwas über steht. Nun kommt Papier und Watte darüber. Nachdem man mit einem Drosophor die einzelnen Lagen ganz wenig angebraust hat, wird die Kiste geschlossen. Viel Lagen sollen nicht in die Kiste kommen. Bei einer Lage bleiben die Rosen am frischesten, bei zwei braucht man noch nichts zu befürchten, bei drei bleiben sie vielleicht noch gut.

Um sich das Auspacken der Rosen zu sparen, kann man sich auch besondere Ausstellungskisten, Fig. 85—87, machen lassen. Kisten mit

8

hohlem Boden, in dem Blechgefäße eingelassen sind, Fig. 87, die mit Wasser gefüllt zur Aufnahme der Rosen dienen. Die Gefäße haben einen Deckel zum Aufschrauben, der mit einem Loch versehen ist. Das Loch dient zum Durchstecken der Stengel, damit aber die Rosen ganz fest stehen, das Wasser auch nicht herausgespült wird, werden die Löcher noch mit Moos verstopft.

Fig. 88. Stellage für Rosen.

Zu solchen Kästen gehört ein abnehmbarer Deckel. Die Rosen halten sich darin ganz gut, sie stehen aber auf gleicher Fläche und präsentieren sich nicht. Das ist ein Fehler.

Wenn die Aufstellung der Rosen nicht einheitlich geordnet wird, ist es auch gar nicht so übel, sich ein kleines dunkelfarbiges Gerüst herzustellen mit drei Stufen, Fig. 88 in dem die Rosengläser ebenfalls eingelassen sind. Man sichert seinen Rosen so einen schönen Stand.

Der Rose Feinde.

Ungeziefer.

Um eine bessere Übersicht zu bekommen, wollen wir die Feinde der Rose unter den Tieren zusammenstellen nach der Art und Weise wie sie schaden.

Wir betrachten

I. **Feinde, welche an altem und einjährigem Holze saugen.**
Fig. 89 und 90.

An der Veredlungsstelle, auch unten am Stamme findet sich zuweilen ein weißer Schorf, wenig sichtbar. Von Jahr zu Jahr breitet er sich weiter aus und je mehr er die Rose überzieht, desto mehr merkt man, daß ihr etwas fehlen muß, denn sie treibt schlecht. Der Schorf ist der Grund. Er besteht aus tausenden und abertausenden von kleinen Insekten, von Rosenschildträgern, Coccus rosae, die sich fest in den Stamm eingefressen haben. Die Vernichtung dieser Tiere wird ziemlich leicht, wenn man im Herbst oder zeitigen Frühjahre den Stamm, sowie die Zweige mit Kalkmilch, der Blut, Seife und Schwefelblüte beigemischt ist, bestreicht, oder sie mit einer Schwefelkaliumlösung anpinselt, $1/8$ Kilo Schwefelkalium auf $1/2$ Liter Wasser.

Fast ebenso häufig als der Rosenschildträger ist die Kommaschildlaus, die wie kleine erhabene braune Kommata auf den Stämmen und Zweigen lagern. Man vernichtet sie in gleicher Weise.

Ein neuerer Feind ist die Rosenveredlungsmücke, Okuliermade Diplosis oculiperda. Gegenmittel: festes Umbinden mit Wollfäden,

Baumwachsverstrich oder Umhüllung mit Papier. Man findet sie gottlob nicht überall. In eingeschlossenen Gärten ist sie bislang noch wenig aufgetreten. Aus den roten unbeholfenen Maden entwickeln sich nach überstandener Puppenruhe kleine Mücken von 1½ bis 2½ Millimeter Länge und 3 bis 5 Millimeter Flügelspannung, deren fast zinnoberroter Leib auf verhältnismäßig langen Beinen ruht. Von Juni ab, nicht früher — früher gemachte Veredlungen braucht man also nicht besonders zu schützen, — legen die Mücken 8 bis 20 mit bloßem Auge nicht erkennbare Eierchen

Fig. 89. 1 Rosenschildlaus vergrößert. 2. Pommaschildlaus. 3. Okuliermade vergrößert und fester Verband gegen dieselbe.

an die Veredlung, in der Nähe des Verbandfadens. Aus ihnen schlüpfen nach wenigen Tagen die fußlosen, hellgefärbten Larven, welche sich bis zum saftführenden Teil der Veredlungsstelle einbohren und dort bleiben. Fig. 90. Ihre Farbe dunkelt bald und wird rot bis zinnoberrot. Die Fraßstelle aber stirbt ab und das Edelauge, welches keinen Saft mehr erhält, muß ebenfalls absterben.

Wo man die Okuliermade bemerkt — sie findet sich auch an Verwundungen der Wildrosen in Ritzen von Apfel, Birnen, an den Rosenpfählen, — da soll man die befallenen Teile abschneiden und verbrennen, möglichst schnell, denn schon nach 4—6 Wochen sind die Maden ausgewachsen und lassen sich nun zur Erde niederfallen, wo sie sich ein-

Fig. 90. Fraßstelle der Okuliermade.

bohren und verpuppen. Das Umgraben des Bodens und starkes Düngen desselben mit Kalk, nachdem alle befallenen Teile verbrannt sind, trifft auch die in der Erde befindlichen Tiere und empfiehlt sich als letztes Mittel der Abwehr.

II. Insekten, die nur an jungen Trieben und Blättern saugen. Fig. 91.

Wer kennt nicht die Blattläuse, Aphis rosae. Eigentlich sind sie mehr harmlose Feinde im Verhältnis zu anderen. Man sieht sie nur öfter und daher fallen sie mehr auf.

Zu Anfang ist die Blattlaus leicht zu vernichten. Wenn man die ersten Tiere zerdrückt, bleibt die Vermehrung lange eingeschränkt. Ruft große Hitze ein stärkeres Auftreten hervor, dann ist sie durch Bestreuen mit Tabaksstaub oder durch Bespritzen mit Tabakwasser — ½ Kilo Rippentabak oder Cigarrenreste mit 2 Liter Wasser gekocht und dann mit 8 Liter Wasser verdünnt, niederzuhalten.

Fig. 91. 1. Blattlaus, 2. Rosenglade, 3. Räucherapparat.

Thanaton und Nicotin, beides aus Tabak hergestellte Extrakte, thun, nach Vorschrift 50—80fach verdünnt, ebenfalls gute Dienste und wer den Tabak verabscheut, kann mit Aloetinktur verdünnt 1:80 die Plage fortbringen, oder besser noch mit Petroleumemulsion.

Man darf aber nicht glauben, daß Blattläuse sich durch einmalige Anwendung dieser Mittel fern halten lassen. Sie verschwinden, kommen jedoch wieder, weil einzelne Tiere übrig bleiben, auch Zuzug von anderer Seite nicht fehlt. Der kleine Krieg gegen die Blattläuse hört daher den ganzen Sommer nicht auf. Das verdrießt zwar viele, aber wer gute Rosen haben will, muß ihnen immer wieder entgegen arbeiten, sonst ist das einmalige Spritzen auch eine unnütze Arbeit.

In Gewächshäusern und Rosenkästen braucht man kein Tabakwasser, dort wird geräuchert, am besten mit dem billigen und bequemen Räucherapparat von Haubold in Striesen-Dresden.

Schlimmer als die Blattlaus, aber nur an den Blättern saugend, sind Rosencicade und Thrips oder Blasenfuß.

Die Rosencicade, Typhlocyba rosae, ist ein kleines geflügeltes Tierchen, zu derselben Klasse gehörend, zu der Blattläuse, Schildläuse, Wanzen gehören, zu den Schnabelkerfen. Man kann die Rosencicade, wie so manches Ungeziefer mit seinen Rosen kaufen, denn die Eier der Tiere werden auf die Rinde der Rosen gelegt. Im ersten Frühjahre schlüpfen daraus die Larven, welche sich meistens auf der Unterseite der Blätter aufhalten und das Blattgrün wegsaugen. Sobald man ein braun gewordenes Blatt umdreht, hüpfen die Tiere zum Teil davon. Von Ende Mai ab bekommen sie Flügel und werden dann erst recht lebhaft. Diese Lebendigkeit macht eine Vernichtung im Sommer recht schwierig. Man kann wohl mit Tabaksbrühe spritzen, oder besser noch mit einer Mischung aus 1 Liter Wasser, 15 Gramm beste Transparentseife, 2—3 Gramm Schwefelleber und 2—3 Gramm Sapokarbol und die Plage geringer machen, auch durch häufiges Spritzen mit klarem Wasser viel nutzen, aber völlig hilft das nicht. Sollen die Rosencicaden gründlich entfernt werden, so muß man ihren Eiern zu Leibe gehen, indem man die Rosen im Herbst sehr stark zurückschneidet, das abgeschnittene Holz verbrennt und das stehengebliebene im Frühjahre mit Kalkmilch, der Blut und Seife beigemischt ist, anstreicht.

Der Blasenfuß, Thrips, Thrips haemorhoidalis, macht die Blattfarbe ebenfalls grau. Er ist hauptsächlich durch häufiges Spritzen mit den oben angegebenen Mischungen zu verringern und niederzuhalten. Gefährlicher als im Freien ist er in Gewächshäusern und giebt es da besondere Abwehrmittel, die bei diesen erwähnt sind.

III. Insekten, welche an den Blättern fressen,
nicht saugen und zwar

a solche, die sie weißfleckig und löcherig machen.

Vier Wespenarten find es, die hier vornehmlich bemerkbar werden. Die gelbe Rosenblattwespe Tenthredo rosae. L. Die verkannte Blattwespe Tenthredo aethiops. Fabr. Die weißgegürtelte Rosensägewespe Emphytus cinctus Z. Die schwarze Rosenblattwespe Cladius difformis. Panz. in der Weise, daß die Larven der ersten beiden sich nur oben auf dem Blatte aufhalten und das Blattgrün abfressen, die andern dagegen sich stets auf der Unterseite befinden. Bei diesen bleibt die Oberhaut, bei jenen die Unterhaut stehen; besondere Kennzeichen machen letztere allerdings noch durch Löcher, die sie in das Blatt hineinfressen, darnach läßt sich leicht erkennen, wo die schneckenähnlichen Larven zu suchen sind.

Die Verunstaltungen, welche sie hervorrufen, nehmen den ganzen Sommer hindurch nicht ab. Die Blätter werden immer weißscheckiger, wenn man nicht die grünen und braungrünen Tiere tötet. Langwierig ist es, immer und immer wieder die Blätter nachzusehen und die Larven, von denen sich nur eine auf jedem

Fig. 92. Gelbe Rosenblattwespe.

Blatte befindet, zu zerdrücken, aber es ist das sicherste Mittel. Nahezu gleich an Sicherheit ist das Spritzen mit Petroleumemulsion, die man im Handel fertig kauft.

Auf der Unterseite kann man die Larven leichter finden. Sie unterscheiden sich hier durch ihre weißgrüne Farbe vom Blattgrün. Die Larven der beiden auf der Oberseite des Blattes fressenden Wespenarten sind eben so grün wie das Laub und sehr häufig ducken sie sich noch an die Mittelrippe des Blattes, wenn Gefahr droht, um recht wenig sichtbar zu sein.

Hochstämme lassen sich leichter säubern als niedrige Rosen, weil man

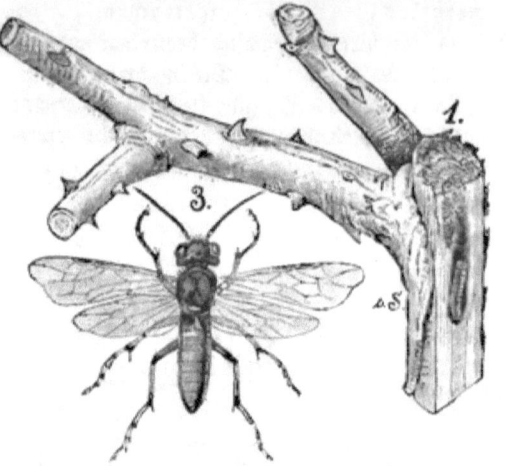

Fig. 93. Weißgegürtelte Rosenblattwespe.

die Larven auch in einen untergehaltenen Schirm abklopfen kann.

Die Wespen geben uns wenig Gelegenheit, sich mit ihnen zu beschäftigen. Sie legen ihre Eier schon zeitig in die Mittelrippe der Blätter, meistens auf die Unterseite und sind schwer dabei zu treffen. Man könnte vielleicht Fanggläser mit Süßigkeiten aufhängen, wie sie zum Fang des Apfelwicklers benutzt werden. Dies müßte aber schon vom Mai ab geschehen.

Die weißgegürtelte Rosensägewespe kann uns allerdings als Puppe leicht wieder zu Gesicht kommen, Fig. 93, weil ihre Larven sich vor der Verpuppung manchmal in Rosenzweige, gleich hinter einer Schnittstelle einbohren und so zu dem Glauben Veranlassung geben, sie lebten im Rosenzweige und zehrten von seinem Marke. Das ist aber nicht der Fall. Werden die Larven häufiger in den Rosen gefunden, dann ist ein scharfer Rückschnitt notwendig, um alles Holz, welches besetzt sein könnte, zu entfernen und zu verbrennen.

Fig. 94. Rosenschade.

Recht gefährlich kann die Rosenschabe werden, Fig. 94, Tinea gryphipenella, H., weil man erst dann auf diese Tiere aufmerksam wird, wenn sie in großen Massen auftreten. Wer achtet beispielsweise auf 3—4 Millimeter lange, schmale, graue Säckchen, die hin und wieder auf der Unterseite des Blattes hängen? Wer achtet darauf, wenn sich im Herbst an den Zweigen solche Säckchen finden? Und doch kommt einmal die Zeit, wo diese Säckchen sich im ersten Frühjahre arg bemerkbar machen, weil durch sie alle Blätter braunfleckig werden.

Es leben darin kleine Räupchen der Rosenschabe, die den Winter über am Fuße des Stammes oder an den unteren Stammteilen zubringen, im Frühling aber langsam zu ihrem Vernichtungswerk hochklettern.

Die Raupen der Rosenschabe verpuppen sich schon Ende Mai und nach kurzer Zeit entschlüpft der Puppe eine Motte, welche ihre Eier in die Augen der Rosenstöcke legt. Aus den Eiern entstehen bald wieder Räupchen. Sie machen sich im ersten Jahre wenig bemerkbar, fertigen sich aber aus abgeschabten Blattteilen ihren lederartigen graubraunen Sack und begeben sich mit Eintritt des Herbstes an die unteren Stammteile, um dort zu überwintern. Gegenmittel: Vernichte die Säckchen im Herbst oder zeitigen Frühjahre, indem du die Rosen stark zurückschneidest und das Stehengebliebene mit scharfer Bürste abbürstest, bis auf den Boden herunter und dann anpinselst mit Schwefelkalium oder besser noch mit Kalkmilch, der Schwefelblüte, etwas Seife und Blut beigegeben ist. Die Erde muß rings um den Stamm frei gemacht werden, um tief in den Boden hineinzukommen.

Fig. 95. Rosenbürsthornwespe, Larve und Eierablage.

Alles abgeschnittene verbrenne. Nach der Arbeit bestreue den Boden mit Kalk und grabe ihn tief um.

b. Solche, welche außerdem noch besondere Verunstaltungen hervorrufen.

Wie Besenreisig, so kahl gefressen können in kurzer Zeit nicht gehütete Rosen sein, wenn die Rosenbürsthornwespe Hylotoma rosae L,

Fig. 95 und 96, in Massen auftritt. Das Übel beginnt ganz eigenartig. Es finden sich zuerst Triebe, welche krumm und in der Krümmungsstelle schwarz geworden sind oder schwarze Flecken haben. Achten wir nicht darauf, dann erscheint nach diesen krummen Trieben, auf denen die Blütenknospen sich nur kümmerlich entwickeln, ein Heer von bläulichgrünen Larven, welche sich mit großer Gier auf die Blätter stürzen und sie, vom

Fig. 96. Rosenbürsthornwespen-Larven beim Fraß.

Rande anfangend, bis zur Mittelrippe hin auffressen. Im August etwa entwickeln sich nach einer geraumen Puppenruhe aus den Larven Bürstenhornwespen, die nun von neuem daran gehen, unsern Rosen zu schaden, indem sie Eier in die jungen Triebe legen und so das Krümmen und Schwarzwerden derselben hervorrufen.

Gegenmittel: Zuerst suche die Wespen, die im Mai und August erscheinen. Sie sind 8—10 Millimeter lang, gelb, haben schwarzen Kopf und schwarze Fühler, auch Brust und Rücken des Mittelleibes sind schwarz. Die Tiere legen bis zum Mittag die Eier reihenweis in die jungen Triebspitzen und lassen sich dabei leicht abfassen. Gelingt dies nicht, dann sorge dafür, daß alle krummen, an einer Seite

Fig. 97. Kleinste Rosenblattwespe.

schwarz gewordenen Triebe hinter der Krümmungsstelle abgeschnitten und verbrannt werden. Sind trotzdem noch Larven da, schüttele sie in einen untergehaltenen Schirm und spritze außerdem die Stöcke mit der auf Seite 21 angegebenen Mischung.

Die kleinste Rosenblattwespe Tenthredo pusilla, Fig. 97, legt Ende Mai ihre Eier an die Ränder der Rosenblätter und diese rollen sich darnach nach unten und von jeder Seite nach der Mittelrippe hin. In der Höhlung lebt die Larve und verzehrt hier gemächlich das Blattfleisch.

Die kleinste Rosenblattwespe bevorzugt Centifolienrosen und Kletterrosen. Wo immer wir zusammengerollte Blätter finden, da heißt es abpflücken und verbrennen, nur so läßt sich diesem Feinde entgegen arbeiten.

Weniger schädlich als interessant ist die Rosengespinnstwespe Lyda inanita, Fig. 98. Im Juni finden wir manchmal an den Rosen trichterförmige Gebilde aus Blättern, spiralförmig zusammengedreht, die etwa 5 bis 6 Centimeter lang werden. In diesen Trichtern lebt die Larve der Rosengespinnstwespe, welche sich im Juli verpuppt, zu diesem Zwecke ihr Haus verläßt und sich in die Erde begiebt. Aus ihr entsteht später eine schwarze Wespe.

Fig. 98. Rosengespinnstwespe.

Gleichfalls weniger schädlich ist die Tapezierbiene, welche ganze Fetzen aus dem Rosenblatte herausschneidet und daraus Wohnungen für ihre Larven kunstvoll zusammenfügt, wie sie Fig. 99 zeigt. Die Tiere sind in doppelter Größe wiedergegeben.

Ein Schädling, der streng genommen, nicht hierhergehört, weil er an den Blättern keinen Schaden anrichtet, mag hier auch gleich erwähnt werden, zumal er häufig das größte Interesse wachruft und zu allerlei Vermutungen Veranlassung giebt.

Es finden sich vielfach eigenartige, faserig, wollige, grüne Gebilde, Fig. 100, an Wildrosen, seltener an Edelrosen und zwar meistens an den Spitzen der Zweige. Sie heißen Rosenkönig, auch Bedeguar und werden durch die Rosengallwespe, **Rhodites rosae**, hervorgerufen, deren Larven die Gebilde zur Wohnung dienen. Einen größeren Schaden vermögen die Tiere nicht anzurichten. Nur der Vollständigkeit halber seien sie hier erwähnt.

Fig. 99.
1. Tapezierbiene an der Arbeit, 2. Blattfliegen fortschleppend, 3. das Nest.

Fig. 100. Rosenkönig.

IV. Insekten, welche Blätter und Knospen zerstören und
a. sich kenntlich machen durch zusammengesponnene Triebe und Blätter.

Fast die ersten und in Folge ihrer Tücke die schlimmsten Feinde der Rosen sind die Raupen verschiedener Wicklerarten d. h. kleiner Schmetterlinge von gelber oder grauer Farbe, die am Abend und in der Nacht, in den Monaten Juni, Juli umherfliegen und ihre Eier an den Rosenstöcken ablegen. Aus ihnen kriechen im Frühjahr die Räupchen, deren Anwesenheit überall dort sicher zu erwarten ist, wo einige Blätter zusammengeklebt und zusammengerollt sind, oder wo die Spitze des Triebes sich scheinbar vergeblich müht, aus einem zusammenhängenden Blätterbüschel hervor zu kommen. Fig. 101. In diesem Gewirr von Blättern leben die Raupen der Wickler ganz ungestört, und in aller Gemächlichkeit verzehren sie hier Rosenblätter und Rosenknospe. Nimm diese Blätter und Triebe deshalb besonders aufs Korn, löse sie vorsichtig, aber laß den Feind nicht entwischen. Er ist sehr behende und schnell auf den Rückzug bedacht. Bevor du dich versiehst, hat sich die kleine, sehr bewegliche, gelbgrüne Raupe schnell an einem Spinnfaden zur Erde niedergelassen und ist deiner Gerichtsbarkeit entflohen, wenn du sie nicht erwischt, bevor sie den Boden erreicht hat.

Fl. 101. Rosenwickler.

Das Absuchen und Töten der Raupen ist das sicherste Mittel gegen die Wickler. Versäume es nie. Durch Bespritzen der Rosen mit Kalk vor dem Austreiben läßt sich manches Wicklerräupchen schon in der Jugend vernichten. Wo zur Abwehr von Rost und Mehltau im zeitigsten Frühlinge, gleich nach dem Aufdecken ein Anstrich mit Bordelaiserbrühe und etwas Blutzusatz erfolgt, da ist der Kalkanstrich unnötig.

Es giebt eine ganze Zahl Wickler, die in ihrer Lebensweise und ihrem Äußern sich mehr oder weniger ähneln. Die häufigsten sind: der Gartenrosenwickler Tortrix Forskaleana, die Raupe ist gelblich grün, der Wickler kann zweimal auftreten im Frühling und August, und der goldgelbe Rosenwickler Tortrix Bergmanniana mit braungelber Raupe. Seine Puppe findet man häufig in vergessenen Blättern, wo sie in einem kleinen Seidengespinnst lagert.

b. nichts zurücklassen als die befressenen Rosenteile.

Hier wären zu nennen die Raupen des Frostspanners, des Mondvogels, des Ringel- und Schwammspinners, die sich gelegentlich einfinden und wo sie getroffen werden, abzusuchen sind. Da sind ferner fertige Insekten wie Gartenlaubkäfer, Fig. 102, Junikäfer, Rosenkäfer, welche sich gerne gütlich thun. Besonders ersterer wird häufig ein sehr lästiger Feind, der in ganzen Schaaren die Rosen umfliegt und nichts übrig läßt. Dabei ist er schwer zu vertilgen, seine Behendigkeit läßt ihn, der aussieht fast wie ein kleiner Maikäfer, leicht entschlüpfen. Nur an kalten Tagen und früh Morgens ist er etwas weniger lebendig und kann dann in einen untergehaltenen Schirm geklopft werden. Aber Tag für Tag ist es zu wiederholen. Von Außen kommt immer wieder Zuzug, manchmal so arg, daß wir selbst am Tage beschäftigt sein müssen, die Käfer beim Fressen einzeln abzufassen und zu töten. Der Maikäfer liebt ja auch das Rosenblatt. Sein Hauptschaden aber

Fig. 102. 1. Gartenlaubkäfer. 2. Frostspannerraupe.

ist an der Wurzel. Als Engerling kann er ungemein nachteilig sein. Man muß auf ihn bei jedem Lockern des Bodens Acht geben und in der Flugzeit der Maikäfer auf den Rosenbeeten keine Düngerbecke bulden, da sie den Maikäfer anzieht und ihn zum Ablegen seiner Eier besonders einladet. Auch Maikäfer, welche sich auf den Boden der Rosenbeete aufhalten und dem Legegeschäft nachzugehen pflegen, sind eben so eifrig zu sammeln als alles andere Ungeziefer.

V. Feinde, welche in den krautigen Trieben bohren und dadurch die Knospen zerstören.

Wenn die jungen Triebe und vornehmlich die mit Knospen versehenen Spitzen in schönster Entwickelung begriffen sind, kann es passieren, daß die Knospe abgefallen ist, oder bei Seite gedrückt wurde, oder aber noch halb verkümmert auf dem Triebe sitzt.

Eine kleine schwarze Wespe, etwa 6,5 mm lang mit bräunlich weißen Beinen, die bohrende Rosenblattwespe Tenthredo bipunctata, Fig. 103, hat im April und Mai, wo sie eben erst der Puppe entkrochen ist, ihre Eier an die Triebspitzen abgelegt. Daraus haben sich in wenigen Tagen Larven entwickelt, welche sich in den Rosentrieb hineinfressen. Ihnen verdanken wir das klägliche Aussehen der Rosenknospe und schließlich das Abwelken der Triebe, soweit die Made eingedrungen ist. Zum Glück bohrt sie nicht tief, nur 3—4 cm tief, und lebt dort vom Marke des Triebes. Aber der Schaden ist doch groß genug.

Fig. 103.
Bohrende Rosenblattwespe.

Die Abwehr ist vorgezeichnet. Sie besteht in der Vernichtung aller Larven und zwar dadurch, daß man sie mit einem Teil des Triebes herunterschneidet und verbrennt oder zertritt. Wer die Triebspitzen nur abschneidet um sie wegzuwerfen, schadet der Wespe nicht. Sie behält in den weggeworfenen Trieben das Leben, verpuppt sich und wird sicher im nächsten Jahre wieder da sein um den Rosen von neuem zu schaden.

Auch der Wespe kann man mit Erfolg nachstellen, wenn man dazu früh Morgens oder an trüben, windigen, kalten Tagen auszieht und sie, die dann nicht fliegt, in einen untergehaltenen Schirm abklopft oder schüttelt.

Nützliche Insekten.

Marienkäferchen, Florfliege, Schwebfliege.

Neben dem großen Heer schädlicher Insekten giebt es auch einige wenige, die uns bei der Abwehr behülflich sind, weil sie nicht von

Pflanzen, sondern von Insekten, in der Hauptsache von Blattläusen leben. So eifrig wie wir die Vertilgung der Schädlinge in die Hand nehmen, ebenso eifrig müssen wir auch über den Schutz der Nützlinge wachen, sie niemals stören und vor allem sie nicht töten, wie dies nur zu häufig aus Unkenntnis geschieht. Und zwar vorzugsweise deshalb, weil alle in ihrem nützlichsten Stadium kein vertrauenerweckendes Aussehen haben, häßliche Tiere sind, denen man wohl großen Schaden zutrauen kann.

Fig. 104.
Marienkäferchen und Larve.

Als erster der Nützlinge steht oben an das Marienkäferchen, Coccinella, Herrgottskäferchen, Fig. 104, oder wie es sonst noch genannt wird. Ein kleines, rundes, sehr behendes Käferchen, welches man im Herbst oft massenhaft findet und zwar am häufigsten dort, wo Blattläuse sind. Das Marienkäferchen in allen seinen Arten, rot und gelb mit zwei und mehr schwarzen Punkten auf dem Rücken nährt sich ebenso wohl von Blattläusen wie seine Larve. Hin und wieder wagt es sich sogar an Raupen. Seine Larve findet sich, ebenso wie das Marienkäferchen, den ganzen Sommer hindurch. Sie hat eine häßliche, grauschwarze Farbe, einen plumpen, schmalen, wenig beweglichen Körper, der mit Borstenhaaren besetzt ist. Mit dem Hinterteil nachschiebend, geht sie stets mit dem Kopfe suchend vorwärts, alle Blattläuse, die sich auf ihrem Wege finden, aussaugend. Die Larve wächst dabei sehr rasch, häutet sich mehreremal und verpuppt sich, sobald sie ausgewachsen ist, indem sie sich mit dem Hinterteil an irgend ein Pflanzenstück anhängt. Die orangegelbe Puppe erinnert in ihrer Form schon an das spätere Marienkäferchen.

Die Marienkäferchen überwintern an den geschützten Stellen im Freien. Setzt man sie im Herbst in die Gewächshäuser, so gehen sie ihrer Nahrung und auch ihrer Vermehrung nach. Sie werden in Rosenhäusern über Winter so sehr nützliche Gäste, die den größten Teil der

Blattlausvertilgung übernehmen. Auch ins Zimmer kann man sie einsetzen, hier wo alle krautigen Pflanzen häufig von Blattläusen zu leiden haben, bewähren sie sich sehr. Selbst Schildläuse werden von ihnen angegriffen, wenn nichts anders da ist.

Die Florfliege.

Im Herbste, sobald wir Abends bei offenem Fenster sitzen, oder in die Laube Licht bringen, dauert es nicht lange, bis unsere Lampen kleine, zarte, blaßgrüne Tierchen, Fig. 105, umfliegen. Jammerschade ist es, wenn sie dem Lichte zum Opfer fallen, oder von unverständigen Händen getötet werden, denn diese kleinen Tierchen sind hochnützlich. Sie überwintern an geschützten Stellen und gehen im Frühlinge bald dem Eierlegen nach auf ganz drollige Art und Weise.

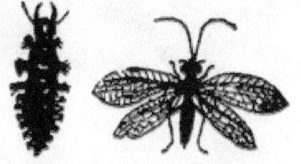

Fig. 105. Florfliege und Blattlauslöwe.

Es setzt sich nämlich das Weibchen auf einem Blatte hin, drückt den Unterleib auf das Blatt und hebt ihn dann so hoch es geht, hoch, nach sich einen Faden ziehend und besetzt das Ende dieses kleinen Fädchens mit einen kleinen hellen Knopf, dem Ei. So entstehen auf dem Blatte, dicht neben einander 15—20 Stück feine stecknadelartige, durchsichtige Gebilde, die man früher für Pilze gehalten hat, Fig. 106. Die Knöpfchen platzen aber bald und aus ihnen entstehen häßliche, kleine Tierchen.

Fig. 106. Eier der Florfliege.

Die Larve führt den kühnen Namen: Blattlauslöwe. Wie ein Löwe haust sie aber auch unter den Blattläusen. Ihre starken Zangen sind hohl. Sie schlägt sie in die Blattlaus ein, saugt diese aus und wirft den Balg hinter sich. Das an und für sich häßliche Tier vergräbt sich so beinahe in Blattlausbälgen und wird dadurch in seinem Äußeren nicht angenehmer. Man kann kaum begreifen, daß aus diesem Tier die zierliche Florfliege wird.

Schwebfliegen.

Auch die Larven der verschiedenen Schwebfliegen, Fig. 107, kleiner, schwarzer Fliegen mit raschem sicherem Fluge, die Blutegeln nicht unähnlich sehen, räumen unter den Blattläusen gewaltig auf und sollen, wo sie sich finden, geschützt werden.

Fig. 107. Schwebfliege und Larve.

Wer nicht sicher ist, ob er eine schädliche Larve oder eine der hier genannten vor sich hat, möge das Tier kurze Zeit in seiner Thätigkeit beobachten. Die Nützlichen finden sich zumeist in der Nähe von Blattlausheerden, und nur wenn es wenig Blattläuse giebt, streifen sie herum.

Das sei ein Fingerzeig. Es ist wirklich nicht schwer, die Nützlinge von den Schädlingen zu unterscheiden.

II. Feinde unter den Pilzen.

Vom Mehltau und Rost und wie man beide los wird.

Viel mehr noch als Raupe und Made, Käfer und Larve, machen kleine winzige Organe aus der Pflanzenwelt den Rosen zu schaffen, die Pilze. Mehltau und Rost können die Rosenzucht fast verleiden. Wo sie in starker Weise auftreten, giebt es keine ordentliche Blüte mehr.

Was ist Mehltau, was ist Rost? Zuerst zum Mehltau. Hast du schon bemerkt, wie hin und wieder auf den Blättern der Rose weißgraue Fleckchen entstehen, die sich ausbreiten, die Blätter später wellig, buckelig machen und je mehr sie sich ausbreiten eine intensivere grauweiße Farbe annehmen. Das ist Mehltau, Fig. 108.

Der Mehltau tritt bei wechselndem Wetter besonders gern auf. Wenn auf große Hitze plötzlich Kälte folgt, dann ist er regelmäßig da. Auch bei andauernd kaltem Wetter breitet er sich rasch aus. Was ist dagegen zu thun? Es giebt viele Mittel, man kann aber von keinem sagen, daß es unbedingt hilft. Der Pilz will gewissermaßen individualisirt werden und will, wenn er verschwinden soll, hier so, dort anders behandelt sein. Bleibe deshalb nicht bei einem Mittel stehen, versuche ein anderes wenn das angewendete nicht hilft.

Jedes Mittel muß so früh als möglich gebraucht werden. Es soll den Pilz in seinen Anfängen treffen, also dann, wenn er gerade sichtbar wird. Dann ist er am empfindlichsten und der Nutzen, welchen die Bekämpfung gewährt, am größten, weil die Blätter der Rose in ihrem frischen Grün erhalten bleiben, später bekommen sie schwarze Flecke.

Fig. 106. Mehltau.

Das älteste und am häufigsten angewendete Mittel ist die Schwefelblüte, in Droguen und Apotheken billig erhältlich. Die Schwefelblüte wird auf die Blätter gestäubt, womöglich früh morgens, damit sie besser haftet. Wind und Regen führen den Staub bald weg, wiederhole deshalb das Bestäuben, wozu event. ein kleiner Blasebalg verwendet werden kann, so oft als der Staub weggeführt ist.

Ist dir dies Verfahren lästig, vermische durch Spritze oder Quirle Schwefelblüte mit Wasser und spritze mit diesem. Auf eine große Kanne Wasser gehören drei bis vier handvoll Schwefelblüte. Das Mischen geht schlecht, die Schwefelblüte muß aber durch das Wasser vollständig hindurch getrieben sein. Spritze tagtäglich, greife aber stets zum Bestäuben zurück, wenn das Wetter kalt und trübe ist.

Ein zweites Mittel, den Mehltau wegzubringen, besitzen wir in der Stärke, wie sie bei der Wäsche gebraucht wird. Die Zubereitung der Stärke ist eine ähnliche. Man nimmt $1/2$ Pfund Stärke, gießt etwa $1/2$ Liter Wasser dazu und rührt solange, bis keine festen Stücke mehr vorhanden sind. Dann wird durch Zuguß von kochendem Wasser bei stetem Umrühren die Stärke gar gemacht. Es kommt soviel Wasser hinzu, daß eine leicht flüssige nur wenig klebrige Masse entsteht. Mit dieser wird gespritzt aus recht feiner Spritze, damit sie recht gleichmäßig verteilt werde. Es bildet sich ein dünner, glasiger Überzug über alle Blätter und darin besteht die Wirksamkeit der Stärke, denn der Pilz wird von der Luft abgeschlossen, was er nicht vertragen kann. Den Rosenblättern schadet der Überzug nicht.

Ein drittes Mittel ist heißes Wasser von 40° R. Wärme, mit ihm wird gespritzt. Mittel Nr. vier. Schwefelsaurer Kalk und zwar $1/8$ Liter Kalk auf 10 Liter Wasser. Die Lösung dient zum Spritzen und thut sehr häufig vorzügliche Dienste.

Das fünfte Mittel schließlich ist die bordelaiser Brühe. Sie wird zusammengesetzt aus 2 Kilo Kalk (gebrannten Kalk oder Muschelkalk) 2 Kilo Kupfervitriol, die je in 8 Liter Wasser gelöst werden. Stückchen dürfen nicht übrig bleiben, weil sie die Blätter verbrennen. Die vollständig stückenfreie Kalkmilch wird unter stetem Umrühren zu 84 Liter Wasser gegossen und dann die Kupferbrühe unter fortgesetztem Umrühren hinzugethan. Damit ist die bordelaiser Brühe fertig. Sie färbt aber die Blätter weiß und wird deshalb bei Rosen nicht gern verwendet. Nur in der Zeit, wo die Rosen blattlos sind, also im zeitigen Frühjahre, bedient man sich ihrer in dieser Form und bestreicht oder bespritzt die Rosen, um dem Auftreten von Mehltau und Rosenrost entgegen zu arbeiten.

Soll die Brühe im Sommer Verwendung finden, dann läßt man den Kalk, der die weiße Farbe hervorruft, weg und nimmt statt dessen ebensoviel Soda.

Die bordelaiser Brühe, sei sie nun so oder so zurecht gemacht, muß vor der Verwendung immer umgerührt werden. Je feiner die Verteilung derselben durch die Spritze ist, desto besser. Zum Spritzen läßt sich jede Spritze verwenden. Die sogenannten Rebspritzen, welche etwa 30 Mk. kosten, bleiben aber zur feinen Verteilung immer die besten.

In blechernen Gefäßen darf man die Brühe nicht zurecht machen, weil sie solche bald durchfressen würde.

Das Spritzen mit bordelaiser Brühe kann zu jeder Tageszeit, selbst während der Sonne geschehen. Trübe Tage sind jedoch vorzuziehen.

Der zweite pflanzliche Schmarotzer war Rost. Was ist Rosenrost? Im Frühjahre haben die Rosen häufig Blätter, welche auf der Rückseite rotbraune, runde Fleckchen zeigen, die durch das ganze Blatt hindurch leuchten.

Fig. 109. Es finden sich nicht viel, wenigstens anfangs nicht, mit der Zeit aber kommen immer mehr. Auch am Stamme sind manchmal rotbraune Flecke zu finden. Beides ist Rost, aber erst in seinem Anfangsstadium, denn, wenn der Hochsommer vor der Thür steht, ist das Rosenblatt nicht mehr durch einzelne große rote Flecke gekennzeichnet,

Fig. 109. Rosenrost im Frühjahre.

dann sieht es aus, als wäre es mit Eisenrost gesprenkelt. Fig. 110. Dicht an dicht lagern kleine Pünktchen, unter deren Einwirkung es bald seine grüne Farbe verliert und ein krankhaftes Gelb annimmt. Auch aus dem Stamme und den Zweigen treten vielfach kleine rote Häufchen hervor, das ist der

Rost in seiner schlimmsten Gestalt, wie er im Herbst auf Remontantrosen zu finden ist, die er viel lieber aufsucht als die Theerosen.

Ein Hauptabwehrmittel ist die bordelaiser Brühe und der schwefelsaure Kalk, Mittel 4 und 5, wie sie vorhin geschildert wurden. Aber allein kommt man damit nicht aus. Willst du den Rost möglichst fernhalten, so achte sehr auf die roten Flecke im Frühjahre. Schneide die damit besetzten Blätter vorsichtig ab und verbrenne sie. Trage sie aber nicht erst tagelang in der Hosentasche umher, in der die Sporen (Samen) vorzüglich reifen und aus der sie leicht in alle Winde verstäubt werden. Nimm auch die gelben Flecken am Stamm vorsichtig ab und übergieb sie sofort dem Feuer. Du ersparst deinen Rosen viele

Fig. 110. Rosenrost im Herbst.

Kraft, denn die Frühjahrsrostflecke sind es, welche es dem Pilze ermöglichen, im Herbste so verheerend aufzutreten, daß selbst die bordelaiser Brühe völlig machtlos ist. Schließlich vergiß nicht, die bordelaiser Brühe rechtzeitig anzuwenden.

Waren die Rosen im vorigem Jahre vom Rost befallen, so müssen sie im Frühjahr vor dem Austreiben mit bordelaiser Brühe angestrichen werden. Sind die Triebe aber handlang geworden, dann spritzt man Stamm und Blätter zum ersten Male. In weiteren vier Wochen ist zum zweiten Male zu spritzen und so kann bis zum Herbst fortgefahren werden.

Ein wichtiges Vorbeugungs- und Einschränkungsmittel für den Rost ist kräftige Düngung und Bewässerung, sowie richtiger Schnitt im Sommer. Die Rosen müssen in fortwährender Vegetation gehalten werden, damit sich immer neue Blätter bilden. Der Rost greift vorzugsweise die alten an. Ich kann dieserhalb nur auf die betreffenden Kapitel über Sommerschnitt verweisen.

Verwendung der Rosen.

Rosen im Park und Garten.

Der Künstler faßt sein Bild in einen Rahmen, damit es sich gut abhebt, deutlicher hervortritt und schöner wirkt. Die Rose ist für uns ein Bild. Auch sie bedarf des Rahmens. Kein besseres Beispiel dafür hat es je gegeben, als die Rosenausstellung des Rosenvereins in Görlitz. Da standen die Rosen in prächtiger Entwicklung mit kostbaren Blüten Stock an Stock. Man sah über ein Rosenmeer, nichts hemmte den Blick, aber gerade das beeinträchtigte die Wirkung. Man kam nicht recht zum Genusse, weil die Rosen keinen Rahmen hatten, weil ihnen der Hintergrund fehlte, von dem sie sich hätten abheben können. Sehen wir uns in der Natur um; was paßt wohl zur Rose mit ihren lichten Farben und ihrer in ihrer Gesamtwirkung immerhin leichten Belaubung? Doch nur ein düsteres ernstes Gepräge und nichts giebt uns dieses besser, als die große Familie unserer Nadelhölzer. Wie geschaffen ist sie, die Majestät der Rosen, ihre Farbenpracht und ihren Farbenglanz zur vollsten Geltung zu bringen.

Rosen und Nadelhölzer, wo immer wir sie untereinander in Verbindung bringen können, da dürfen wir des Erfolges sicher sein, sobald es in unauffälliger Weise geschieht, und wir nicht durch symmetrische Verteilung von Nadelholz und Rose von vornherein die künstlerische Wirkung in Frage stellen.

Aber auch andere Pflanzen, welche durch massiges Laub wirken, sind als Rahmen für unsere Rosen sehr brauchbar, geschickte Verteilung immer vorausgesetzt.

Bestimmte Angaben lassen sich natürlich nicht machen. Der Geschmack des Besitzers, die Verschiedenheit des Terrains sind maßgebend. Als Beispiel mag die Abbildung des Rosengartens in der Flora zu Charlottenburg, Fig. 111, dienen, und Fig. 112 ein kleines Gärtchen, in dem Rosen und Stauden untergebracht sind, das auf der berliner Ausstellung von Rholfs-Lichterfelde angelegt war.

Immer sollte ein größerer Rosengarten so angelegt sein, daß man ihn von einem Punkte aus, sei dies nun vom Zimmer, von der Veranda 2c. voll überblicken kann, und es ist ratsam, die Pflanzung so einzurichten, daß die höchsten Stämme ferner stehen, der Blick ist dann freier. Rosenhecken, Rosenguirlanden, Rosenlauben dürfen in solchem Garten nicht fehlen.

Wie der Rahmen die Rosen hebt, dies zu beobachten giebt es zuweilen Gelegenheit in Parks und größeren Gärten, wo unvermutet eine Rosengruppe vor uns liegt, die mit ihren Blüten wie ein köstlicher Edelstein im Grünen lagert.

Leider ist die Verwendung der Rosen in Parks bislang noch immer sehr beschränkt und doch ist die Rose, wie selten eine Pflanze geeignet dort auf sonnigen lauschigen Plätzen prächtige Wirkungen hervorzubringen.

Sollte die Empfindlichkeit der Rose Manchen abschrecken, sie so zu verwenden? Das wäre kein stichhaltiger Grund. Wenn wir auch völlig winterharte Rosen nur wenige besitzen, die Winterhärte ist hier gar nicht von solcher Bedeutung. Man braucht ja nicht Hochstämme zu wählen. Wurzelhalsveredlungen, die sich zu kompakten Büschen heranbilden, wirken mit ihrer übergroßen Zahl von Blüten gar prächtig. Sie über Winter zu schützen, dazu findet sich im Parke leicht das nötige Laub; der Schutz ist gegeben, wenn der Boden 30 Centimeter hoch damit bedeckt wird.

Wo das Laub fehlt, kann man mit der Hacke Erde an die Stämme ziehen, sind die Rosen etwas tiefer als gewöhnlich gepflanzt, so überwintern sie besser. Allerdings darf das Tiefpflanzen nicht übertrieben werden, auch nicht auf feuchtem Boden in Anwendung kommen.

Ein Busch auch zwei und drei können sich allerdings nicht zur Geltung bringen, dazu sind sie der Umgebung gegenüber zu winzig. Es muß schon eine größere Anzahl von Rosen sein, 20—30 Stück zu einer Gruppe vereint. Auch viele Sorten darf man nicht wählen. Am besten ist eine einzige Sorte, da giebt es gleichmäßigen Wuchs, gleichmäßige Blüte, gleichmäßige Farbe.

Wer solche Gruppe aus Rosen mit verschiedenen Blütenfarben zusammensetzt, schwächt die Wirkung, hebt sie wohl gar auf. Nur wenn

Fig. 111. Rosengarten in der Flora zu Charlottenburg.

das Beet in einer einzigen Farbe glänzt, sei dies nun rot oder weiß, fällt es von weitem auf.

Wir besitzen eine ganze Zahl von Rosen, die sich für solche Gruppen eignen. Rosen mit gedrungenem Wuchs, welche ihre Blüten frei auf den Spitzen der Triebe bringen und leicht und willig ihre Knospen öffnen.

Die hervorragendsten Sorten sind: Baronne de Rothschild, rosa, Capitain Christy, fast weiß, Merveille de Lyon, weiß, La France, rosa, Fischer u. Holms, Alfred Colomb, feurigrot, John Hopper, karminrosa, Paul Neyron, dunkelrosa, Magna Charta, rosa, Marie Baumann, leuchtend rot, Charles Lamb, leuchtend rot, ferner die Monatsrosen.

Aber nicht in Parks allein, auch in kleineren Gärten können im Rasen an Stelle der Teppichbeete solche Rosen treten. Nur ist die Auswahl, wenn man die Beete nicht aus der Ferne sehen, sondern in der Nähe betrachten will, eine wesentlich andere. Nicht die Remontantrosen dürfen hier überwiegen, die zwei so scharf begrenzte Blütenperioden haben, sondern härtere Theerosen, Theehybriden und vorzugsweise Polyantharosen.

Was vorhin von der Einheit der Farbe und der Sorte gesagt ist gilt auch hier, viele Sorten würden die ganze Wirkung verderben.

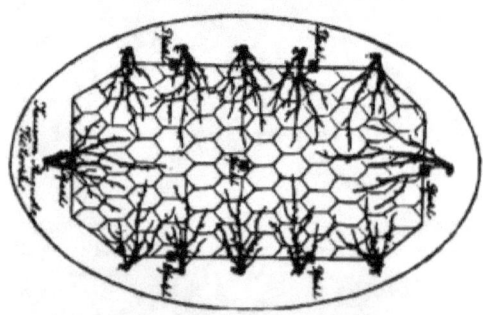

Fig. 118. Drahtgeflecht für runde Beete.

Sehr geeignete sind von den Polyantharosen, welche sich sämtlich gut eignen: Paquerette, Rêve d'or, Clothilde Soupert, von den Theehybriden: La France, Kaiserin Auguste Victoria, Viscountess Folkestone, Grace Darling, Madame Caroline Testout, und nicht zu vergessen Lady Mary Fitzwilliam und Camoëns. Die Theerosen sind etwas empfindlicher. Franziska Krüger, Papa Gontier, Mme. Hoste, Mme. Chédanne Guinoisseau, Mme. Agathe Nabonnand, Gloire de Dijon, Baronne Henriette de Loew, Cheshunt hybrid sind gute Sorten. Von den Bourbonrosen ist die alte Souvenir de la Malmaison, welche sich niedrig im allgemeinen besser entwickelt als hochstämmig vorzüglich.

Fig. 112. Kleines Gärtchen mit Rosen und Stauden.

— 140 —

Die Beete werden zwar etwas höher, weil diese Rosen immer kräftige Ruten von unten treiben. Man kann sich aber hier helfen, in dem man Drahtgestelle fertigt, wie sie Fig. 113 und 114 zeigen.

Fig. 114. Draht für lange Beete.

Fig. 113 ist ein Drahtgeflecht auf Pfähle genagelt, es ist solches Geflecht besser, als einfache Drahtlinien, weil man die Zweige gleichmäßiger verteilen und anbinden kann.

Die Monatsrosen dürfen hier nicht vergessen werden. Sie sind immer und überall vorzügliche Gruppenrosen, besonders Hermosa zu niedrigen Beeten, Cramoisi superieur, Mademoiselle Laurette Messimy zu höheren.

Fig. 115. Rosen im kleinen Vorgärtchen.

Wie man auch im kleinsten Vorgärtchen diese Art der Beete anwenden kann zeigt Fig. 115. Hier wird man es aber gerne sehen, wenn noch einige Hochstämme hervorwachsen, die sich mit den niedrigen Rosen gut vertragen, sobald es au Nahrung und Wasser nicht mangelt.

In Fig. 115 fehlt für die Rosen der Hintergrund. Die kahle, weiße Wand des Hauses kann ihn nicht bilden. Wie anders würden sich die Rosen präsentieren, wenn die Wand mit einer Rankrose, wildem Wein, Epheu, Glycine berankt wäre! Sie würden dann auch nicht so viel von Ungeziefer zu leiden haben.

Da wo Rosenbeete in dieser Art nicht beliebt sind, kann man auch in den kleinsten Gärten, wenn es sich um die Bepflanzung länglicher Beete handelt, eine Verbindung zwischen Hochstamm und Rankrose herstellen und zwar in der Weise, daß man die Hochstämme weiter pflanzt als dies sonst üblich ist, auf 1½ Meter, und nun in die Mitte zwischen diesen eine starkwachsende Rose setzt, die nach beiden Seiten hin an Draht bis zum Hochstamm hinaufgeleitet wird.

Solche Art der Bepflanzung ist auch vorzüglich für den Hauptweg nach dem Wohnhause. Fig. 116. Man kann zu den Rankrosen unsere Kletterrosen verwenden. Da sie aber nur einmal blühen, so wird man lieber starktriebige Theerosen oder Theehybridrosen nehmen und die Kletterrosen für Partien aufbewahren, welche nicht so leicht geschützt werden können; für Thore, Mauern, Baumstämme, Lauben x. Passende Rosen

Fig. 116. Rosen am Hauptwege.

würden sein: Gloire de Dijon, Reine Marie Henriette, Belle Lyonnaise, Beauté de l'Europe, Madame Bérard x.

Passende Sorten für die Hochstämme dagegen solche, welche sich im Wuchse ähneln, entweder Sorten, die mit ihren Zweigen weit ausholen wie Maréchal Niel, Gloire de Dijon ꝛc. oder solche, die mehr einen geschlossenen Wuchs haben wie: La France, Kaiserin Auguste Victoria, Madame Caroline Testout ꝛc. Man kann allerdings hier auch, da die Rosen sich selbst nicht hemmen, sehr starkwüchsige und weniger starkwüchsige in Reih und Glied bringen. Nur die schwachwachsenden sollten auf jeden Fall fort bleiben, weil ihre kleinen Kronen so freistehend sich zu winzig ausnehmen.

Rosen in Längsbeeten lassen sich auch gut auf Rasen am Wege hinunter anbringen. Die Beete sind überflüssig, wenn für die einzelnen Stämme eine Baumscheibe geschaffen wird, d. h. ein 30—40 Centimeter breiter Streifen Boden rings um den Stamm, der frei bleibt und zur Rosenpflege dient. Vermittelst der Baumscheibe sind wir auch im stande hochstämmige Rosen truppweis im Rasen wo es gerade paßt unterzubringen. Von solcher Verwendung der Rose sieht man bislang wenig, aber sie ist schön, weil auf solchem Stande die Rose durch ihre Umgebung und diese durch die Rose gehoben wird.

Das Rosenbeet.

Einzelne Rosenbeete wird man mit Vorliebe etwas erhöht anlegen, so daß die Mitte 10—25 Centimeter höher liegt, je nach der Größe des Beetes. Es ist jedoch nie empfehlenswert, die Beete zu groß zu machen. Dadurch begeben wir uns eines Hauptreizes. Wir können die Rosen nicht näher betrachten, weil wir ohne Gefahr für Krone und Beet nicht zu ihnen gelangen. 3 Meter Durchmesser giebt schon ein großes Beet. Man pflanzt in die Mitte die höchsten Stämme und nach dem Rande zu die niedrigeren. Fehlerhaft ist es aber, die Rosen beliebig nach der Höhe des Stammes auszuwählen. Man muß sich stets vergegenwärtigen, wie die Rosen sich entwickeln werden, und nicht Rosen mit schwachem Wuchs in die Mitte bringen, solche mit recht starkem an den Rand. Regel ist: die starktreibenden in die Mitte, die schwachtreibenden an den Rand.

Die Gruppe wird um so gleichmäßiger, je weniger verschiedene Rosenracen darauf gepflanzt sind. Am besten ist es, für jede Race ein Beet. Es vertragen sich aber Theerosen, Theehybridrosen, Noisette-, Bourbon- und Polyantharosen leidlich, am wenigsten verträgt sich mit ihnen die Remontantrose, und besonders die dunkelfarbige. Letztere sind an einem der Sonne nur vormittags bis 11 Uhr ausgesetzten Platz am vorteilhaftesten untergebracht.

Die Farbenverteilung spielt bei der Bepflanzung der Beete eine große Rolle. Weiß und leuchtendrote Farben, auch noch gelb passen für die Mitte, weil sie am weitesten scheinen, nuancierte Farben mehr für den Rand. Gut macht sich auch leuchtendrot Mitte, rosa zweite Reihe, weiß als Rand, oder umgekehrt.

Fig. 117 zeigt ein Rosenbeet, welches kreisförmig angelegt ist, aber in verschiedene Beete eingeteilt wurde. Auf dem Mittelbeete stehen Hochstämme, auf den vier vorderen Beeten niedrige Rosen.

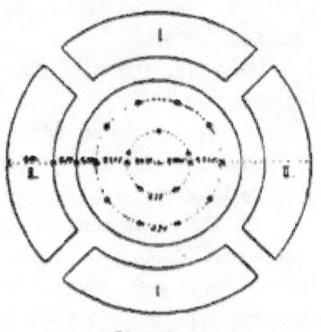

Fig. 117.

Für die Auswahl der Sorten einige Beispiele. Zuerst in Thee- und Theehybridrosen. Es erhält das Mittelbeet I. als Mittelpflanze: Kaiserin Auguste Victoria, weiß, um diese als ersten Kreis: La France, rosa, Mme. Caroline Testout, tiefrosa, Mme. Chédane Guinoisseau, gelb, Grace Darling, pfirsichrot, Mme. Hoste, gelb.

Als 2. Kreis resp. Rand: Franziska Krüger, fleischfarbig, Souvenir d'un ami, zartrosa, Madame Pierre Oger, zart weiß, Mistress Bosanquet, gelbweiß, Marie van Houtte, rosa, The Bride, weiß, Mme. Lombard, rosa, Archiduchesse Maria Immaculata, rot und lachsfarbig, Mme. Honoré Defresne, gelb, Mme. Bravy, weiß, Souvenir de Paul Neyron, rosa.

II. Als Mittelpflanze: Mme. Caroline Testout, rot, oder La France, oder Augustine Guinoisseau.

1. Kreis: La France, rosa, Augustine Guinoisseau, blaßrosa, Viscountess Folkestone, gelbweiß, Homer, lebhaft rosa, Lady Mary Fitzwilliam, fleischfarbig, oder Belle Liebrecht, rot.

2. Kreis: The Bride, weiß, Honourable Edith Gifford, gelb, David Pradel, Souvenir de Victor Hugo, lebhaft rot, Grace Darling, pfirsichrot, Duchesse Maria Salviatti, pfirsichrot, Princesse Alice de Monaco, zartrosa, Catherine Mermet, fleischfarbig rosa, Niphetos, weiß, Mme. de Watteville, leuchtend rosa.

Auswahl in öfterblühenden Hybridrosen (Remontantrosen). Als Mittelpflanze: Mrs. John Laing, rosa.

1. Kreis: Charles Lamb, Alfred Colomb, Ulrich Brunner fils, Dr. Andry, Prince Camille de Rohan, sämtlich feuerrot.

2. Kreis: Captain Christy, rosa, Merveille de Lyon, weiß, Regierungsrat Stockert, rosa, Eclair, lebhaft rot, Elise Boëlle, weiß, Baronne de Rothschild, rosa, Marie Baumann, rot, Senateur Vaïse, buntelrot, Victor Verdier, rosa, Sultan of Zanzibar, buntelrot, Mme. Ducher, kirschrot.

Als Mittelpunkt: Anna de Diesbach oder Mme. Gabrielle Luizet, rosa.

1. Kreis: Jules Margottin, kirschrot, Lady Helen Stewart, leuchtendrot, Julius Finger, rosa, Mme. Eugène Verdier, atlasrosa, Magna Charta, rosa, Souvenir de William Wood, tiefrot.

2. Kreis: Queens of Queens, rosa, Princess de Béarn, rot, Fischer & Holms, scharlach, Duke of Edinburgh, karmin, Elisa Boëlle, fast weiß, Gloire de Bourg la Reine, leuchtendrot, Captain Christy, rosa, Antoine Quihou, braunrot, Impératrice Eugenie, weiß, Baronne de Rothschild, rosa, Lady Helen Stewart, leuchtendrot.

Die Bepflanzung der vorderen Beete kann durchgeführt werden: auf die sich gegenüberliegenden Beete La France, auf die anderen Souvenir de la Malmaison oder Hermosa, rosa, Cramoisi superieur, rot, Mlle. Laurette Messimy, persischrosa, Ducher, weiß, für jedes Beet eine Sorte oder mit Polyantharosen.

Pflanzweite und Pflanzenmenge.

Ein Abstand von 55—60 Centimeter genügt. Da man in Kreisen pflanzt, so ist vorher auszurechnen, wie viel Kreise auf das Beet gehen und wie viel Rosen auf jeden Kreis. Dabei wird es häufig passieren, daß die angenommene Entfernung nicht ganz paßt, es ist dann einzurichten.

Die Randreihe steht 25 Centimeter vom Rand entfernt.

Wer sich schnell ausrechnen will, wieviel Rosen auf ein Beet gehen, braucht nur die Quadratfläche desselben berechnen und diese durch die Entfernung, mit sich selbst multipliziert, teilen.

Die Quadratfläche eines kreisrunden Beetes ist gleich dem halben Durchmesser mit sich selbst und die gewonnene Zahl noch mit 3,14 multipliziert ($r^2 \cdot \pi$).

Der Durchmesser sei beispielsweis 6 Meter, so ist der halbe 3. $3 \times 3 = 9$. $9 \times 3{,}14 = 28{,}26$.

Die Entfernung der Rosen unter sich mit 0,6 Meter angenommen 0,6 × 0,6 = 0,36.

28,26 : 0,36 = 78³/₄ Rose, folglich muß soweit eingerichtet werden, daß 1 Rose mehr oder weniger gebraucht wird.

Es gehen auf Kreisbeete von

	Pflanzweite,		
	50 cm	60 cm	75 cm
1 Meter Durchmesser,	3—4 Rosen	2 Rosen	1 Rose
1½ " "	7 "	4—5 "	2 "
2 " "	12 "	8—9 "	4—5 "
2½ " "	19 "	13 "	7—8 "
3 " "	28 "	19 "	11 "
3½ " "	38 "	26 "	14 "
4 " "	50 "	36 "	18 "

Bei der Ellipse nimmt man die Hälfte der Längenare = a, die Hälfte der Breitenare = c, multipliziert diese miteinander und multipliziert die gewonnene Zahl mit 3,14 = π, um den Flächeninhalt zu finden. a . c . π.

Ellipse von		Pflanzweite	
Länge	Breite	50 cm	60 cm
1 Meter	0,75 Meter	2 Rosen	2 Rosen
1,50 "	1,20 "	5—6 "	4 "
2 "	1,50 "	9 "	6 "
2,50 "	1,90 "	12—13 "	9 "
3 "	2,20 "	20 "	14 "
3,50 "	2,60 "	28 "	20 "
4 "	3 "	37 "	26 "

Der Umfang einer Ellipse ist gleich (a+c) . π. Die Randpflanzung der Ellipse = $\frac{(a+c) . \pi}{p}$ dividiert durch die Pflanzweite.

Länge	Breite	Pflanzweite	
		40 cm	50 cm
1 Meter	0,75 Meter	7 Rosen	5—6 Rosen
1,50 "	1,20 "	10—11 "	8 "
2 "	1,50 "	13—14 "	11 "
2,50 "	1,90 "	16—17 "	13 "
3 "	2,20 "	20—21 "	16 "
3,50 "	2,60 "	28 "	22 "

Der Wuchs einzelner Rosen.

Es ist eine heikle Sache, die Rosen gewissermaßen nach ihrem Wuchse zu ordnen. Dabei wird es immer Widerspruch geben. Rosen in fettem Boden, gut gepflegt, treiben natürlich viel kräftiger, als Rosen in mageren Verhältnissen, und in günstigen Lagen kommt es häufig vor, daß Sorten, welche im allgemeinen als schwachwachsend bezeichnet werden, noch lange Ruten machen. Aber einen Anhalt hat man doch.

Rosen, die gedrungen wachsen und keine großen Kronen bilden, sind von den Remontantrosen:

Merveille de Lyon weiß, Capitain Christy rosa, Queen of Queens rosa, Baronne de Rothschild rot, Fischer Holms scharlachrot.

Mäßig stark treibende: Impératrice Eugénie weiß, Victor Verdier rosa, Marie Baumann scharlachrot, Sénateur Vaïse leuchtenbrot, Antoine Quihou schwarzrot, Emperor schwarzrot, Sultan of Zanzibar schwarzrot.

Die anderen in der Liste der guten Rosen genannten können als kräftig treibend bezeichnet werden, mit Ausnahme der sehr starkwachsenden: Her Majesty rosa, Madame Gabriel Luizet rosa, Mistress John Laing rosa, Paul Neyron rosa, Souvenir de la reine d'Angleterre.

Von Theerosen wachsen schwach: Niphetos weiß, Adam blaßrosa, Souvenir de Paul Neyron rosa.

Mäßig stark: Grossherzogin Mathilde, Namenlose Schöne, Madame Bravy, Mélanie Willermoz weiß, Comtesse de Frigneuse schwefelgelb, Perle de Lyon, Madame Honoré Defresne, Madame Chédane Guinoisseau gelb, Adrienne Christophle gelb mit rosa, Franziska Krüger kupfriggelb, Souvenir d'un ami blaßrosa, Archiduchesse Maria Immaculata hellrot, Homer leuchtendrosa, Marie van Houtte rosa, Mariano Vergaro zinnoberrot, Papa Gontier leuchtenbrot, Souvenir de Thérèse Levet karmin.

Sehr stark wachsend: Belle Lyonnaise, Beauté de l'Europe, Maréchal Niel sämmtlich gelb, Gloire de Dijon, Madame Bérard beide blaßgelb, Reine Natalie de Serbie, Madame Agathe Nabonnand, Reine Marie Henriette alle rot. Die übrigen treiben kräftig.

Von den Theehybriden wachsen mäßig: The Puritan fleischfarbig, Camoëns rosa, Duchesse of Connaught.

Von den Bourbonrosen Madame Pierre Oger weiß und schwach Mistress Bosanquet gelb.

Mäßig stark treiben auch alle Polyantharosen, während die Noisetterosen kräftige Wachser sind.

Rosensorten, welche sehr stark wachsen, sind vortrefflich als Einzelstämme auf Rasen oder schmalen Beeten, wo sie sich nach allen Seiten ausbreiten können. In Gruppen eignen sie sich weniger gut.

Zwischenpflanzung auf Rosenbeeten.

Werden Rosenstämme weiter als 50—60 Centimeter gepflanzt, dann wird man den Zwischenraum noch ausnutzen wollen damit das Beet von unten nicht so kahl aussieht.

Zur Rose paßt eigentlich nur die Rose. Die vielerlei Sommerblumen Lobelien, Portulac, Verbenen, Begonien, Petunien, sie gehören mit ihren oft schrillen Farben nicht dahin — wenngleich sie den Rosen bei kräftiger Düngung keinen wesentlichen Abbruch thun. Viel besser nimmt sich der Untergrund mit niedrigen Rosen aus — allenfalls macht sich auch Reseda gut, doch zehrt sie sehr.

Einfassung von Rosenbeeten.

Als Einfassung kann Buchsbaum dienen, Isop, die schöne grüne Saxifraga caespitosa. Aber besser als alles eignet sich die deutsche Eiche, in 12 Centimeter Entfernung als 1- oder 2jährige Pflanze gesetzt und immer tief geschnitten — auch im Sommer häufig entspitzt. Fast ebenso schön ist die Mahonie, Ilex Aquifolium, in gleicher Weise behandelt. Nichts kommt jedoch über eine Einfassung mit niedrigen Rosen — den Polyantharosen — sobald man ihnen etwas Spielraum läßt und ein klein wenig üppigen Wuchs schweigend für die Pracht der Blüten in den Kauf nimmt. Fig. 118. Die Entfernung der einzelnen Rosen sei 0,40—0,50 Meter.

Sortenwahl und beste Höhe für ungünstige Plätze.

Pflanzest du Maréchal Niel in einen Garten, der von dem Rauch einer Fabrik stark zu leiden hat, dann wirst du an ihm wenig Freude haben. Maréchal Niel liebt, wie recht viele andere Theerosen solchen Platz nicht und entwickelt seine Blüten nur schlecht. Andere Rosen, besonders Remontant, auch einige Thee- und Theehybriden, sind nicht so empfindlich. Pflanze Gloire de Dijon, Cheshunt hybrid, Viscountess Folkestone, Madame Caroline Testout, La France, Christine de Noué, Grace Darling, Caroline Küster, Grossherzogin Mathilde

Fig. 118. Polyantharosen als Einfassung für Rosengruppen.

und wähle von den Remontantrosen beliebig. Der ungünstige Stand, dem die Rosen aber doch etwas Rechnung tragen, kann noch gemildert werden durch Anpflanzung niedriger Stämme — Stämme von 40 bis 50 bis 60 Centimeter Höhe, oder Wurzelhalsveredlungen. Auf niedrigen Stämmen hat die Rose mehr Wuchs, mehr Energie, weil die Saftzirkulation in ihnen eine leichtere ist und deshalb kann sie Widerwärtigkeiten besser überwinden.

Niedrige veredelte Rosen für ungünstigere Verhältnisse zu wählen, sei deshalb steter Grundsatz. Daß nachher durch sorgsame Pflege, besonders häufiges Spritzen die Entwickelung unterstützt werden muß, ist natürlich.

Fast winterharte Rosen.

Fast winterharte Gartenrosen, die unsern gewöhnlichen Winter ohne Decke gut aushalten, sind: Eugen Fürst, Général Jacqueminot,

Jules Margottin, Thriompe de l'Exposition. Diesen folgen dann eine Reihe nicht ganz so harter aber immerhin sehr widerstandsfähiger Sorten: Baronne de Rothschild, Baronne Prevost, Fischer & Holms, Jean Liabaud, John Hopper, La France, La Reine, Marie Baumann, Mabel Morrison, Merveille de Lyon, Magna Charta, Paul Neyron, Prince Camille de Rohan.

Alte Rosengärten.

Es ist eine häufige Erscheinung, daß die Rosen in älteren Gärten oder auf Beeten, welche ein Jahrzent zur Rosenkultur dienten, plötzlich versagen. Die nachgepflanzten werden krank, die alten gehen ein, trotzdem hin und wieder einzelne gesunde Stämme vertreten sind. Der Boden ist rosenmüde geworden, die Rosen mögen nicht mehr in ihm wachsen, wenngleich es an Nahrung durch reichliche Düngung nicht fehlt. Der Boden hat etwas, das ihnen nicht gefällt. — Wir werden uns am ehesten einen Begriff davon machen, wenn wir an das Unbehagen denken, das uns befällt, sobald wir aus frischer Luft in einen Eisenbahnwagen steigen, dessen Insassen die Nacht über bei geschlossenen Fenstern zugebracht haben. Hier lassen wir die schlechte Luft heraus. Durch das Ausheben der Erde bis auf tiefe Schichten, können wir bei einzelnen Beeten auch den Rosen wieder ein freudiges Gedeihen sichern; in größeren Rosengärten ist die Erde aber dermaßen durchseucht, daß selbst ein Wechsel des Bodens nicht viel hilft. Man erspart sich Mühe und Geld, wenn man die Rosengärten dann verlegt in für Rosen jungfräulichen Boden.

Die Rose auf dem Grabe.

Das Grab unserer Lieben zu schmücken, dazu ist die Rose geeignet wie kaum eine andere Pflanze, wenn wir es möglich machen können, ihr etwas Pflege zuzuwenden und wenn das Grab selbst freiliegt.

Unter dem Schatten ausgebreiteter Traueresche oder Trauerweiden gedeiht die Rose nicht mehr. Leichter Schatten von hohen Bäumen dagegen schadet nicht, sobald gute Pflege die Trockenheit und Kraftlosigkeit des Bodens, die durch solche Bäume hervorgerufen wird, parallelisiert.

Was gute Pflege bedeutet, wissen wir. In ihrem ganzen Umfange können wir sie zwar nicht durchführen, aber einige Verbesserung des Bodens besonders durch Lehm und etwas Dünger, dann reichliche Gabe von Wasser ist doch möglich. Ohne beides ist nur auf natürlich gutem Boden ein erfreuliches Resultat der Pflanzung zu erwarten. —

Wir verlangen von Grabrosen ziemliche Winterfestigkeit, reichen und andauernden Flor und nicht zu üppiges Wachstum, damit zeitweise nicht ein häßliches Durcheinander geschaffen werde.

So recht entspricht keine Rose diesen Anforderungen, aber manche kommen ihnen nahe, wenn wir sie als Buschrose verwenden. Bei manchen — besonders den Trauerrosen — müssen wir ihre Eigentümlichkeiten in den Kauf nehmen.

Von Trauerrosen, die sich auf dem Grabe ganz besonders schön ausnehmen, wären Niel, Gloire de Dijon, Madame Bérard, Reine Marie Henriette entschieden die schönsten, da sie aber alljährlich gar zu sehr dem Erfrieren ausgesetzt sind, auch an den Boden ziemlich hohe Ansprüche machen, so sind sie trotz ihrer Schönheit wenig brauchbar und müssen in den meisten Fällen durch die einmal blühenden Kletterrosen ersetzt werden. Madame Sancy de Parabère, Crimson Rambler oder die düstere Erinnerung an Brod oder Venusta pendula, Corinna — je nachdem das Klima mehr oder weniger rauh ist — sind passende Sorten, die zur Zeit der Blüte einen kostbaren Mittelpunkt abgeben. Damit er aber nachher nicht kahl aussehe, wird eine Clematis Jackmanni unten an den Stamm gepflanzt. Der Clematis fällt die Aufgabe zu, die Rose im Sommer mit Blumen zu schmücken und ihr tiefdunkles Blau aus dem Grün der Blätter herausblicken zu lassen.

Man muß die Clematis allerdings im Zaum halten. Sie darf die Rose nicht überwuchern und deshalb ist es notwendig, sie zeitweis durch Rückschnitt zu steuern, was ihrer Blühwilligkeit nur Vorschub leistet.

Die Trauerrose als Mittelpunkt oder Endpunkt des Grabes, duldet neben sich noch Buschrosen. Da diese eine einheitliche Wirkung hervorbringen sollen, darf es nur eine Sorte sein. Am passendsten ist La France, die fast ununterbrochen blüht — ihr nahe steht die ziemlich winterfeste Chlotilde Soupert — und dann folgen die anderen Polyantharosen. Wer viel Zeit auf den Schmuck des Grabes verwenden kann, wird auch mit den Monatsrosen Hermosa und Cramoisi superieur gute Erfolge haben, sobald sie niedergehackt sind.

Kaiserin Auguste Victoria, Franziska Krüger, Souvenir de la Malmaison, Grace Darling, Viscountess Folkestone sind etwas empfindlicher als La France, sonst würden sie, besonders erstere, ihr ganz zur Seite zu stellen sein.

Fig. 119. Grabbepflanzung mit Rosen.

Die härteren Remontantrosen halten besser aus. Sie sind zeitweis — weil sie im Frühjahr und Herbst ihre Blüten auf einmal erblühen lassen —

prächtiger als die fortdauernd blühenden Sorten von vorhin, aber sie stehen auch den größten Teil des Sommers ohne Blüten da, das ist ihr Fehler.

Wir können von Remontantrosen verwenden: Captain Christy, Merveille de Lyon, Baronne de Rothschild, Fischer & Holms, Queens of Queens, welche alle einen gedrungenen Wuchs haben und nicht zu unbändig wachsen. Die Rosen werden 50 Centimeter auseinandergepflanzt. Alle erhalten im Winter eine Decke aus Tannenreisig oder Laub.

Zur Einfassung des Grabes kann nach wie vor Epheu verwendet werden, es läßt sich auch die hübsche rasenartige Saxifraga caespitosa an die Böschung oder an den Rand desselben pflanzen.

Auf Gräbern, die einen großen Grabstein besitzen, ist die Trauerrose häufig nicht angebracht. Es passen da besser niedrige Rosen und eine Kletterrose kann den Grabstein umschlingen. Sie hat hier zwar stärker mit den Unwillen des Winters zu kämpfen, hält ihn aber aus, sobald sie mit etwas Tannenreisig geschützt wird. Hochstämmige Rosen, vielleicht 2 oder 3 oder 4 auf dem Grabe — wenn man von einer Trauerrose absehen will — sind auch sehr schön. Es sollten aber dann Sorten mit mehr aufrechtem Wuchs und aufrechten Blüten gewählt werden. Neben den vorhin genannten Sorten wären besonders passend: Madame Caroline Testout, Madame Baronne Veillard, Augustine Guinoisseau Cheshunt hybrid, Princesse de Béarn.

Die Stämme sollten aber höchstens 80 Centimeter bis 1 Meter Höhe haben, sonst schweben die Kronen zu hoch in der Luft und man sieht durch die Stämme auf den Boden.

Wo die Rosen nicht ausgepflanzt werden können, braucht man doch noch nicht auf den Rosenschmuck zu verzichten. Die Rose, besonders Thee und Theehybriden, blühen vorzüglich, wenn sie zu mehreren in größere Kästen gepflanzt werden. Die Kästen müssen etwa 30 Centimeter hoch und breit sein, und der Länge des Grabes entsprechen. Das Verdecken der Kästen durch Grassoden oder kleine Schlingpflanzen macht keine Schwierigkeit.

Die Überwinterung der Kastenrosen, die stets früher blühen als die ausgepflanzten, ist freilich etwas umständlich. Man muß die Kästen, wenn sie im Herbst fortgeräumt werden, entweder wie Topfrosen in der Remise ꝛc., vergl. S. 32, überwintern, oder sie mit einem 15—20 cm dicken Erdmantel umgeben, auch oben. Für die Kästen sind niedrige Rosen besonders gut. Sie geben in ihnen ein Blütenmeer. Erde wie bei den Topfrosen.

Umschau unter unsern Rosen.

Sobald man von einer systematischen Einteilung der Rosen spricht, werden alle Rosen gemeint — nicht allein die edlen Rosen, welche wir im Garten ziehen, sondern auch die wilden Rosen — und solche Rosen, welche aus fremden Gegenden zu uns gekommen sind, ohne doch recht in unsere Gärten Eingang gefunden zu haben.

Diese Einteilung aller dieser Rosen in ein bestimmtes System fällt ungemein schwer, weil die Rosen sich unter sich zum Teil gekreuzt haben, weil künstliche Kreuzungen fortgesetzt vorgenommen werden, und so die Merkmale sich immer mehr verwischen, die einzelnen Gruppen und Klassen ineinander übergehen.

Das Bestimmen der Rosen nach diesen Merkmalen ist deshalb nicht allein sehr schwierig, sondern oft unmöglich, auf jeden Fall gehören bedeutende botanische Kenntnisse dazu, und ich meine für ein Buch, welches vorzugsweis lehren will, wie man schöne Rosen zieht, ist es nicht praktisch, solchen botanischen Systemen einen zu weiten Spielraum zu lassen. Wir beschränken uns deshalb darauf die Hauptklassen der Rosen kennen zu lernen. Man teilt die Rosen in 2 Hauptklassen ein, in Sommerrosen und Herbst= oder Edelrosen, und diese zerfallen wieder in verschiedene Gruppen.

I. Sommerrosen.

Die Sommerrosen sind mit einigen Ausnahmen fast alle winterhart und wenn wir auf die Winterfestigkeit der Rosen den Hauptwert legen wollten, dann wären es diese Rosen, die vorzugsweis in unsern Gärten angepflanzt werden müßten. Leider aber entsprechen ihre Blüten zumeist nicht den heutigen Anforderungen. Sie erscheinen zwar in großer Zahl, blühen zusammen auf und gewähren dadurch einen berückenden Anblick, sie blühen auch schon, wenn unsere Edelrosen noch nicht soweit sind — oft schon im Mai — aber viele von ihnen haben nur einfache Blumen, das ist ein Fehler. Ihr Hauptfehler liegt aber darin, daß sie mit wenigen Ausnahmen nur einmal blühen und das genügt nicht, um sie recht heimisch in unseren Gärten zu machen. Nur einige von ihnen, die Kletterrose, die Moosrose, sind Lieblinge des Rosenfreundes geworden, von ihnen kann man aber wieder nicht sagen, daß sie unbedingt hart sind. Andere, so besonders die rugosa hybriden, werden jetzt mit Vorliebe zu Züchtungen benutzt, und es ist nicht ausgeschlossen, daß Winterhärte und Schönheit der Blüte einmal verbunden werden.

Sind die Sommerrosen vorläufig also mehr oder weniger aus unseren Gärten hinausgewiesen, so können doch viele von ihnen in mannigfacher Beziehung uns nützlich werden und uns Gelegenheit geben, Rosenschönheit noch da zur Geltung zu bringen, wo wir sie im allgemeinen nicht vermuten: in unseren Parks, an Böschungen, an steilen Ufern der Seen, als Hecken in Gärten und Feld, und wir können deshalb die Sommerrosen praktisch einteilen in 2 Gruppen:

  a. in Rosen für Zaun und Park,
  b. in Moos- und Kletterrosen für Garten und Park.

a. Rosen für Zaun und Park.

Es stellt uns hier eine Gruppe
   Die weiße Rose Rosa alba L,
zu der auch unsere einheimische Hundsrose und viele andere Wildrosen gehören, einige empfehlenswerte Arten, zuvörderst Rosa rubiginosa Weinrose, Schottische Rose auch Sweetbriar genannt, welche neuerdings zu Hecken wieder mehr in Aufnahme kommt. Sie eignet sich dazu bei ihrem starken Wuchs auch vortrefflich und bildet 2—3 Meter hohe Hecken auf gutem Boden. Man setzt dazu die durch Samen gewonnenen einjährigen Pflanzen auf rigolten Boden in eine gegenseitige Entfernung von 20 Centimeter in Doppelreihen. Die Pflänzlinge werden vorher stark zurückgeschnitten. Am besten bilden sich solche Hecken, welche sich jeden Schnitt gefallen lassen, wenn ein Drahtgeflecht mit einwachsen kann.

Die ebenfalls hierhergehörige aus Japan stammende Rosa rugosa, mit herrlichem dunklen Laube, ist weniger zur strengen Heckenbildung geeignet, sie paßt besser zu freistehendem Buschwerk, das sich heckenartig zusammenschließen kann, oder gruppenweis untergebracht ist und wird im Herbst sehr zierend durch die dicken roten Früchte. Von der Hausfrau sind letztere sehr begehrt und deshalb trifft man Rosa rugosa im Verein mit Rosa villosa var. pomifera auch in Obst- und Gemüsegärten. Rosa rugosa und zwar R. r. Kaiserin des Nordens ist die hübschere. Die schönste Rugosarose, die sich aber weniger durch ihre dicken Früchte als durch ihre Blüten auszeichnet, ist Madame Georges Bruant (Bruant 1887) mit reinweißen Blumen und schönen Knospen. Aufgeblüht sind sie halbgefüllt. Madame Georges Bruant verdient wohl einen Platz im Rosengarten, noch mehr einen solchen truppweis oder als Busch im Parke, wo ihr 2 Züchtungen von Dr. Müller Weingarten vom Jahre 1890, Thusnelda mit zart fleischfarbigen gefüllten Blumen, eine Kreuzung von rugosa alba mit Gloire de Dijon und Germania mit leuchtendroten Blüten, fast ebenbürtig zur Seite stehen.

Als Heckenrose darf man auch noch die Gruppe der
Rosa pimpinellifolia L.
die Pimpernellrose ansprechen, da sie mit jedem Schnitt vorlieb nimmt und auch noch auf magerem Boden gut gedeiht. Ihr Wuchs ist jedoch nicht kräftig genug, um starke Hecken zu bilden. Im Felde ist sie nicht verwendbar, gut eignet sie sich aber als Vorpflanzung vor Bosquets 2c., wo sie ihrer frühen Blüte wegen auffällt und hübsche Büsche bildet, die nach der Blüte gleich zurückgeschnitten werden müssen.

Zu den Sommerrosen gehört ferner die Gruppe
der Kapuzinerrosen oder Fuchsrosen Rosa lutea,
mit dottergelben oder orangeroten Blumen. Als häufigsten Vertreter finden wir von ihnen in alten wettergrauen Exemplaren Persian Jellow auch persica lutea manchmal, doch verschwindet auch er immer mehr trotz seines reichen Flors an gelben, allerdings wenig angenehm duftenden Blüten, und für den kleineren Rosengarten ist es kein Schaden. Wir haben ja viel bessere Rosen. Aber im Park könnte man Persian Jellow hochstämmig und als Busch sehr gut verwenden, dort ist die in ihrer Art viel hübschere auch zu den Kapuzinerrosen gehörende Jaune bicolor oder Bicolor, die Fuchsrose, noch besser am Platze und wirklich äußerst empfehlenswert. Die Fuchsrose hat nur einfache Blumen, aber diese sind auswendig gelb, inwendig blutrot. Ihre

Sträucher gewähren, wenn sie damit dicht überhangen sind, einen märchenhaften Anblick. Die Blätter der Kapuzinerrosen duften angenehm und so bieten die Rosen für den üblen Geruch der Blüten gewissermaßen einen Ersatz. Wie alle einmalblühende Rosen sind auch die Kapuzinerrosen gleich nach der Blüte zurückzuschneiden. Schneide jedoch nicht viel, lichte nur zu dichtstehendes aus und nimm die Blütentriebe mit etwas Holz fort. Wer im Frühjahr schneidet, schneidet die Blüten weg.

Ebenfalls auffallend durch die Farbe ihrer Blüten, welche hier scharf abgegrenzt ist und deshalb streifig erscheint, ist die Gruppe der buntfarbigen Rosen:

Rosa Gallica L. syn. versicolor,
Provinzrosen, Essigrosen, Apothekerrosen, Zuckerrosen.

Früher waren sie sehr beliebt durch ihren Duft und ihre Farbe, heute scheinen sie wieder Modepflanzen zu werden als Gruppen- und Einzelrose in Parks. Die schönsten sind: Belle des jardins (Guillot fils 1873) sprich: bäl dä jardän, violettpurpur mit weißen Streifen, mittelgroß, mäßig wachsend, Georges Vibert (Robert 53), rosa mit purpurnen Streifen, starkwachsend, Oeillet Flammand (Vibert 1845) sprich: ölje flamman, weiß mit rot gestreift, starkwachsend.

Es giebt auch einige Sorten der Rosa hybrida remontant, Remontantrosen, welche bunte Blüten haben und deshalb leicht hierhergerechnet werden, das sind Panachée d'Orleans, Madame Plantier, Tricolorede Flandre.

Neuerdings werden auch einige Repräsentanten der Rosa gallica als Nutzpflanzen angebaut. Es sind die von Dr. Dieck eingeführten Orientalischen Ölrosen Rosa gallica var. damascena tringitipetala (Dr. Dieck) und R. gallica conditorum (Dr. Dieck). Besonders ist es die erstere, die echte Ölrose von Schiras und Kazanlik, welche in der Umgegend von Leipzig schon auf größeren Flächen zur Rosengewinnung angepflanzt wird.

Von der früher sehr beliebten Gruppe der

Damaszenerrose, Vierjahreszeitenrose, Rosa damascena L.,

die zur Zeit der Kreuzzüge aus Syrien bei uns eingeführt wurde, ist nicht viel mehr in unsern Gärten zu finden. Aber die Damaszenerrose, welche sich durch kostbaren Wohlgeruch auszeichnet, ist die Stammmutter vieler unserer edlen Rosen dadurch geworden, daß man sie mit der Centifolie, mit der zu Anfang genannten Gruppe alba und schließlich mit R. indica kreuzte. Alle Damaszenerrosen haben kräftigen Wuchs und rauhe stachlige Triebe. Erwähnenswert ist von ihnen:

Madame Hardy (Hardy 1832) syn. Rose de Damas, von Hardy 1832 gezüchtet, mit fast weißen schalenförmigen Blüten als schönste. Sie gedeiht wurzelecht am besten und ist allen denen zu empfehlen die eine winterharte schöne Rose besitzen wollen, welche sie überall verwenden können als Einzelrose oder Säulenrose, zu ganzen Gruppen ɾc.

Auch die

Centifolienrose Rosa centifolia L.

teilt das Schicksal der Damaszenerrosen. Sie, die früher als Königin der Blumen gefeiert und besungen wurde ist jetzt, wenn wir von den Moosrosen absehen, nur wenig mehr in unseren Gärten zu finden.

Hier und da treffen wir wohl noch einen Strauch der gewöhnlichen Centifolie, dort gar eine niedrige Gartenhecke, teilweis untermischt mit anderen Sommerrosen, und im letzteren Falle sind wir erstaunt über die Schönheit der Hecke, wenn wir gerade zur Blütezeit hingekommen sind und überrascht durch den feinen Wohlgeruch, der ihr entströmt, denn die Centifolie zeichnet sich besonders durch ihren herrlichen Duft aus.

Seinetwegen schon ist sie es wert im Parke wieder mehr Verwendung zu finden, wo sie vielen heut beliebten Sträuchern durch ihre Schönheit als Vorpflanzung den Rang abläuft.

Wie sehr der Duft der Centifolien geschätzt wird, können wir am besten daraus ersehen, daß es unseren Edelrosen, die ja bekanntlich sehr häufig wenig Duft haben, hoch angerechnet wird sobald sie einen Centifolienduft besitzen.

Neben der gewöhnlichen Centifolie, R. centifolia communis oder ordinaire, sind zu der Pflanzung in Parks noch empfehlenswert: Anais Segalas, karmoisinrosa, Bullata, die Kopfkohlrose mit rosa Blüten und blasig gewölbten Blättern, deshalb besonders interessant, Unica (Grimwood 1778), syn. Unique blanche mit weißen Blumen und dann die beiden niedrig bleibenden als Einfassung verwendbaren Minor rosenrot und Parviflora, das Dijonröschen mit kleinen Blumen, welches nur 30 Centimeter hoch wird.

Die Centifolien gedeihen am besten wurzelecht und treiben, wenn sie einmal zurückfrieren sollten wieder aus dem Boden heraus.

Für starkwachsende Edelrosen ist die Centifolie eine nicht zu unterschätzende Unterlage.

Eine Abart der Centifolienrose ist die Moosrose Rosa centifolia muscosa und damit kommen wir zur Gruppe

b. **Moos- und Kletterrosen für Garten und Park.**

Die **Moosrosen** sind Lieblinge in unsern Gärten und Zimmern; keine außer ihnen besitzt die Eigenschaft ihre Knospen mit grünem Moos zu umgeben und sie so außerordentlich liebreizend zu machen.

Die erste Moosrose entstand wahrscheinlich als sogenannter Sport der weißen Centifolie Unica und wurde durch Vereblung weiter vermehrt. Französische, englische und belgische Gärtner haben später durch sorgfältige Kultur und durch Hybridisierung eine große Zahl von Spielarten erzeugt. Es sind neben den einmal blühenden Moosrosen auch zweimal blühende entstanden uud dadurch ist die Moosrose doppelt beliebt geworden, wenngleich nicht verschwiegen werden darf, daß ein dankbares Remontieren nicht stattfindet.

Die Moosrose eignet sich zum Hochstamm und zur Buschrose. Auf Hochstämmen von mittlerer Höhe kommt sie am besten zur Geltung. Sehr dankbar ist sie wurzelecht oder als Wurzelhalsvereblung. Sie liebt im allgemeinen starken Rückschnitt und blüht um so dankbarer, doch sollen die starkwachsenden Sorten mäßiger im Schnitt gehalten werden.

Obgleich die gewöhnliche Moosrose unsere Winter ziemlich sicher aushält, so ist den etwas empfindlicheren anderen Sorten, besonders den mehrmals blühenden, in kalten schneelosen Wintern ein kleiner Schutz aus Laub, Tannenreisig oder event. auch strohigem Dünger sehr angenehm und dienlich.

Einmalblühende Moosrosen.
(Rosa centifolia muscosa).

Comunis, die älteste Moosrose und von den einmalblühenden noch immer die beste, weil sie das schönste Moos hat. Wuchs kräftig, Blüten blaßrot, kugelförmig.

Cristata (Kotche 1827). Hahnenkammrose, starkwachsend, Blumen rosa, groß kugelförmig, gut gefüllt. Die hahnenkammartig mit zierlichen Einschnitten versehenen Kelchblätter geben ihr ein schönes Ansehen.

Eugen Verdier (Eugen Verdier 1872). Kräftig wachsend mit großen Blumen von dunkelroter Farbe. Eine sehr schöne Moosrose.

Gloire des Mousseuses, nächst comunis am besten bemoost.

Little Gem (William Paul & Son 1880). syn. Cromoisi Mousseu, herrliches, kleines, rotes Röschen. Die Blumen erscheinen in

Büscheln, sind nicht größer als ein Markstück. Das Moos um ihre Knospen ist nur kurz. Little Gem verlangt starken Rückschnitt, ist als Hochstamm reizend, läßt sich auch treiben.

Reine Blanche sprich: ränn blangsch (Moreau Robert 1857). Sehr starkwachsend, Blüten reinweiß mit grünem Zentrum, mittelgroß, flach.

Mehrmals blühende Moosrosen.
(Rosa centifolia muscosa bifera.)

Blanche Moreau (Moreau Robert 1880). Mit kräftigem Wuchse, großen, gut gefüllten und reinweißen Blumen. Die langen Knospen sind vom schönsten Moos umgeben. Sie stehen in Büscheln. Blanche Moreau ist die beste, mehrmalsblühende Moosrose, eignet sich auch zum Treiben.

James Veitsch (E. Verdier 1864). Wuchs mäßig. Blüten mittelgroß, gut bemoost in Büscheln. Remontiert leidlich.

Madame Edouard Ovry (Robert 1854). Kräftig wachsend mit graugrüner Belaubung. Blüten mittelgroß, karmoisinrosa, meist zu 5 auf einen Zweig.

Salet (Lacharme 1854). Kräftig wachsend und reichblühend.

Soupert & Notting (Pernet 1875). Neben Blanche Moreau die beste remontierende Moosrose mit prächtig rosaroten Blumen.

Erste Auswahl: Einmalblühende Moos-Rosen **Communis, Little Gem**,

in zweiter Wahl: Cristata, Eugen Verdier.

Von den mehrmalsblühenden erste Auswahl: **Blanche Moreau**.

Kletterrosen oder Rankrosen.

Unsere Kletterrosen bilden ein Gemisch aus verschiedenen Gruppen der Sommerrosen. Die Gruppe der R. arvensis L. bekannter als Ayrshirrose, die der rubifolia R. Br., brombeerblättrige Rose, der sempervirens L., immergrüne Rose, natürlich nicht bei uns sondern in Südeuropa, der multiflora Thunb, vielblumige Rose, unter welchen Namen oft auch die ganzen Kletterrosen zusammen gefaßt werden, stellen einige Repräsentanten und außerdem die Rosa alpina.

Die Kletterrosen sind mehr oder weniger alle schön. Ihre Verwendung aber wird beschränkt durch ihre größere oder geringere Widerstandsfähigkeit gegen unsere Winter, denn leider sind die wenigsten ganz winterfest. Das „Winterfestsein" unterliegt zwar der verschiedensten Beurteilung. Was im Seeklima unseres Vaterlandes mit seinen milden Wintern aushält, erfriert im Continentalklima, deshalb darf in Gegenden mit milden Wintern eine Verwendung der überaus schönen Kletterrosen im Garten und Park eine viel mannigfaltigere sein und braucht die Auswahl der Sorten dort auch nicht so ängstlich vorgenommen zu werden.

Im allgemeinen sieht man unsere Kletterrosen viel zu wenig gepflanzt. Wie herrlich machen sie sich mit ihrer übergroßen Blütenzahl an der Süd- oder Ost- auch Westwand unseres Hauses, wie zierlich sind sie an der Veranda, wie überaus reizend am Laubengange, wenn sie dort die Pfeiler umspinnen und mit Jelängerjelieber (Caprifolium) zusammengesetzt sind, wie herrlich machen sie sich als Einzelpflanzen im Rasen, sei es nun auf hohe Stämme veredelt und dann graziös niederhängend, oder sei es als Pyramide gezogen, wozu ihr starker Wuchs sie vortrefflich geeignet macht. Und wie passend schließlich sind sie auf den Gräbern unserer Lieben, wo sie trauernd alljährlich ihre Blütenfülle bringen!

Wahrlich, unsere Kletterrosen sind ein Schatz, der noch lange nicht hinreichend gewürdigt wurde, ein Schatz, an dem wir immer unsere Freude haben werden, wenn wir ihn zu behandeln wissen.

Und die Behandlung ist nicht schwierig. Die Kletterrosen sind bescheiden, sie nehmen dankbar jede Verbesserung des Bodens an, treiben und blühen darnach eifrig, aber sie wachsen noch gut in leidlich gutem Boden, ja selbst auf magerem Boden suchen sie sich zur Geltung zu bringen, weshalb sie als Trauerrosen bedeutend empfehlenswerter sind als die weit empfindlicheren und anspruchsvolleren Thee- und Noisetterosen.

Viel Wasser im Sommer bringt kräftige Triebe. Das Gießen soll aber, um die Reife des Holzes zu begünstigen, nur bis Ende Juli durchgeführt werden.

Schwieriger ist die Auswahl. Welche Kletterrosen sind winterhart? Klein ist die Zahl dieser Sorten und auch diese stehen noch nicht ganz sicher da, denn wo die Temperatur auf 18—20 R. gesunken ist, hat man mit ihnen in strengen Wintern auch schon schlechte Erfahrungen gemacht und darum ist es in sehr rauhem Klima wohl empfehlenswert sie durch Vorhängen von Tannenreisig etwas zu schützen.

Als härteste Rose darf unbedingt die zu der Rosa alpina gehörende Madame Sancy de Parabère (Bonnet 1876) syn. Inermis Morletti bezeichnet werden. Sie ist in der Jugend etwas schwachwüchsig und wird deshalb in den ersten beiden Jahren, damit sie sich kräftig entwickeln kann, stark zurückgeschnitten. Die Zweige sind fast dornenlos. Ihre Blumen haben Mittelgröße, sind halbgefüllt, rosa, leicht ins bläuliche übergehend, mit feinem Duft. Blütezeit sehr früh; einige Tage früher als die der andern Rosen. Madame Sancy de Parabère ist hochstämmig und niedrig veredelt verwendbar, hochstämmig ist sie wie alle anderen nicht so winterfest.

Fig. 120. Rankrose Crimson Rambler als Topfpflanze.

Nahezu ebenso hart sind die zur Gruppe arvensis gehörenden Ruga, syn. Venusta pendula, und Rouge. Ruga mittelkräftig wachsend mit weißen halbgefüllten Blüten. Sehr schön als Trauerrose. Rouge sprich: ruhj, starkwachsend, Blüten fleischfarben, angenehm duftend. Noch für schattige Stellen passend.

Ferner sind **ziemlich hart** einige zu den Prairierosen gehörende Sorten:

Beauty of the Prairies (Feast 1843) sprich: biuthi ow se prärihs, syn. Queen of the Prairies. Sehr starkwachsend, stärker als die anderen Kletterrosen. Blüten groß, lebhaft rosenrot.

Belle de Baltimoore (Feast 1843) sprich: bäl dö batimohr. Mittelkräftig wachsend. Blüten milchweiß, oft fleischfarbig. Bei trocknem Wetter giebt sie einen vorzüglichen Flor, bei nassem verklatscht die Blüte. Ist stark bedornt.

Eva Corinna mit schlanken Zweigen und hellrosa Blüten.

Als **hart** gelten auch die Geschwind'schen Züchtungen:

Erinnerung an Brod (Geschwind 1886). Sehr starkwachsend mit fast blauen Blumen, Zentrum dunkelrot, gut gefüllt. Kreuzung von rubifolia mit Génie de Chateaubriand. Die dunkle Farbe macht sie für Trauerrosen recht geeignet.

Ännchen von Tharau. Blumen weiß, im Innern fleischrot.

Vielleicht wird **ganz hart** sein:

Crimson Rambler sprich: crimson rämbler und das wäre ein großer Fortschritt, denn die 1894 aus Japan eingeführte Rankrose ist entschieden die schönste Rankrose, welche wir besitzen. Sie ist von allen Kletterrosen verschieden durch ihre Blüten. Wohl stehen auch hier, wie bei den anderen die Blüten zu vielen an der Spitze der Zweige, aber hier stehen sie ganz dicht bei einander, sind verhältnismäßig klein und so scheint der ganze Blütenstand eine einzige riesige dichtgefüllte Rose zu sein. Die Farbe ist lebhaft rot, ein Rot, unbekannt bislang bei unsern sämtlichen Rosen. Die Blütezeit währt sehr lange, 14 Tage bis 3 Wochen. Crimson Rambler wurde zuerst nach England gebracht, sie hält die dortigen Winter aus, strenge Winter konnte sie bei uns noch nicht durchmachen. Die Erfahrungen über ihre Winterhärte sind vorläufig also gering. Wenn schließlich die Winterhärte aber nicht vorhanden sein sollte, so bleibt Crimson R. doch eine außerordentliche Rose, die an geschützten Plätzen jedem Rosenliebhaber zu empfehlen ist. Ein Verlust ist auch gar nicht so arg. Cr. R. läßt sich ungemein leicht aus Stecklingen vermehren. Jeder Spitzentrieb im Juni, Juli wächst, sobald er etwas schattig gesteckt wird. Auch als Topfpflanze ist Cr. R. vorzüglich. Sie bedarf nur etwas großer Töpfe. Als Zimmerpflanze leidet sie leicht von Thrips und Spinne, muß deshalb nach der Blüte wieder ins Freie.

Empfindliche Kletterrosen sind: Félicité et Perpetué (Jacquier 1828), die vor dem Erscheinen von Crimson Rambler die schönste

Rankrose war, wenn sie auch wenig bankbar ist. Knospen tiefrot, aufgeblüht zartrosa.

Max Singer, deren Blüten an die Blüten von Jacqueminot stark erinnern.

De la Grifferaie (Vibert 1845), die als Unterlage für Topfrosen fast wertvoller ist denn als Kletterrose.

Alle zur Gruppe multiflora gehörigen Sorten, wie Tricolor (Robert Moreau 1863) mit dreifarbigen Blumen, Russelliana und viele Sorten aus den anderen Gruppen.

Die **empfindlichsten Kletterrosen** sind die **Banksrosen, Rosa banksiae Brown,** welche aus China 1807 eingeführt wurden. Diese Rosen mit kleinen, nickenden und weißen oder nankinggelben Blüten mit kostbarem Dufte, könnten für uns von größtem Werte sein, wenn sie sich etwas mehr Winterfestigkeit angewöhnen wollten. So wie sie jetzt sind, können sie nur in Gewächshäusern gezogen werden und eignen sie sich besonders ausgepflanzt für Wintergärten.

Fig. 121. Rankrose Crimson Rambler als Band.

Selbst im Warmhause kann man sie, wenn es sein soll, auspflanzen, denn sie vertragen von allen Rosen die größte Wärme.

11*

In südlichen Gegenden wächst die Banksrose sehr üppig und blüht dort ungemein reich. Im Frühjahr sehen wir in den Läden oft importirte Blütenzweige. Alba plena mit weißen Blumen ist die härteste, lutea mit gelblichen Blumen und Veilchenduft, sowie dunkelgrüner Belaubung, die schönere.

Die zweite Klasse unserer Rosen
Die Edel- oder Herbstrosen

ist die, welche wir im allgemeinen im Auge haben, wenn wir von Rosen überhaupt sprechen. Sie liefert uns die schönsten Rosen für unsere Gärten und unterscheidet sich von den Sommerrosen dadurch, daß alle dazugehörigen Rosen mehreremal blühen, viele sogar ununterbrochen den ganzen Sommer bis in den späten Herbst hinein.

Leider sind die Edelrosen viel empfindlicher als die Sommerrosen. Nur einige von ihnen, und nicht immer die schönsten, können Anspruch darauf machen, bedingt winterhart zu sein, die anderen wollen im Winter mehr oder weniger geschützt werden, weil sie, wie wir beim Winterschutz gesehen haben, gegen Kälte und Nässe gleich empfindlich sind.

Die Edelrosen zerfallen auch in verschiedene Gruppen, in Theerosen, Noisetterosen, Bourbonrosen, öfterblühende Hybridrosen (Remontantrosen), Polyantharosen, Monatsrosen und die Kreuzungen unter diesen, die Theehybriden, Noisettehybriden zc. Die wichtigsten davon sind bislang die öfterblühenden Hybridrosen oder Remontantrosen und Theerosen, ihnen schließen sich dann die Noisetterosen an.

Mit immer größerer Deutlichkeit allerdings hebt sich aus der Zahl der Gruppen jetzt eine kräftiger hervor, das ist die Gruppe der Theehybriden — Rosen, die entstanden sind durch Befruchtung von Thee- mit Remontantrosen. Sie, die erst seit wenigen Jahren durch den englischen Rosenzüchter Bennet gewissermaßen ins Leben gerufen wurde, zählt jetzt schon eine stattliche Zahl von Sorten. Die meisten der entstehenden Neuheiten sind Theehybriden; mit vollem Rechte darf man daher annehmen, daß diese Gruppe mit der Zeit herrschend werden wird, und Thee- sowohl als Remontantrosen von ihr zurückgedrängt werden. Beide haben schon jetzt viel durch sie eingebüßt. In der Natur der Sache liegt es aber, daß noch manche Jahre vergehen, ehe die Theehybriden alle guten Eigenschaften der Remontant- und Theerosen, besonders die Farbenmannigfaltigkeit der ersteren in den dunkelen Tönen des Rot auf sich vereinigen,

Fig. 122. Öfterblühende Hybridrose Merveille de Lyon.

wenngleich sie auch schon jetzt überraschende Erfolge darin aufzuweisen haben. —

Etwas von der Entstehung der Remontantrosen- und anderer Rosengruppen.

Vor etwas mehr als hundert Jahren gab es noch wenig Rosensorten. Man kannte damals die Centifolie, die weiße Rose (Rosa alba), die Pimpinellrose, die Provanzrose und die Damaszenerrose — alles Rosen, welche mit Ausnahme einiger Damaszener nur einmal blühten. 1789 wurden aus China die indischen Rosen eingeführt, das sind die Monatsrosen, Bengalrosen, welche wir noch heute besitzen. Sie zeichnen sich dadurch aus, daß sie vom Sommer bis Herbst ununterbrochen blühen.

In China waren sie schon lange in Kultur und es ist bislang noch nicht möglich gewesen, die wilde Rose aufzufinden.

Mit diesen Monatsrosen kam neues Leben in die Rosenzüchtung. Es entstanden Kreuzungsprodukte zwischen ihnen, den Centifolien und Damaszenerrosen. Doch damit noch nicht genug, begann jetzt auch eine Zeit reich an Einführung neuer Rosen.

Vorerst war es China wieder, welches lieferte. Von ihm erhielten wir 1810 die Lawrencerose und die Theerose, 1824 wurde ebendorther die erste gelbe Theerose von einem Schiffskapitän mitgebracht. Alles Rosen, welche in China schon lange kultiviert wurden, deren Abstammung sich daher nicht mehr feststellen ließ.

Aus Amerika erhielten wir die Noisetterose. Sie ist nicht in Amerika heimisch, sondern wurde dort erst durch Kreuzung der Monatsrosen mit einer alten schon 1596 in England bekannten Moschusrose, einer Art Kletterrose, von dem Amerikaner Noisette erzogen und nach ihm Noisetterose genannt. Die ersten Noisetterosen kamen nach Paris, doch ist von den alten Sorten wenig mehr zu finden.

Auf der Insel Bourbon wurde 1817 in einer Hecke die erste Bourbonrose entdeckt. Auch sie ist unstreitig durch Kreuzung entstanden, doch läßt sich nicht ermitteln, welches die Stammeltern sind. Sie hat die Eigenschaften der Monatsrose, ist aber viel gedrungener, kompakter.

Wir haben jetzt Bourbonrosen, Noisetterosen, Theerosen, Monatsrosen, neben den alten, schon früher bekannten Rosen, den Damaszener, Centifolien ec. Wo bleiben die Remontantrosen? Spielte bislang bei der Entstehung der verschiedenen Rosenarten die Kreuzung schon eine

Hauptrolle, so thut sie es noch weit mehr bei den Remontantrosen, denn sie sind erst allmählich durch Kreuzung, Hybridisierung entstanden, und daher nennt man sie richtiger öfterblühende Hybridrosen.

Zuerst kreuzte man Provinzrosen mit Monatsrosen, Noisette- und Bourbonrosen und erhielt Hybriden mit prächtigen Blumen, alle aber behaftet mit einem Fehler: sie blühten nur einmal.

Jetzt wurden die mehrmals blühenden Damaszenerrosen mit den Theerosen gekreuzt und der Erfolg zeigte sich in den jetzt kaum noch bekannten mehrmals blühenden Portlandrosen.

Durch fortwährende Kreuzung dieser Rosen mit den Theerosen entstanden dann endlich die öfterblühenden Hybriden.

Wie unterscheiden sich öfterblühende Hybrid-, (Remontant)-, Bourbon-, Thee- und Noisetterosen.

Wir wissen, daß viele dieser Gruppen aus Kreuzungen entstanden sind. Es ist deshalb kein Wunder, wenn sie sich nicht überall streng von einander scheiden lassen. Da außerdem die Kreuzung und Verbastardierung in allen Richtungen sehr energisch durchgeführt wird, so verschwinden die Merkmale und Eigentümlichkeiten der einzelnen Gruppen immer mehr, dauernd wird es schwerer sie auseinander zu halten.

Thee- und Noisetterosen haben vieles gemeinsam, Remontant- und Bourbonrosen stehen sich wieder näher. Erstere haben **glattes glänzendes Laub, die jungen Schosse sind rotbraun und die Stacheln stark gekrümmt.** Letztere beiden dagegen haben **rauhes, stumpfes Laub, die jungen Schosse sind grün und die Stacheln sind schwach gekrümmt.**

Die Theerosen, so genannt nach dem theeartigen Dufte ihrer Blüten, unterscheiden sich von den Noisetterosen dadurch, daß sie **schwache Triebe** bringen, Blätter mit 5 Blättchen, und ihre Blüten meist einzeln stehen, während die Noisetterosen **lange Ruten** treiben, ihre Blüten meist in Büscheln hervorschicken und sehr häufig Blätter mit 7 Blättchen haben. Diese Unterscheidung wird aber in der Praxis nicht streng durchgeführt. Maréchal Niel, Gloire de Dijon und viele andere, welche darnach zu den Noisetterosen zu rechnen wären, zählt man allgemein unter die Theerosen.

Eine Folge der vielen Kreuzungen ist es, daß wir viele Theerosen mit Noisettecharakter haben; daß also die Merkmale nicht überall stimmen.

Den Charakter reiner Theerosen giebt Niphetos, Madame Falcot, Madame Bravy, den Charakter reiner Noisetterosen Aimée Vibert, Lamarque, Celine Forestier und wenn wir uns denselben vergegenwärtigen, wird uns die Unterscheidung zwischen Thee- und Noisetterose leichter.

Theehybriden sind in ihrem Charakter den Theerosen ähnlich, doch muß man sich Theerosen mit kräftigem robustem Wuchse vorstellen. La France, Madame Caroline Testout sind Repräsentanten.

Noisettehybriden haben wieder mehr den Charakter der Noisetterosen.

Die Bourbonrosen unterscheiden sich von den Remontantrosen dadurch, daß ihre Blätter namentlich in der Jugend braune Zähnchen haben und später ein schwach glänzendes Grün. Im Vergleich zu den Remontantrosen sind sie sehr wenig bedornt, aber die Dornen sind stark.

Den Charakter der Bourbonrosen zeigt Souvenir de la Malmaison, den der Remontantrosen Prince Camille de Rohan, Captain Christy.

Typische Rosenfamilien.

Da die Edelrosen zumeist durch Kreuzungen unter sich entstanden sind, so bilden sie eigentlich eine Familie, in der sich besonders charakteristische Formen zu Gruppen ausgebildet haben. Aber auch innerhalb dieser Gruppen haben wir wieder einzelne Rosen, die einen großen Teil ihrer Eigenschaften bei der Kreuzung ziemlich regelmäßig vererbten und die von den Züchtern, weil sie gleichzeitig gute Samenträger waren, mit Vorliebe zu Kreuzungen verwendet wurden. So ist es erklärlich, daß wir viele Rosen besitzen, welche unter sich große Ähnlichkeit im Wuchse, der Haltung der Blüten, im äußeren Ansehen haben, welche einen gewissen Typus immer wieder hervortreten lassen.

Bei den Remontantrosen findet man solchen Typus viel häufiger als bei den andern Gruppen, aber auch bei den Theerosen haben wir ihn, und ganz besonders ausgeprägt zeigen ihn alle Nachkommen der Gloire de Dijon. Wir brauchen kaum hinzusehen um schon zu bemerken, daß Madame Bérard oder Madame Paul Marmy, Madame Levet oder Emilie Dupuy, Kaiserin Friedrich Nachkommen der Gloire de Dijon sein müssen, denn sie haben denselben kräftigen Wuchs, zeigen dasselbe dicke glänzende Blatt, auch die Blütenform ist dieselbe und in den inneren Eigenschaften der Treibfähigkeit, der Härte gegen Winterkälte ähneln sie alle der Stammmutter Gloire de Dijon.

Wenn wir dies wissen bevor wir die Rose gesehen haben, so können wir uns ein bestimmtes Bild davon machen und können eher beurteilen, ob sie unseren Wünschen entsprechen wird, deshalb ist die Kenntnis der wichtigeren Rosentypen von ziemlich praktischer Bedeutung.

Fig. 123. Öfterblühende Hybridrose Mistress John Laing.

Die stärkste Nachkommenschaft unter den Remontantrosen hat die 1853 gezüchtete Rose Général Jacqueminot.

Général Jacqueminot zeichnet sich aus durch seine Härte, seine reiche Blühbarkeit auch im Herbst, seine lebhaft rote Farbe und seinen

Duft. Diese Eigenschaften haben ihn noch bis jetzt beliebt erhalten trotz seiner halbgefüllten Blüten. Die Triebe des Général Jacqueminot sind kräftig ohne dick zu sein und mit vielen Dornen besetzt.

Die Nachkommen bleiben gegen ihn zurück in der Winterhärte, oft im Blütenreichtum, besonders im Herbst, sie übertreffen ihn aber in der Schönheit und Füllung der Blüte und stehen ihm gleich in der Lebhaftigkeit der Farben. Die hervorragendsten unter ihnen sind: Alfred Colomb, Anna Alexieff, Beauty of Waltham, Charles Lefèbre, Duke of Edinburgh, Marie Baumann, Monsieur Boncenne, Marie Rady, Maréchall Vaillant, Horace Vernet, Prince Camille de Rohan, Sénateur Vaïse, Souvenir du Dr. Jamain, van Houtte, Xavier Olibo.

Viele von ihnen haben wieder eine reiche Nachkommenschaft, welche ihre Eigenschaften zum Teil geerbt haben und so sind auch sie zu hervorragenden typischen Formen geworden als Untertypen von Général Jacqueminot.

Wir besitzen:

Untertypus Alfred Colomb, welcher im Wuchse am meisten an Général Jacqueminot erinnert. Die Dornen sind gelb, Blüten runder und widerstandsfähiger gegen die Sonnenstrahlen. Nachkommen: E. J. Teas, Pierre Notting, A. K. Williams, Fischer Holms.

Untertypus Charles Lefèbre mit mehr kräftigen Trieben, hellrot bedornt. Dr. Andry, Horace Vernet, Paul Jamain gehören dazu.

Untertypus Duke of Edinburgh. Triebe lang mit kleinen grünen Dornen besetzt, sehr reich blühend und in guten Verhältnissen vorzüglich schön. Crown Prince, Duke of Connaught, Duke of Teck, Reynolds Hole, Sultan of Zanzibar.

Untertypus Sénateur Vaïse. Wuchs mäßig stark, fast glattholzig. Blumen vollkommener in der Form als bei den anderen. Madame Victor Verdier, Monsieur Laxton.

Typus Jules Margottin. Reiche Blühbarkeit im Herbste, Widerstandsfähigkeit im Winter, Willigkeit beim Treiben zeichnen Jules Margottin vorteilhaft aus, sehr schwacher Duft seiner sonst schönen großen Blüten ist ein großer Nachteil. Der Wuchs ist stark, die Zweige sind mit spitzen roten Dornen versehen. Die hervorragendsten Nachkommen sind: Abel Grand, John Hopper, Magna Charta, Madame Gabriel Luizet, Charles Margottin, Duchesse de Vallombrosa.

Typus Victor Verdier. Herrliche Blüten, reiche Blühbarkeit und Willigkeit beim Treiben sind Vorzüge, Geruchlosigkeit und ein wenig Empfindlichkeit im Winter sind Nachteile, die allen Abkömmlingen

Osterblühende Hybridrose Fig. 124. Alfred Colomb.

anhaften. Das kräftige, meist rotgrüne Holz ist mit starken, weitabstehenden Dornen versehen. Die Kronen bauen sich mehr hoch als breit. Es gehören hierher Captain Christy, Charles Verdier, Boillau,

Hippolyte Jamain, Jules Finger, Mademoiselle Marie Finger, Pride of Waltham, Rosy Morn.

Typus La Reine. Früher sehr beliebt, auch heute noch wertvoll. Eigenschaften: Wohlriechende, große, gut gefüllte Blüten, kräftiger Wuchs, ziemliche Winterfestigkeit. Nachkommen: Anna de Diesbach, Antoine Mouton, Paul Neyron, Elisabeth Vigneron, Comtesse de Sérényi.

Typus Géant des batailles. Vorzüge: Feuriges Colorit, gute Blühbarkeit im Frühjahr, gute Form der Blumen. Nachteile: die Blumen sind klein, beim Verblühen häßlich, im Herbst sehr undankbar, leidet außerdem leicht vom Mehltau. Nachkommen: Arthur de Sansal, Empéreur du Maroc, Eugène Appert.

Typus Baronne de Rothschild. Gedrungener aufrechter Wuchs, große Reichblütigkeit, schöne Form der Blumen, welche diesen Typus, besonders zu niedrigen Gruppen geeignet machen, sowie gute Treibbarkeit sind Vorteile, schwacher Duft Nachteile. Es gehören hierher: Merveille de Lyon, Gloire Lyonnaise, Mabel Morrison.

Das wären die wichtigsten typischen Familien. Man könnte noch eine Reihe zusammen stellen, aber sie sind weniger von Belang, weil der Typus derselben nicht so charakteristisch ausgeprägt ist.

Eigenschaften der öfterblühenden Hybridrosen oder Remontantrosen.
Rosa hybrida bifera.

Wenngleich der Stern der Remontantrosen im Sinken zu sein scheint, weil die Theehybriden mehr und mehr ihnen Abbruch thun, so sind sie doch unbestritten jetzt noch diejenigen Rosen, welche wir am häufigsten in unsern Gärten finden. Es sind die Rosen, welche durch das Colorit ihrer dunkelroten Farben noch unerreicht dastehen. Aber nicht allein das macht ihre Beliebtheit. Die Remontantrosen sind mit den übrigen Edelrosen verglichen, auch die härtesten, winterfestesten. Wir haben bei ihnen nicht solche Vorsicht im Herbst notwendig, manche halten den Winter fast ohne Decke aus. Der Wuchs ist kräftig aufwärtsstrebend, daher mehr einen steifen Eindruck machend. Die Blätter sind stumpf, die Stacheln reichlich vorhanden. Ihre Blumen erscheinen einzeln und häufig zu 2 und 3 auf einem Stiel.

An Blütenwilligkeit stehen sie den anderen Gruppen nach. Die Blütezeit ist scharf abgegrenzt, einmal im Sommer, einmal im Herbst. Es fehlt ihnen die angenehme Eigenschaft der Theehybriden, Theerosen ꝛc.

faſt ununterbrochen Blumen zu bringen. Viele blühen im Sommer reich, ſind aber faul im Herbſt und verdienen kaum Remontantroſen genannt zu werden. Züchter müßten williges Remontieren bei Neuzüchtungen als ein Hauptziel hinſtellen.

Fig. 125. Theeroſe Doctesr Grill.

Bei mangelnder Pflege leiden alle Remontantroſen mehr als andere Roſen durch Roſt. Man kann ſich dagegen nicht genug vorſehen durch rechtzeitiges Abpflücken der befallenen Blätter, mehrmaliges Spritzen mit borbelaifer Brühe, bei der statt Kalk Soda verwendet wird, vergl. S. 132, und Anstreichen der Stämme mit Brühe vor dem Austreiben.

Die Remontantrosen haben die größte Zahl von Sorten. Wir suchen nur das Beste heraus, ordnen sie nach Farben und machen, um die Auswahl zu erleichtern, am Schlusse der Farbe eine Zusammenstellung.

Weiß oder fast weiß.

Elisa Boëlle sprich: elisa bo-äl (Guillot père 1869). Wächst kräftig, reichblühend, Blumen mittelgroß, erst leicht rosa, später reinweiß, schalenförmig, schwachduftend. Stammt von Mme. Récamier.

Impératrice Eugénie sprich: änpehratriss öhjeni (Oger 1859). Mäßig starker Wachser, kleinblumig, von schöner Kugelform, leicht rosa, dann reinweiß, schwachduftend. Auch von Mme. Récamier. Der Exkaiserin Eugenie gewidmet.

Merveille de Lyon sprich: mervaj dö lion, Wunder von Lyon, (Pernet 1882). Sport von Baronne de Rothschild. Gedrungen und aufrecht wachsend, sehr dankbar blühend. Blumen schalenförmig, dicht gefüllt, reinweiß, im Zentrum rosa getuscht, beim Verblühen rosa. Öffnet sich leicht auch bei ungünstigem Wetter. Duftlos. Ist die beste weiße Remontantrose, zum Treiben gesucht, als Gruppenpflanze ebenso sehr. Ähnlich ist Mabel Morrisson sprich: mähbel morisn (Broughton 1878), auch ein Sport von B. d. R. in Farbe, Haltung und Wuchs, aber sie ist nicht so gefüllt, trägt die Blumen auch nicht so zur Schau. Auch White Baroness hat viel Ähnlichkeit. Fig. 122 Seite 165 zeigt Merveille de Lyon.

Marchioness of Londonderry sprich marschones of löndönderry, Markgräfin von L., (Dikson & Son 1894). Kräftig, ziemlich widerstandsfähig gegen Mehltau, reichblütig, Blüten groß, elfenbeinweiß, stark duftend.

Erste Auswahl: **Merveille de Lyon**,
in zweiter Wahl dazu noch: Elisa Boëlle,
als dritte alle vier und für den, der noch mehr will Madame Bellender Ker, sprich: madam belland kähr (Guillot père 1867). White Baroness sprich: weit bäroness (G. Paul 1883).

Weiß mit mehr rosa.

Captain Christy sprich: käptn kristi (Lacharme 1873). Londoner Hauptmann gewidmet. (Victor Verdier ✕ Safrano.) Gedrungen aufrecht, manchmal schwach, besonders als Hochstamm. Großes dunkles Laub, zuweilen empfindlich gegen Mehltau. Blüten sehr groß, aufrecht auf kurzen Trieben, stark gefüllt, schalenförmig, zartfleischfarbig, Mitte dunkler, öffnen sich leicht. Bei anhaltendem Regen etwas empfindlich, leider ohne Duft. Die sehr ähnliche Julius Finger (Lacharme 1879) ist etwas starkwüchsiger und dunkler aber auch duftlos. Vortreffliche Buschrose.

Catherine Soupert sprich: kattörihn suphär (Lacharme 1879). starkwüchsig, nicht zu kurz schneiden. Blüten groß, kugelförmig, gut gefüllt mit schwachem Dufte, ziemlich hart. Stammt von Jules Margottin.

Pride of Waltham sprich: preid ow wälsham, Stolz von W., ein Sport von Countess of Oxford sprich: kauntes ow oxford (W. Paul 1882). Kräftiger Wachser, zartfleischfarbig, reichblühend.

Erste Wahl: **Captain Christy** oder **Jules Finger**,
  in zweiter Wahl dazu: **Catherine Soupert**,
    als dritte alle und wer noch mehr wünscht Violette Bouger sprich: wiolet buje (Lacharme 1881), Helen Paul (Lacharme 1881).

Weißlich gelb.

Gloire Lyonnaise sprich: gloar lyonnäs, Ruhm von L. (Guillot 1885). Gedrungen, aufrecht, sehr reichblühend, oft ganz weiß, sehr groß, mit Theerosenduft. Sehr empfehlenswerte Rose, auch als Gruppenrose. Von Baronne A. de Rothschild und Falcot in dritter Abstammung, die erste gelbliche Remontantrose.

Hellrosa.

Baronne A. de Rothschild, (Pernet 1868). Vorzügliche Rose mit gedrungenem aufrechten Wuchs. Blüten leicht gefüllt, groß, über dem Laube stehend, becherförmig, sehr reich blühend, Duft schwach. Für alle Zwecke geeignet, besonders als niedrige Rose und als Treibrose. Abkömmling von Souvenir de la Reine d'Angleterre. Von ihr besitzen wir mehrere Sports.

Duchesse d'Edinbourg sprich: düschäss dedinbur, Herzogin von E. (Schwartz 1876). Starkwüchsig, zartrosa, Zentrum dunkler, Blüten groß. Sippe Jules Margottin.

Her Majesty sprich: hör mädhjesti (Mabel Morisson × Canari) Ihre Majestät. (Bennet 1885). Sehr kräftig wachsend, wenig dankbar blühend. Blüten sehr groß, stark gefüllt, noch größer als Paul Neyron und von hübscher Form, aber duftlos. Farbe seidenartig rosa. Gegen anhaltenden Regen etwas empfindlich, verlangt besonders guten Boden. Laub gegen Mehltau nicht sehr widerstandsfähig.

Madame Gabriel Luizet sprich: madam gabriel lüisäh, Frau Gabr. L., (Liabaud 1878). Sehr starkwüchsig, außerordentlich schön, blüht im Herbst aber wenig. Blumen sehr groß, gut gefüllt, schwachduftend, halbkugelförmig. Zur Sippe Jules Margottin gehörig.

Madame Montet sprich: madam mongte (Liabaud 1880). Starkwüchsig. Blumen sehr groß, leicht gefüllt, von prachtvoller rosa Farbe. Giebt im Herbst viel Blumen. Stammt von La Reine.

Queens of Queens sprich: kuihn ow kuihns, Königin der Königinnen (W. Paul 1883). Gedrungen wachsend, mit gut gefüllten Blüten von zarter rosa Farbe.

Regierungsrat Stockert (Soup & Notting 1888). (Dupuy Jamain × Mme. Sévigne.) Starkwüchsig, aufrecht, dankbar blühend, Blumen groß. Verdient viel mehr angepflanzt zu werden.

Erste Wahl: **Baronne A. de Rothschild, Duchesse d'Edinburgh, Her Majesty,**

in zweiter Linie dazu noch: **Madame Montet, Regierungsrat Stockert,** Madame Gabriel Luizet,

in dritter alle und in vierter hinzu noch: Abel Grand (Damaizin 1865), Duchesse de Vallombrosa (Schwartz 1876), Marie Closon (E. Verdier 1883), alle drei kräftig wachsend.

Dunkelrosa.

Alphonse Soupert sprich: alvongs supähr (Lacharme 1883). Kräftig wachsend, stark bedornt, Laub dunkelgrün, blüht früh. Knospen länglich, zumeist in Büscheln. Blumen groß, leuchtend rosa, wohlriechend, ziemlich hart, verlangt langen Schnitt, gut remontierend. Sippe Jules Margottin.

Americain Beauty sprich: ämerikän biuti, amerikanische Schönheit (G. Bancroft 1885), syn. Mme. Ferdinand Jamain (Ledexaux 1875). Starkwüchsig, wenig von Mehltau leidend, Knospen länglich dick, einzeln auf kräftigen Stielen. Blumen dunkelkarminrosa, sehr gut gefüllt, sehr groß, becherförmig. Centifolienduft.

Anna de Diesbach (Lacharme 1859) syn. Gloire de Paris. Starkwüchsig bis mäßig wachsend, ziemlich hart, Blumen groß, schalenförmig, vom schönsten karminrosa, silberig schattirt, wohlriechend.

Hippolyte Jamain (Faudon 1870). Kräftig, aufrecht, wenig bebornt, reichblühend. Blumen aufrecht auf kräftigen Stielen, sehr groß, leuchtend karmin, gut gefüllt, fast duftlos, ziemlich hart. Sippe Victor Verdier.

Fig. 126. Theerose Marie van Houtte.

John Hopper sprich: djoon hop'r (Ward 1862). (J. Margottin × Mme. Vidot). Ein alter Veteran, aber noch vorzüglich. Kräftig, aufrecht, wenig bebornt, sehr reichblühend. Blumen lebhaft rosa, im Zentrum dunkler, gut gefüllt, halbkugelförmig, wohlriechend, ziemlich hart. Sippe Jules Margottin.

Jules Margottin sprich: jüls marrgottäng (Margottin père 1853). Alte gute Rose von starkem Wuchs, reichlich blühend, auch im Herbst, ziemlich hart. Blüten groß, gefüllt, wenig duftend, dunkelrosa. Mutter vieler Sorten.

La Reine sprich: la rähn (Laffoy 1843), die Königin, syn. rose de la Reine, Reine des Francais, Reine du Midi. Starkwüchsig, aufrecht. Blumen hellrosa in lila übergehend, schalenförmig, gut gefüllt, mit Centifolienduft, ziemlich hart. Gute Gruppenrose.

Mistress John Laing sprich: mistris djoon läng, Frau J. L., (Bennet 1888). Sehr kräftig, Laub hellgrün, groß, widerstandsfähig gegen Mehltau, blüht sehr dankbar. Blumen seidenartiges rosa, sehr groß, schalenförmig, gut gefüllt, prächtig duftend. Zur frühen Treiberei. Ähnelt Magna Charta (William Paul 1876). Zeigt nicht wie diese schnelles Übergehen in eine blaurote Färbung. In letzter Zeit vielbegehrt besonders für Binderei. Siehe Bild Fig. 123 Seite 169.

Paul Neyron sprich: paul nehrong, einem Studenten der Medizin gewidmet, der infolge des Krieges gestorben (Levet 1870). Sehr stark wachsend, faul im blühen. Blumen außerordentlich groß, einzeln auf starken Stielen, etwas plump. Laubwerk frisch, leidet wenig vom Mehltau, ziemlich hart. Für Liebhaber großer Blumen.

Victor Verdier (Lacharme 1859). Mäßig wachsend, wenig bedornt, sehr dankbar blühend. Blumen groß, leuchtend karmin, gefüllt, kugelförmig.

Souvenir de la Reine d'Angleterre sprich: suvenir de la rähn dangletär, Erinnerung an den Besuch der Königin von England zur Weltausstellung in Paris (Cochet 1856). Sehr starkwüchsig, reichblühend, Blumen sehr groß, leuchtend rosa, schalenförmig, wenig duftend, verbläut nicht.

Erste Wahl: **Mistress John Laing, John Hopper, Victor Verdier**,

in zweiter Wahl: **Americain Beauty, Hippolyte Jamain, Anna de Diesbach**,

in dritter alle und in vierter hinzu: Antoine Mouton (Levet père 1874), Comte Florimond de Bergeyk, Marie Rady, Elisabeth Vigneron (Vigneron 1866), Duke de Wellington.

Feuerrot.

Alfred Colomb (Lacharme 1865). Treibt stark, blüht reich, gehört zu den bestremontierenden roten Rosen. Nicht stark schneiden, die

Triebe im Bogen zur Erde biegen um reiche Blütenentwickelung zu erzwingen. Blumen groß, gut gefüllt, leuchtend feuerrot, kugelförmig mit hohem Zentrum, manchmal etwas überhängend, köstlicher Duft. Für alle Zwecke, auch zum späten Treiben. Sippe Général Jacqueminot. Bild siehe Fig. 124 Seite 171.

Alfred K. Williams (Schwartz 1877). Ist etwas störrisch, wächst manchmal gut, manchmal schlecht, geht auch öfter ohne besondere Ursache ein. Wuchs mäßig, aufrecht, im Herbst reichblühend. Blüten prächtig, leuchtend rot, gut gefüllt, sehr wohlriechend. Prachtrose bei aufmerksamer Pflege.

Fig. 127. Theerose Madame Agathe Nabonnand.

Charles Lamb sprich: tscharls lämb (W. Paul & S. 1885). Kräftig, aufrecht, außerordentlich dankbar blühend, prächtige Farbe, gute Haltung. In jeder Beziehung empfehlenswert.

Docteur Andry (Eugen Verdier 1864). Starkwüchsig, glattholzig, reichblühend. Blüten leuchtend rot, groß, gut gefüllt, becherförmig, duftlos.

Gloire de Margottin sprich: gloar dö marrgottäng (Margottin 1888). Kräftig wachsend, reichblühend, sehr bedornt, Blüten in Büscheln von 3—7. Blumen manchmal hängend, blendend rot, sehr wohlriechend. Knospen schön lang.

12*

Madame Victor Verdier (Eug. Verdier 1863). Kräftig wachsend, wenig bedornt, sehr reichblühend, auch im Herbst. Blumen hellkarmin, groß, gut gefüllt, sehr wohlriechend. Sippe Sénateur Vaïsse, ähnelt Edouard André.

Ulrich Brunner fils spricht: ulrich brünnähr fihls (A. Levet 1882). Kräftig, aufrecht, fast stachellos, willig blühend, jeder kräftige Trieb endigt mit einer Knospe, langgestreckt. Blüten leuchtend rot, schöne Schalenform, groß, gut gefüllt, wenig duftend. Stammt von Paul Neyron, gehört zu den besten Remontantrosen.

Erste Wahl: **Alfred Colomb, Madame Victor Verdier, Ulrich Brunner fils, Alfred K. Williams**,

zweite Wahl: hinzu Gloire de Margottin, Charles Lamb, dritte Wahl alle genannten, in vierter: Etienne Levet (Levet père 1871), Jakob Pereire.

Scharlachrot.

Fischer and Holms spricht: fischer än hohms (Eug. Verdier 1865). Gedrungen wachsend, sehr dankbar. Blumen blendend scharlachrot, prachtvoll camellienartig, wohlriechend, remontiert gut. Stammt von Monsieur Bernadin. Fast die beste dieser Farbe.

Général Jacqueminot spricht: jenerall jakminoh (Roussel 1853). Fast winterharte alte Rose mit kräftigem Wuchse, hat viele Syn.: La Brillante, Richard Smith, Thriomph d'Amiens, Thriomph de Beauté. Blumen feurig karminrot, nicht ganz gefüllt, groß, kugelförmig, wohlriechend. Ist von allen Remontantrosen die am besten remontierende. Man zieht sie viel in Kästen zur Treiberei. Stammmutter vieler Rosen.

Duke of Edinburg spricht: djuhk ow edinbörg (G. Paul 1869). Herzog von Ed. Starkwüchsig, reichblühend, Blumen zinnoberrot, groß, kugelförmig, gut gefüllt, duftend, Prunkrose. Sippe Général Jacqueminot.

Gloire de Bourg la Reine spricht: gloar dö bur la rähn (Margottin 1880). Ruhm von B. Kräftig, dankbar, Blumen ganz prächtig leuchtend, willig aufblühend, schwachduftend. Eine verbesserte Victor Hugo, weil gefüllter.

Marie Baumann (Baumann 1863). Mittelkräftig, ziemlich hart, sehr reichblühend, Blumen leuchtend rot, von vollendet schönem Bau und schöner Haltung, kugelförmig, vorzüglich duftend. Eliterose. Sippe Alfred Colomb.

Souvenir de Spa sprich: suvenir dö spa, Erinnerung an Spa (Gautreau 1873). Kräftig, reichblühend, groß, gut gefüllt, duftend, dunkelrot. Eine der besten dieser Färbung. Sippe Mme. Victor Verdier, gleicht etwas Comtesse de Camondo.

Erste Wahl: Marie Baumann, Fischer & Holms,
  zweite Wahl: **Duke of Edinburg, Souvenir de Spa,**
  dritte Wahl alle, in vierter hinzu noch: Duc de Wellington, Maurice Bernadin (Granger 1862).

Purpurrot.

Charles Lefèbre sprich: scharls läfäbr (Lacharme 1882), syn. Marguerite Brossac (Brossac 1875, Paul Jamain 1878). Starkwachsend mit glattem Holze. Blüten leuchtend karmin, kugelförmig, groß, gut gefüllt, sehr wohlriechend. Sippe Général Jacqueminot.

Duchess of Connaught sprich: döttschess of cännauht (Noble 1882), Herzogin von C. Starkwachsend, reichblühend, Blüten karmoisin, sammtig, schwarzpurpur schattiert, kugelförmig, sehr wohlriechend.

Duke of Teck sprich: djuk ow tek (G. Paul and. Son 1880), Herzogin von T. Starkwüchsig mit glattem Holz, Laub glänzend grün, Blüten einzeln auf kräftigem Stiel, leuchtend scharlachrot, von reiner Farbe, kugelförmig mit hohem Zentrum. Leuchtendste Rose dieser Farbe. Stammt von Duke of Edinburgh.

Eclair, der Blitz (Lacharme 1884). Starkwüchsig, reichblühend, Blumen sammtig, karmoisin, gut gebaut und gefüllt, wohlriechend. Untersippe Charles Lefèbre.

Eugène Appert (Trouillard 1851). Kräftig aber gedrungen, stark bewehrt. Blumen regelmäßig gebaut, camellienartig, lebhaft sammtig, karmin, eine alte Effektrose. Stammt von Géant des batailles.

Horace Vernet. Starkwachsend, Blumen sammtig karmin, halbkugelförmig, wohlriechend, reichblühend, besonders im Sommer. Sippe Général Jacqueminot.

Sénateur Vaïsse sprich: sienatöhr wäs (Guillot père 1859). Mäßig wachsend, glattholzig, ziemlich hart, reichblühend. Blüten glänzend, leuchtendrot, gut gefüllt, groß, kugelförmig, wohlriechend. Sippe Général Jacqueminot.

Erste Wahl: Sénateur Vaïsse, Charles Lefèbre, Duke of Teck,
  zweite Wahl dazu: **Eclair, Duchess of Connaught,**

in dritter Wahl alle und in vierter dazu: Président Senelar (Schwartz 1884), Gloire de Santenay.

Schwärzlichrot.

Abel Carrière sprich: ahbel carriähr (Eug. Verdier 1875). Starker aufrechter Wuchs. Etwas fauler Blüher. Blumen purpurkarmoisin mit dunklem Anflug, groß, gut gefüllt, schwach duftend, dem Hauptredakteur der Revue horticole gewidmet.

Alsace-Lorraine sprich: alsas lorähn, Elsaß-Lothringen (Duwal 1879). Kräftig. Blüten sammtig, gut geformt, schwach duftend, ist A. Drawiel (Lévêque 1887) sehr ähnlich; auch Direkteur Alphand steht ihr nahe.

Antoine Quihou sprich: antoahn kihu (Eug. Verdier 1879). Mittelkräftig. Blüten kastanienbraun, groß, gut gefüllt, wohlriechend; Abel Carrière gleicht ihr.

Empereur du Maroc sprich: anghperör dü marok (Guinoisseau 1858) Kaiser von Marokko. Starkwachsend. Blüten dunkel leuchtend rot, groß, schön gebaut, gut gefüllt, prachtvoll, in Büscheln stehend. Remontiert leider schlecht. Ziemlich hart. Stammt von Géant des batailles.

Eugen Fürst (Soupert Notting 1875). Starkwüchsig. Blüten glänzend, dunkelpurpur, wohlriechend. Blüht wenig. Ist hart.

Emperor sprich: anghperör, Kaiser (Paul 1885). Mittelstark, sehr reichblühend, besonders im Herbst. Blumen tief dunkelrot, mittelgroß, schön geformt.

Jean Liabaud sprich: jang liaboh (Liabaud 1875). Starkwüchsig, remontiert sehr schlecht, bringt nur wenig Blumen, sonst vorzüglich in der Farbe, schwarz, dunkelkarmin, auch wohlriechend.

Prince Camille de Rohan sprich: pränghs camill dö rohang (Eug. Verdier 1861) syn.: La Rosière, Eduard Dufur. Stark wachsend aber reichblühend. Blüten sammtig karmoisin, groß, becherförmig, sehr wohlriechend, in Büscheln. Die beste der dunklen Rosen.

Souvenir de William Wood sprich: suhwenir dö wuihljam wud Erinnerung an W. W. (E. Verdier 1864). Starkwüchsig und dankbar blühend, Blüten tief dunkelrot, groß, gut gefüllt. Die dunkelste aller Rosen.

Sultan of Zanzibar sprich: söltän ow zanzibar (G. Paul & Son 1876). Mäßig im Wuchse. Holz hellgrün, glatt, Blüten einzeln kastanienbraun, Petalen leuchtend rot, kugelförmig, ziemlich groß, wohlriechend, Ausstellungsrose. Sippe Duke of Edinburgh.

Van Houtte (Lacharme 1869). Stark wachsend, reichblühend, auch im Herbst, Blumen kastanienbraun, groß, gut gefüllt, Centifolienbau, wohlriechend. Sippe Général Jacqueminot.

Fig. 128. Theehybridrose Hippolyte Barreau, unten Theerose Princesse Alice de Monaco.

Xavier Olibo (Lacharme 1865). Mäßig stark. Reichblühend, auch im Herbst, Blumen dunkelsammtig, kugelförmig, groß, gut gefüllt. Sippe Général Jacqueminot.

Erste Auswahl: **Prince Camille de Rohan, Souvenir de William Wood, van Houtté,**

zweite Wahl dazu: **Sultan of Zanzibar, Alsace Lorraine,**
dritte Wahl alle, vierte hinzu noch: Princesse de Béarn
(Levêque 1883), Reinholds Hole (G. Paul 1874).

Schieferfarben.

Pierre Notting (Portemer fils 1863). Starkwachsend, reich=
blühend, Blüten schwarzrot, groß, in Büscheln stehend, wohlriechend.

Souvenir du Dr. Jamain sprich: suhwenir dü dokteur jamän
(Lacharme 1866). Kräftig, glattholzig, reichblühend, Blumen kugel=
förmig. Sippe Général Jacqueminot.

Erste Wahl: **Souvenir du Dr. Jamain,** zweite beide.

Gestreifte Rosen.

Panaschée d'Orléans, gestreifte von O. (Douvesse 1854) hell=
rosa; die gestreifteste.

Eigenschaften der Theerosen.
Rosa Tea Hort, R. indica odoratissima Hort,
R. indica fragans Red.

Nächst den Remontantrosen bilden die Theerosen die Hauptmasse unserer edlen Rosen. Sie sind aber viel empfindlicher, weshalb man sie im Herbste beim Einwintern sorgfältiger behandeln muß — sie in kalten rauhen Gegenden auch nicht so gut fortkommen. Den Theerosen kann es nicht leicht zu warm werden, sie vertragen auch bei der Treiberei größere Wärme als die Remontantrosen.

Theerosen blühen bei guter Pflege ununterbrochen. Ihr Wuchs ist mehr zierlich, oft recht schwach — zu schwach, mehr breit als hoch. Das Laub hat eine dunkelgrüne, glänzende Farbe und ist in der Jugend rot= braun. Nur wenig Sorten tragen die Blumen aufrecht, bei fast allen hängen sie — leider. Theerosen kann man deshalb, um zum Genuß der Blüten zu kommen, auf höhere Stämme veredeln. Die Blumen haben zumeist einen feinen Theeduft, seinetwegen werden sie Theerosen genannt.

Der Blütenfarbe fehlt das sammtige Rot, sie ist aber reich an gelben Tönen und deren Schattierungen.

Alle Theerosen sind zur Kultur im Topfe sehr geeignet und geben mit den Monatsrosen und den Bourbonrosen die dankbarsten Zimmerrosen.

Gelb.

Beauté de l'Europe sprich: bohteh dö lörop, Schönheit von Europa (Gonod 1881). Sehr starkwachsend, reichblühend. Blumen

Fig. 129. Theerose Francis Dubreuil.

dunkelgelb, unten kupfriggelb, sehr groß, gut gefüllt, schwach duftend. Knospen öffnen sich auch bei Regenwetter, was gelbe Rosen selten thun. Vervollkommnete Madame Bérard.

Belle Lyonnaise sprich: bäl lionähs, Schöne von Lyon (Levet 1869). Sehr starkwachsend, sehr reich blühend. Blumen kanariengelb, groß, becherförmig, wohlriechend. Sippe Gloire de Dijon.

Comtesse de Frigneuse sprich: congtäs dö fringnöös (Guillot 1886). Gräfin von F., mittelkräftig, bildet regelmäßige, lockere Kronen. Knospen länglich, Blumen schwefelgelb, locker gefüllt, duftend, unempfindlich gegen ungünstige Witterung. Als Hochstamm besonders geeignet, bringt viel Blumen.

Etoile de Lyon sprich: etoahl dö liong, Stern von L. (Guillot fils 1881). Kräftig, langtriebig, reichblühend. Blumen glänzend, schwefelgelb, groß, gut gefüllt, manchmal schwer aufblühend. Verbesserte Perle des jardins.

Madame Chédane Guinoisseau sprich: madam schedahn schinoasoh (Chédane Guinoisseau 1878). Mittelkräftig, eine der reichblühendsten Theerosen, Knospen länglich, Blüten schwefelgelb, nicht ganz gefüllt, wohlriechend. Safrano Sippe. Sehr empfehlenswert.

Madame Honoré Defresne sprich: madam onnoreh döfräsn (Levet 1887). Kräftig, Blumen aufrecht, dunkelgelb, gut gefüllt. Als Hochstamm reizend.

Madame Eugène Verdier (Levet 1883). Kräftig, oft langtriebig, Blüten tief orangegelb, groß, gut gefüllt, wohlriechend, öffnet sich leicht. Junge Triebe anfangs bronzefarbig, später dunkelgrün; blüht an jungen kurzen Trieben ziemlich dankbar. Ist im Winter sehr weich, empfindlich besonders gegen Nässe.

Madame Hoste sprich: madam ost, Frau Host (Guillot 1888). Mittelkräftig, Knospen lang, Blumen hellgelb, aufrecht auf straffem Stiel, sehr groß, wunderschön.

Maréchal Niel (Pradel 1864). Die schönste Theerose, leider empfindlich gegen Nässe. Sehr starkwachsend, verlangt warmen Boden, treibt auf kaltem sehr stark, blüht aber nicht oder nur sehr wenig; darf nur wenig geschnitten werden. Die langen Ruten herunterbinden! Blüht sehr reich, auch im Herbst; bei kaltem Wetter öffnen sich die Blumen schlecht. Letztere dunkelgelb, sind prächtig gebaut, haben kostbaren Wohlgeruch. Niel ist der Liebling aller. Besondere Kultur und Bild siehe auf S. 105. Es giebt auch weiße Niel. Sie wurden 1895 von verschiedenen Züchtern in den Handel gegeben und man hat sie mit großem Enthusiasmus empfangen. Mir ist die gelbe Niel lieber.

Perle de Lyon sprich: perl dö liong, Perle v. L. (Ducher 1872). Wuchs kräftig, gedrungen, Blumen dunkelgelb, sehr groß, gut gefüllt, wohlriechend, reichblühend.

Fig. 130. Theerose Papa Gontier.

Erste Wahl: **Maréchal Niel, Madame Hoste, Madame Chédane Guinoisseau, Beauté de l'Europe,**
zweite Wahl hinzu: **Belle Lyonnaise, Etoile de Lyon, Madame Honoré Defresne,**

dritte alle, vierte hinzu noch: Sunset, Madame Falcot, Enfant de Lyon.

Gelb mit anderen Farben getuscht.

Adrienne Christophle sprich: adrian kristofl (Guillot 1869). Mittelkräftig wachsend. Blüten gelb mit rosa schattiert, mittelgroß, wenig duftend, spaltet sich gern.

Comte de Sembui sprich: congt dö sangbüi (Vve. Ducher 1874). Kräftig wachsend, Blüten gelblich-rosa, sehr groß, gut gefüllt, wohlriechend.

Gloire de Dijon sprich: gloar dö dijon (Jacotot 1859. Sehr starkwachsend, oft rankend, mit runden dunkelgrünem Laube. Empfindlich gegen Mehltau, besonders im Gewächshause. Reichblühend, Blumen groß, aufrechtstehend, lachsgelb, sehr gefüllt, köstlich duftend. Man darf nur wenig schneiden, muß die Triebe herunterbiegen. Stammmutter vieler Rosen, sehr beliebt und überall gekannt.

Docteur Grill (Bonnaire 1887). Mäßig im Wuchse, dankbar blühend; besonders schön als Knospe. Blume kupfrig mit rosa Schein, aufrecht, nicht ganz gefüllt. Als Schnittrose sehr empfehlenswert. Bild siehe Fig. 125 Seite 173.

Franziska Krüger (Nabonnand 1879). Mittelstark wachsend, Knospen klein, aufrecht, Blüten nickend, groß, schön gebaut, kupfrig gelb und rosa schattiert, manchmal ganz rosa, mit schwachem Dufte. Wenn keine andere Rose mehr Blüten bringt, thut diese es noch, so reichblühend ist sie. Bild Seite 102.

Madame Bérard (Madame Falcot × Gloire de Dijon). (Levet père 1869). Sehr starkwachsend, oft rankend, reichblühend, Blüten lachsgelb, äußere Blätter mehr rosa, groß, schalenförmig gut gefüllt, wohlriechend. Gloire de Dijon Sippe.

Marie van Houtte (Ducher 1872). (Madame de Tartas × Madame Falcot). Mittelkräftig wachsend. Blumen wachsgelb mit rosa Schimmer, groß, kugelförmig, gut gefüllt. Sehr verwendbar als Topfrose. Vorzüglich. Bild siehe Fig. 126 Seite 177.

Reine Nathalie de Serbie sprich: rähn natahli dö serbi, Königin Nat. v. Serbien (Soupert & Notting 1886). (Madame Lombard × Sulfureux). Sehr starkwüchsig, dankbar blühend, Blüten von schönem Bau und guter Haltung, inkarnatrosa, leicht gelb schattirt, groß, gut gefüllt, wohlriechend.

Safrano (Beauregard 1839), syn. Aimée Plantier. Mit starkem Wuchs, reichblühend, Belaubung dunkelgrün, Äste wenig bedornt,

Fig. 131. Theehybride Kaiserin Augusta Victoria.

Knospen länglich, Blüten nur leicht gefüllt, wohlriechend. Gute Zimmerrose, auch Schnittrose.

— 190 —

Souvenir de Paul Neyron (Levet 1872). (Devoniensis × Souvenir de la Malmaison.) Mäßig wachsend. Die Zweige mit zierlicher Belaubung und hellgrünen Stacheln. Knospen zu 2 und 3, oft einzeln, rot, blühen leicht auf, Blumen gelblich weiß mit rotem Schimmer, halbkugelförmig, gut gefüllt, sehr wohlriechend.

  Erste Wahl: **Gloire de Dijon, Marie van Houtte, Franziska Krüger, Souvenir de Paul Neyron, Madame Bérard,**
   zweite Wahl hinzu: **Comte de Sembui, Adrienne Christophle,**
   dritte alle, in vierter hinzu: Duchesse Marie Salviati, Jean Ducher.

Weiß.

Devoniensis (Forestier 1838). Kräftig wachsend, Blüten weiß, nach der Mitte gelblich, innen fleischfarben, groß, gut gefüllt, innere Blumenblätter gekräuselt, sehr wohlriechend. Climbing Devoniensis, eine kletternde Abart, hat stärkeren Wuchs.

Elisa Fugier sprich: elisa fügieh (Bonnaire 1891). Kräftig wachsend. Blüten sehr groß, gut gefüllt, leuchtendweiß, nach der Mitte gelblich, sehr wohlriechend. Knospen langgestreckt, wie bei Niphetos, von der sie stammt und der sie ähnelt.

Grossherzogin Mathilde (Vogler 1861). Ziemlich stark wachsend. Blüten grünlichweiß, groß, gut gefüllt. Sport von Bougère. Etwas empfänglich für Mehltau.

Maréchal Niel, weiß, von verschiedenen Züchtern 1895 gefunden, hat viel von sich reden gemacht. Ob sie sich aber so einbürgern wird wie die gelbe ist sehr die Frage. Kaiserin Auguste Victoria ersetzt sie, zumal sie nicht ganz weiß, sondern weißgelb ist.

Madame Bravy sprich: madam brävi (Guillot 1846) hat mehrere Syn: Alba rosea (Lartey 1862) Danzile, **Madame Sertot** (Pernet 1859). Wächst mäßig, blüht sehr reich. Blüten gelblichweiß, Zentrum blaßrosa, mittelgroß, gut gefüllt, schalenförmig, sehr wohlriechend.

Mélanie Willermoz (Lacharme 1847). Ziemlich stark wachsend. Blüten weiß, im Zentrum gelblich, groß, gut gefüllt, wohlriechend.

Namenlose Schöne (Degen). Mäßig wachsend. Blüten weiß, oft fleischfarbig nüanziert, groß, gut gefüllt, schalenförmig, sehr wohlriechend, sehr reichblühend.

Niphetos (Bougère 1843) früher weißer Maréchal Niel. Schwachwachsend, verlangt guten, warmen Stand, blüht aber im Freien willig auf, selbst bei schlechtem Wetter. Blüten reinweiß, tulpenförmig, groß, gut gefüllt, sehr wohlriechend. Knospen langgestreckt, einzeln hängend.

Fig. 152. Teehybride Belle Siebrecht.

Unsere beste weiße Rose. Im Gewächshause, wo sie sich allmählich auswachsen kann, vorzüglich, liefert fortwährend Blumen; auch in Veranden mit Glaswänden kostbar. Im Freien nicht so empfindlich wie vielfach angenommen wird. Es giebt auch eine Climbing Niphetos, rankende Niphetos mit gleichen Eigenschaften. Der Wuchs ist aber bedeutend kräftiger. —

The Bride sprich: si breid (May 1887), die Braut, syn. white Catherine Mermet (De Forest) ist ein Sport von Catherine Mermet. Wächst kräftig, gesund. Blume und Knospe sehr lang; die Knospe wunderschön. Die Blüten weiß mit einem Stich ins grüne und durchscheinenden gelbem Grunde. Auf straffem Stiel, leicht nickend, leider duftlos oder doch beinahe duftlos. Reichblühend.

Erste Wahl: **Niphetos, The Bride, Grossherzogin Mathilde**, zweite Wahl hinzu: **Madame Bravy, Namenlose Schöne, Mélanie Willermoz,**

in dritter alle, in vierter dazu: Sombreuil sprich: sombrölj, Rubens, Etendart de Jeanne d'Arc sprich: ehtangdar dö jandark, Standarte der Johanne von Arc, letztere starkwachsend.

Rosa.

Adam (Adam 1833), syn. President (Paul 1860). Schwach wachsend, ziemlich reichblühend. Blüten blaßrosa, kugelförmig, gut gefüllt, wohlriechend.

Catharine Mermet (Guillot fils 1869). Kräftig im Wuchse. Blumen hellrosa, groß, kugelförmig, wohlriechend, vorzügliche Form, sehr empfehlenswert. Prachtrose.

David Pradel (Pradel 1852). Starkwüchsig, ziemlich hart, Blüten rosa mit gelben Grunde, kugelförmig, gut gefüllt, lange haltbar im Glase.

Madame de Vatry (Guérin 1856), syn. Modeste. Kräftig wachsend, dankbar blühend, Blumen dunkelrosa, aufrecht stehend.

Madame Agathe Nabonnand (Nabonnand 1887). Sehr stark wachsend, ununterbrochen blühend. Knospen sehr lang, gelblich schimmernd, bei schlechtem Wetter etwas schwer öffnend. Blüten groß, fast weiß, nicht ganz gefüllt, wohlriechend, auf langen steifen Stielen, nicht völlig aufrecht. Unter Glas besonders gut. Bild siehe Fig. 127 Seite 179.

Souvenir d'un ami sprich: suwenihr dün ami (Desfugères 1846). Mittelkräftig wachsend, Blumen blaßrosa, kugelförmig, groß, auf langen Stielen hängend. — Sehr schöne Rose. Madame Tixier (Tixier 1866) ist Souvenir d'un ami so ähnlich, daß sie als dieselbe Rose erklärt worden ist.

Princesse Alice de Monaco (A. Weber 1894). Wuchs mäßig kräftig, Blüten mittelgroß, sehr zartrosa. Knospe klein, entfaltet sich aber

Fig. 133. Theehybride Lady Mary Fitzwilliam.

gut und wird größer als man vermutet. Blüte kelchförmig, einzeln auf leiblich kräftigem Stiel. Bei schlechtem Wetter öffnend. Mehltaufrei. Sehr empfehlenswerte Rose, auch gute Schnittrose. Fig. 128 Seite 183.

Mistress W. C. Whitney (John N. May 1895). Sport von William F. Bennett mit mäßig kräftigem Wuchse. Sehr dankbar blühend. Blumen rosa, langgestreckt, nicht ganz gefüllt, mit feinem Dufte. Gute Treibrose.
 Erste Wahl: **Catherine Mermet, Souvenir d'un ami, Princesse Alice de Monaco,**
  in zweiter Wahl dazu: **Madame de Vatry** und **Madame Agathe Nabonnand,**
  in dritter alle, in vierter hinzu noch: Comte de Paris Comtesse de Labarthe.

   Rosa mit anderen Farben getuscht.

 Archiduchesse Marie Immaculata spricht: arrschidüsches marie immaculata (Soupert Notting 1886). (Madame Lombard × Soorates.) Mittelkräftig wachsend. Blüten hellrot, gelblichweiß schattiert, in der Mitte kupfrigrot, groß, gut gefüllt und wohlriechend. Die beste dieser Färbung, blüht sehr reich.

 Baronne Henriette de Loëw (Nabonnand 1889). Stark wachsend, reichblühend. Blüten zartrosa, gelblich angehaucht, sehr gefüllt, mittelgroß, in Büscheln stehend, wohlriechend.

 Bougère spricht: bujähr (Bougère 1832) syn. Clothilde (Rolland 1867). Starkwachsend. Blüten schalenförmig, duftend, sehr reichblühend.

 Grace Darling spricht: grähs därling (Bennet 1885). Stark wachsend, reichblühend. Knospe aufrecht, Blumen etwas hängend, kugelförmig, pfirsichrosa mit gelb getuscht, stark gefüllt, hält im Glase nicht sehr lange, abgeschnittene Knospen blühen im Zimmer schlecht auf. Vorzügliche Rose, jedem empfehlenswert. — Der Tochter eines Leuchtturmwärters, welche in stürmischer Nacht allein die Mannschaft eines gestrandeten Schiffes rettete, gewidmet.

 Homère (Robert & Moreau 1859). Mittelkräftig wachsend, reichblühend. Blumen leuchtendrosa, kugelförmig. Schöne Rose aber empfindlich im Winter.

 Madame de Watteville spricht: madam dö watwihl (Guillot 1884). Kräftig, aufrecht. Blüte gelblichrosa, aufrecht, gut gebaut.

 Luciole spricht: lüssiol (Guillot fils 1881). Schwach wachsend. Blumen tulpenähnlich, chinesisch rosa bis leuchtend rot, dabei kupfrig angehaucht, nicht ganz gefüllt.

Maman Cochet (Cochet Scipion 1892). Starkwüchſig. Blüten aufrecht, zartroſa mit lachsrot und gelb. Knoſpe lang, leicht aufblühend. Blüht faſt ununterbrochen. Gute Schnittroſe, prachtvoll.

Souvenir de Madame Sableyrolles (Bonnaire 1891) (Devoniensis × Souvenir d'Elise Vardon). Kräftig, Blumen ſtets einzeln, roſa, gelblich angehaucht, duftend, ſchöne neue Farbe, nicht ſtark gefüllt.

Souvenir de Victor Hugo, Erinnerung an B. H., (Comtesse de Labarthe × Regulus) (Bonnaire 1886). Schwach wachſend, Blumen roſa mit gelb, groß, gut gefüllt, ſehr wohlriechend.

Erſte Wahl: **Grace Darling, Souvenir de Victor Hugo. Baronne Henuriette de Löew, Archiduchesse Maria Immaculata**, in zweiter Wahl bazu: **Maman Cochet, Luciole, Homère**, in britter alle, in vierter bazu noch: Madame Jules Margottin,

Rot.

André Schwartz (Schwartz 1884). Starkwüchſig, ſehr reichblühend. Knoſpen ſehr ſchön, Blumen dunkelkarmoiſin, mittelgroß, gut gefüllt.

Francis Dubreuil (Dubreuil 1895) ſprich: fräncis dübrölj. Wuchs mäßig ſtark. Knoſpe ſchön, Blüte tiefrot, gut gefüllt, lange haltbar, eine wertvolle neue Roſe. Blüht langſam auf, aber noch bei Regenwetter. Siehe Bild Fig. 129 Seite 185.

Duchesse of Edingburgh ſprich: dötschess ot edinbörg (Nabonnand 1875). Gedrungen wachſend. Blüten hochkarmin, beim Aufblühen blaſſer, meiſt einzeln ſtehend, faſt duftlos.

Mademoiselle Christine de Noué ſprich: mademoasäll christin dö nuë. Kräftig, aufrecht wachſend. Blüten tiefrot, ſchalenförmig, beim Verblühen oft glatt, aufrecht, tiefrot, lange dauernd, ſehr wohlriechend, faſt unaufhörlich blühend.

Madame Cusin ſprich: madam cüsäng (Guillot fils 1882). Kräftig wachſend. Blumen verſchiedenfarbig, oft rot, oft roſa mit gelblichem Grunde, manchmal violettrot, gut gefüllt, wohlriechend von langer Dauer.

Madame Lombard (Lacharme 1878). Starkwachſend, Blumen gelblichrot und leuchtendrot, kugelförmig, im Herbſt blaſſer. Sehr ſchön.

Princesse de Sagan (Dubreuil 1888). Mäßig im Wuchs, kleines Laub, herrliche Knoſpe, dunkelſammtig. Blüte ebenfalls tiefrot, halbgefüllt, ohne Duft. Eine prachtvolle Farbe.

Papa Gontier (Nabonnand 1883). Mäßig wachsend, dankbar blühend. Blüten locker gefüllt, als Knospe herrlich leuchtend rot, besonders im Herbst gut, daher vorzügliche Schnittrose. Öffnet bei nassem Wetter. Bild siehe Fig. 130 Seite 187.

Souvenir de Thérèse Levet (sprich: suhwenir dö terähs lähweh) (Levet 1883). Mittelkräftig wachsend. Blüten karmin, im Grunde gelb, wohlriechend.

Erste Wahl: **Madame Lombard, Cristine de Noué, Duchesse of Edingbourgh,**

zweite Wahl dazu: **Madame Casin, Princesse de Sagan, Papa Gontier,**

dritte Wahl alle, in vierter hinzu: Safrano rouge, Jules Finger.

Rosa tea hybrida Hort. Theehybridrosen.
Eigenschaften der Theehybriden.

Die Theehybriden sind entstanden durch Kreuzung von Theerosen mit Remontantrosen. Sie bilden, wie schon S. 164 erwähnt, eine neue sehr aussichtsreiche Gruppe, weil sie mit der Blütenwilligkeit der Theerosen fast die Härte der Remontantrosen und ihren kräftigen, aufrechten Wuchs verbinden. Alle Theehybriden haben glänzendes Laub und in der Jugend rote Triebe. Ihre Verwendung ist überall da noch zulässig, wo die Theerosen nicht mehr recht fortkommen wollen, sie blühen fast ununterbrochen.

Weiß und fast weiß.

Charlotte Guillemont (Guillot 1895). Mit kräftigem Wuchse, aufrecht. Blumen reinweiß, kamellienartig, fein duftend. Blüht nicht gerade sehr reich.

Souvenir de Mademoiselle Eugène Verdier (J. Pernet Ducher 1895). (Lady Mary Fitzwilliam × Madame Chédane Guinoisseau). Mittelkräftig treibend. Blumen weiß, gelb angehaucht, besonders im Herbst. Sie wird dann etwas klein, was ein ziemlicher Nachteil.

Kaiserin Auguste Victoria (Lambert & Reiter 1891). Kräftig wachsend, wenig bedornt. Blüten aufrecht, einzeln oder zu mehreren, weiß mit einen Stich ins grünliche, von tabellosem Bau, schöner Haltung, feinem Duft, sehr reichblühend. Außerordentlich schöne Rose, auch sehr hart. Bild Fig. 131 Seite 189.

Madame Jules Finger sprich: madam jüls fingr (Guillot 1894). Gedrungen wachsend. Blüten auf kräftigen Stielen zu 1—3, groß, schalenförmig, rahmweiß mit feinem Dufte.

Viscountess Folkestone sprich: weicauntes fohkstön (Bennett 1887). Kräftig wachsend, oft ganze Büschel Blüten auf einem Stiele tragend, häufig auch einzeln. Blumen sehr groß, nicht völlig gefüllt, ganz zart rosa, oft weiß, wohlriechend. Empfehlenswerte Rose. Fig. 134 Seite 179.

  Erste Wahl: **Kaiserin Auguste Victoria,**
  zweite Wahl dazu: **Viscountess Folkestone.**
  in dritter alle.

Rosa und blaßrosa.

Augustine Guinoisseau sprich: augustin schinoasso (Guinoisseau 1890). Ein Sport von La France, wurde als weiße La France bezeichnet, ist aber nicht weiß, sondern weißlich rosa. Wuchs mittelkräftig, Zweige dünn, aufrecht, Knospen klein, Blumen groß bis sehr groß, aufrecht.

Camoëns (Schwartz 1882). Mäßig wachsend, sehr reich blühend. Blumen mittelgroß, wenig gefüllt, chinesischrosa, in Büscheln. Knospen sehr schön. Knopflochrose.

Duchess of Connaught sprich: dötschess of cännaut, Herzogin von C., (Bennett 1880). (Adam × Duchesse de Vallombrosa). Mittelkräftig, Blüten groß, kugelförmig, schön gebaut, silberigrosa, von köstlichem Duft.

Belle Siebrecht sprich: bäl siebrecht. Schöne Siebrecht. (A. Dikson & Son 1895). (La France × Lady Mary Fitzwilliam.) Wuchs kräftig, sehr reichblühend, Knospen schön geformt, sehr lang. Blumen feurig rosa, das tiefste rosa unter den Theehybriden. Die Blumen halten sich lange, stehen aufrecht, haben oft eine bedeutende Größe, duften stark, sind aber aufgeblüht nicht ganz gefüllt. Im Herbst etwas vom Mehltau leidend, besonders Blütenstengel und Blütenknospen, blüht aber trotzdem willig bei Regenwetter auf. Im Glase sehr lange haltbar. Vorzügliche Rose. Fig. 132 Seite 191.

La France sprich: la frans (Guillot 1868). Kräftig gedrungen wachsend, sehr reichblühend. Blüthen rosa, kugelförmig, von prächtigem Bau, groß, sehr gefüllt, mit feinem Dufte, fast winterhart. **Unsere beste Rose.** Danmark und La France de 1889 ähneln ihr, erreichen sie aber nicht. Madame Caroline Testout ist farbenglänzender.

Lady Mary Fitzwilliam spricht: lädi märi fitzwiljam (Devoninsis × Victor Verdier) (Bennett 1882). Kurzer gedrungener Wuchs, sich dicht verzweigend; auf jedem Stiele eine Blüte. Blumen sehr groß, schalenförmig, sehr wohlriechend, nicht sehr gefüllt. Fig. 133 Seite 193.

Madame Caroline Testout (J. Pernet Ducher 1891). Prächtige Rose mit kräftigem Wuchse. Kommt La France nahe, ist aber feuriger in ihrer Farbe und hat festere Blumenblätter. Das Laub sehr groß, Stacheln stark. Große Hitze schadet dem jungen Laube häufig. Sehr wohlriechend. Neben Kaiserin Auguste Victoria und Belle Siebrecht die begehrteste unter den neueren Rosen. Fig. 134 Seite 197.

Erste Wahl: **La France, Belle Siebrecht, Madame Caroline Testout, Lady Mary Fitzwilliam, Augustine Guinoisseau,** in zweiter Wahl: die anderen.

Rot.

Cheshunt hybrid spricht: scheshünt hibrid (G. Paul & Son 1873). (Madame de Tartas × Prince Camille de Rohan.) Starkwachsend, hübsche Kronen bildend. Knospen lang, einzeln oder 1—3 an den Spitzen der Triebe, öffnen sich gut. Blumen kirschrot, groß, kugelförmig mit hoher Mitte, dankbar blühend, duftend. Im Herbst läßt die Blüte nach. Sehr haltbar im Glase. Beim Verblühen violett. Fast winterhart und für rauchige Gärten noch passend.

Hippolyte Barreau 1894 (Comtesse de Labarthe × Louis van Houtte 1894). Kräftig wachsend, sich gut verzweigend, blüht dankbar. Knospen gut öffnend, Blüten groß, ziemlich stark gefüllt, karminrot, sehr wohlriechend. Ähnelt Alfred Colomb in der Farbe. Fig. 128 Seite 183.

Marquis Litta. (J. Pernet Ducher 1894.) Kräftig wachsend. Knospen dick, auf kräftigen, langen Stielen, leicht öffnend, Blumen groß, länglich, sehr wohlriechend, karminrot.

Reine Marie Henriette spricht: rähn mari angriät (Levet 1879) rotblühende Gloire de Dijon. Sehr stark wachsend oft rankend, ziemlich hart. Knospen langgestreckt, Blüten kirschrot, groß, gut gefüllt, aufrecht stehend, mit feinem Dufte. Ist wenig zu schneiden, dafür herunterzubinden. Für hohe Wildstämme geeignet. Rankrose. Fig. 88 Seite 107.

William Francis Bennett (Bennett 1886). Als Treibrose von hohem Werte, für den Garten wenig tauglich, weil zu einfach und zu leicht in ein violett übergehend.

Waltham Climber I. spriĉ: wuălshăm klimbör se först, ber erste Kletterer von W. (W. Paul 1886) von Gloire de Dijon. Sehr stark wachsend, als Ranker verwendbar, braucht dann guten Schutz, leuchtend rosiglarmin, reichblühend.

Erste Wahl: **Chestnut hybrid, Reine Marie Henriette, Hippolyte Barrean,**

in zweiter Wahl dazu: **Waltham Climber I, Marquis Litta,**

in dritter alle und in vierter hinzu: Duke of Connaught spriĉ: djuhk ow cănnauth.

Gelb.

Gustav Regis (Jos. Pernet 1891). Sehr starkwüchsig, hochwachsend, darf nur wenig geschnitten werden, blüht dann reich, sonst wenig. Knospen herrlich langgestreckt, safrangelb, Blumen halbgefüllt, wachsgelb, zum Schnitt prächtig. Bild siehe Fig. 185.

Noisette-Rosen. Rosa indica noisettiana Ser.
Eigenschaften der Noisette-Rosen.

Die Noisetterosen unterscheiden sich in der Hauptsache durch ihren kräftigen Wuchs, ihre in Büscheln stehenden Blumen von den Theerosen. Sie haben mit ihnen hohe Empfindlichkeit gegen Näße und Kälte im Winter gemein, nehmen aber im Sommer mit einem weniger guten und sonnigen Platz vorlieb als die Theerosen. Im allgemeinen sind die Blüten mittelgroß, nur da wo wir es mit Kreuzungen von Theerosen zu thun haben, sind sie größer, ist aber auch der Anspruch an Wärme höher.

Noisetterosen werden als starkwachsende Rosen nur mäßig geschnitten. Viele von ihnen kann man als Rankrosen im Gewächshause verwenden.

Einige Noisetterosen sind in den Gärten sehr verbreitet besonders Aimée Vibert.

Weiß.

Aimée Vibert spriĉ: äme vibär (Vibert 1828). Starkwüchsig, vorzüglicher Herbstblüher. Blumen in Büscheln, reinweiß, mittelgroß, gut gefüllt, wohlriechend. Bei ungünstigem Wetter blühen die Knospen schlecht auf. Die Pflanze friert leicht zurück, ist gegen Näße außerordentlich empfindlich.

Lamarque (Marechal 1830). Starkwüchsig, aber mehr wagerecht, deshalb zu Einzelpflanzungen besser als in Gruppen. Knospen langgestreckt, weiß, Blumen weiß, groß, gefüllt, schalenförmig. Sehr empfindlich gegen Frost und Nässe. Verlangt wie Maréchal Niel einen warmen Platz, kann ganz wie diese behandelt werden, auch im Schnitt.

Zélia Pradel (Pradel 1861). Stammt von Lamarque und ist nicht ganz so empfindlich. Hat sonst ähnliche Eigenschaften.

Erste Wahl: **Aimée Vibert,**
in zweiter Wahl dazu: **Lamarque.**

Fig. 135. Gustav Regis.

Reingelb.

Céline Forestier (Trouillard 1860). Stark wachsend. Blumen dunkelgelb, flach, wohlriechend, in Büscheln, sehr blühbar.

Rêve d'or sprich: rähw door, Goldtraum (Ducher 1870). Starkwüchsig, dunkelgelb, mittelgroß, nicht ganz gefüllt.

Solfatare (Lamarque 1843). Stammt von Lamarque. Sehr starkwüchsig. Blumen hellgelb, groß, erfriert leicht.

Triomphe de Rennes (Panagez 1857). Mittelkräftig wachsend, reichblühend, empfindlich.

William Allen Richardson (Vve. Ducher 1878). Sehr starkwüchsig, orangegelb. Blüht gut wenn älter geworden. Farbe einzig.

 Erste Wahl: **William Allen Richardson,**
  in zweiter Wahl hinzu: **Céline Forestier, Rêve d'or, Triomphe de Rennes,**
  in dritter alle.

Gelbfarbig.

Bouquet d'or sprich: bukäh door, Goldbouket (Ducher 1873). Sehr starkwachsend, Blüten dunkelgelb, in der Mitte kupfrig, groß, becherförmig.

l'Ideal (Nabonnand 1888). Mittelkräftig wachsend. Blumen eigenartig schön gefärbt, gelb mit metallischrot verwachsen aber von schlechter Form, wenig gefüllt. Nur ihrer Farbe wegen erwähnenswert.

Alister Stella Gray (A. H. Gray 1895). Hat starken, fast rankenden Wuchs, Triebe von 1,50—2 Meter sind gewöhnlich. Blüten erscheinen in Dolden wie bei den anderen Noisetterosen. Knospen gelb, die eben erst aufgeblühte Rose ebenfalls gelb, an William Allen Richardson erinnernd, nachher weiß, klein, wie die Polyantharöschen. Sehr reichblühend. Fig. 136 Seite 203.

 Erste Wahl: **Bouquet d'or.**

Noisettehybridrosen.

Aus Kreuzungen von Noisetterosen mit Remontantrosen oder Bourbonrosen entstanden, haben sie von ersteren die Blütenwilligkeit und die Ähnlichkeit der Blumen, von letzteren die äußere Gestalt und größere Widerstandsfähigkeit gegen Kälte und Nässe. Boule de Neige ist die verbreiteste, dann käme Coquette des Blanches.

Weiß.

Baronne de Meynard sprich: barron dö mänahr (Lacharme 1865). Starkwüchsig, reinweiß, mittelgroß, dankbar blühend, in Büscheln.

Boule de Neige sprich: buhl dö nägj (Lacharme 1867). Kräftig wachsend. Blumen rahmweiß, kugelförmig, vorzüglich als niedrige Rose, wo sie unaufhörlich blüht.

— 203 —

Madame Alfred de Rougemont ſprich: madam alfred dö rughmong (Lacharme 1865). Stammt von Blanche Lafitte. Wuchs mäßig, Blume weiß, roſa berandet, reichblühend, ſchön.

Fig. 136. Noiſetteroſe Aliſter Stella Gray.

Coquette des Blanches sprich: cokät dä blansch (Lacharme 1871). Sehr stark wachsend. (Blanche Lafitte × Sapho.) Blumen weiß mit grünlichem Schein, oft zartrosa, in Büscheln, mittelgroß.
Erste Wahl: **Boule de neige, Baronne de Meynard**,
in zweiter Wahl hinzu die übrigen,
in dritter noch hinzu: Louise Darzens.

Gelb.

Madame Alfred Carrière (Schwartz 1880). Sehr stark wachsend, als Rankrose verwendbar, remontiert gut, Blumen lachsfarbig, groß.

Bourbonrosen.
Rosa indica Borbonica Red.

Ununterbrochenes Blühen zeichnet die Bourbonrosen aus, von denen wir nicht gerade eine allzugroße Zahl in unsern Gärten finden, aber einige davon so Souvenir de la Malmaison, sind überall beliebte Sorten. Die Winterfestigkeit der Bourbonrosen gleicht ungefähr der der Theehybriden. Auf jeden Fall stehen sie darin den Remontantrosen näher als den Theerosen. Alle Bourbonrosen eignen sich zur Topfkultur.

Weiß und weißfarbig.

Blanche Lafitte sprich: blansch lafitt (Pradel 1851). Starkwachsend, sehr reich blühend. Blumen mittelgroß, inkarnatweiß, in Büscheln.

Madame Pierre Oger sprich: madam piär ojeh (Oger 1879). Mittelkräftig treibend, reichblühend, Blüten einzeln, aufrechtstehend. Als Knospe leuchtend rot, geöffnet crèmegelb, aufgeblüht durchsichtig weiß, im Stadium des Vergehens die Außenränder rot, so wechselt die Farbe beständig, dabei ist sie außerordentlich zart, fast durchsichtig. Form: Kugelform, die schönste Bourbonrose.

Mistress Bosanquet sprich: mistriss bosanke (Lafay 1832) syn. Pauline Bonaparte. Schwach wachsend, reichblühend. Blumen mittelgroß, schalenförmig, lachsfarbig, wenig gefüllt aber wohlriechend.

Souvenir de la Malmaison sprich: suwenir dö la malmäson, Erinnerung an Malm. (Beluze 1843). Stark wachsend, aufrecht, als niedrige Rose größere Blumen bringend; daher weniger hochstämmig passend. Blumen groß, atlasweiß, oft zart rosa, sehr gefüllt, ununterbrochen blühend. Madame Cornelissen ist ihr sehr ähnlich, aber nicht so gut geformt.

Erste Wahl: **Souvenir de la Malmaison, Madame Pierre Oger,**
in zweiter Wahl dazu: **Mistress Bosanquet,**
in dritter alle.

Fig. 137. Polyantharosen: 1. Pâquerette, 2. Clotilde Soupert, 3. Mlle. Cécile Brunner.

Rosa.

Baron Gonella (Guillot père 1859). Stark wachsend, Blumen hellrosa, groß, kugelförmig, gut gefüllt.

Kronprinzessin Victoria (Vollert 1888). Ein Naturspiel von Souvenir de la Malmaison mit gleichem Wuchs aber von milchweißer, innen schwefelgelber Farbe.

Malmaison rouge sprich: malmäson rouje (Gonod 1883). Ein Sport von Malmaison. Mittelkräftig wachsend. Blüten dunkelrot, duftlos.

Louise Odier (Margottin 1851). Starkwüchsig, Blumen leuchtendrosa, mittelgroß.

Reine Victoria sprich: rähn Victoria (Josepf Schwartz). Starkwüchsig, Blumen leuchtend rosa, wohlriechend, mittelgroß.

Erste Wahl: **Reine Victoria,**
in zweiter Wahl dazu: **Baron Gonella, Louise Odier,**
in dritter alle.

Polyantharosen, auch Tausendschön-Rosen.
(Rosa Polyantha.)

Die Polyantharosen sind hervorgegangen aus der Gruppe der Rosa multiflora, welche wir unter den Kletterrosen angeführt haben. Sie zeichnen sich aus durch ihre kleinen Blüten, ihren Reichtum daran, 20—40 Stück und mehr stehen in einer Dolde, und durch ihren niedrigen Wuchs. Alle Polyantharosen remontieren gut, wenn sie reichlich Nahrung haben und stark zurückgeschnitten werden, auch im Sommer. Man kann sie hochstämmig veredeln — und machen sie sich so reizend. Einen noch höheren Wert haben sie als niedrige Pflanzen, als Einfassung für Rosenbeete und andere, die 40—60 Centimeter hoch werden darf und durch Blütenreichtum und Wechsel in der Farbe glänzen soll. Auch als Gruppenpflanzen kann man die Polyantharosen verwenden. Dabei kommt vielen ziemliche Härte gegen unsere Winter zu statten, ganz besonders aber die Eigenschaft immer von unten starke, blütenreiche Triebe zu entwickeln. Man braucht sie daher nur mit Erde oder Laub, oder gar etwas Dünger zu bedecken, wenn der Frost bereits einige Centimeter in den Boden eingedrungen ist.

Polyantharosen.
Weiß.

Anne Marie de Montravel (Vve. Rambaux et Dubreuil 1880). Gedrungen wachsend mit großen Dolden — 40—60 Blumen — rein weiß, weißer als Pâquerette, blüht immerfort, hat Maiblumenduft.

Pâquerette (Guillot fils 1175). Niedrig bleibend. Blüten sehr klein, wie Gänseblümchen, weiß, sehr reichblühend. Bild siehe Fig. 137 Seite 205.

Prinzesse Wilhelmine des Pays-Bas sprich: pränzäs wilhelmin däh päi-ba (Soupert Notting 1886). Hübsch gedrungen wachsend, blendendweiß mit grünlicher Mitte, sehr wohlriechend.

Miniature (Alegatière 1885). Sehr niedrig bleibend. Blumen klein, wohlriechend, rosa, in weiß übergehend.

Mignonette (Guillot fils 1881). Niedrig bleibend, schwach wachsend. Blumen rosa, in weiß übergehend.

Rosa und weiß.

Clothilde Soupert (Mignonette × Madame Damaicin). (Soupert & Notting 1890.) Die beste aller Polyantha, mit kräftigem, aufrechten Wuchs, fast völlig winterhart, das Laub wenig empfindlich gegen Mehltau. Blumen mittelgroß, fast so groß wie Boule de Neige, gut gefüllt, äußere Blätter weiß, in der Mitte pfirsichrot, sehr reichblühend. Bild siehe Fig. 137 Seite 205.

Gloire des Polyantha sprich: gloar dö polianta (Guillot 1885). Niedrig. Blüten lebhaft rosa, im Grunde weiß.

Gelb und rosa.

Mademoiselle Cécile Brunner sprich: mademoasäll cecil brünner (Vve. Ducher 1880). Mäßig wachsend. Laub jung fast rot, später hellgrün, Blüten zu 20—50, so groß wie ein 50 Pfennigstück, gelblichrosa. Bild siehe Fig. 137 Seite 205.

Gelb.

Perle d'or (Rombaux 1883.) (Polyantha × Madame Falcot.) Niedrig bleibend. Knospen länglich, Blumen klein, nankinggelb.

Erste Auswahl: **Clothilde Soupert, Anna Marie de Montravél, Perle d'or, Mademoiselle Cécile Brunner,**

zweite Wahl hinzu: **Pâquerette, Mignonette,**

in dritter alle, in vierter hinzu: Käthe Schultheiss, Mosella, Jeanne Drivon.

Monatsrosen, Bengalrosen oder Chineserrosen.
(Rosa indica semperflorens Ser. Rosa bengalensis Pers.)

Es zerfällt diese Gruppe in 2 Abteilungen, in gewöhnliche Monatsrosen mit starkem Wuchse, starken Stacheln und hellrosa Blüten, und in

Bengalrosen mit schwachem Wuchse, sehr wenig oder gar keinen Stacheln und dunkelroten Blumen. Alle sind außerordentlich dankbare Blüher, sie blühen wohl am reichlichsten von allen Rosen, aber ihre Blüten sind zumeist nur halb gefüllt — nur als Knospen oder halbaufgeblüht schön. Die Monatsrosen veredelt man wenig auf Hochstämme. Wo es einmal geschieht, da muß man immer finden, daß sie durch diese Veredlung bedeutend gewinnen und viel bessere Blüten liefern.

Die beste Verwendung finden alle Monatsrosen als Gruppenrosen, wurzelecht erzogen. Sie blühen dann dankbar, lassen sich niederhacken und zu teppichbeetartigen Beeten machen, sind aber ohne Niederhacken schöner.

Auch als Topfrosen sind sie beliebt, für den Zimmergärtner besonders die alte, weitbekannte Hermosa.

Alle Bengalrosen verlangen im Frühjahr kräftigen Rückschnitt, im Sommer baldige Entfernung der verblühten Blumen mit 4—5 Blättern.

Etwas härter als Theerosen, müssen sie über Winter wie diese behandelt werden.

Weiß.

Ducher sprich: düsche (Ducher 1870). Mäßig wachsend, reichblühend, wohlriechend. Blumen rein weiß, mittelgroß.

Rosa.

Fellemberg (Fellemberg 1857) syn. Belle Marseillaise. Starkwachsend, karminrosa, gut gefüllt, unaufhörlich blühend, im Herbst besonders reich.

Hermosa (Machesnau 1840) syn. Melanie Lemorié. Mäßig wachsend, nicht wählerisch auf den Standort, zartrosa, mittelgroß, wohlriechend. Beste der Bengalrosen, im Zimmer vorzüglich.

Mademoiselle Laurette Messimy (Guillot fils 1888). Starkwüchsig, halb gefüllt, chinesisch-rosa, auf lebhaft kupfergelbem Grunde, eine aparte Färbung. Schöne längliche Knospe; besonders reicher Herbstblüher. Bild siehe Fig. 138 Seite 209.

Setina (Henderson 1879). Sehr stark wachsend, als Rankpflanze verwendbar für Festons; ist ein Naturspiel von Hermosa, der sie im übrigen gleicht.

Rot.

Cramoisi supérieur spricḥ: kramoasi süperiör, Hochkarmoisin=
farbige (Coquereau 1832). syn Ebloussante. Mäßig wachsend, sehr
reichblühend, leuchtend karmoisin, nach Hermosa die beste.

Fig. 138. Monats- oder Bengalrose Mademoiselle Laurette Messimy.

Mme. Eugène Resal (P. Guillot 1895). Wuchs kräftig, unge=
mein reichblühend. Knospe kapuzinerrot, Blüte mittelgroß, halbgefüllt,
zweifarbig, in rosa übergehend.

Grün.

Viridiflora. Nur der Merkwürdigkeit wegen hier genannt.
Trotzdem die grünen Blüten häßlich sind, erregt diese Rose immer viel
Interesse.

Erste Auswahl: **Hermosa, Cramoisi supérieur, Mademoiselle Laurette Messimy,**
in zweiter Wahl hinzu: **Ducher, Mme. Eugène Resal,**
in dritter alle, aber nur für den der nie enttäuscht ist: Viridiflora.

Die Lawrence- oder Liliputrose
(Rosa indica minima oder Lawrenceana Sweet)

wird durch die Monatsrosen und Polyantharosen vollständig ersetzt und findet sich deshalb auch nur selten. Sie bleibt klein, ist die kleinste der Rosen und über Sommer mit kleinen Blütchen wie überdeckt. Die beste der wenigen Sorten ist Gloire des Lawrences, purpurrot.

Es könnten nun noch der Vollständigkeit halber die kleinblättrige Rose Rosa micropylla, von denen de la Chine interessant ist, weil die fünf äußeren Blätter wie eine Rose, die innern wie die einer Nelke aussehen und Rosa bracteata genannt werden, aber sie haben für den Gartenfreund wenig Wert, sind dazu noch empfindlich.

Das Normalsortiment des Vereins deutscher Rosenfreunde.

Wie dringend es notwendig ist, aus der großen Zahl unserer Rosensorten ein gut Teil als minderwertig auszumerzen, das zeigt recht deutlich auch eine Zusammenstellung von guten Rosen, gewissermaßen zu einem Normalsortiment, welche der Verein deutscher Rosenfreunde unter seinem rührigen Geschäftsführer P. Lambert jüngst vornahm. Von 13 Herren wurden dabei 1010 Rosensorten vorgeschlagen und von diesen 1010 Sorten erhielten nur 207 die Majorität der Stimmen, 7 von 13.

Interessant ist die Verteilung dieser Stimmen. Auch sie zeigt, daß die alten bewährten Sorten immer wieder hervorglänzen. Nur einige neue Sorten haben auffallend viel Stimmen erhalten.

Von den Remontantrosen erhielten alle 13 Stimmen 12 Sorten und zwar: Alfred Colomb, Baronne de Rothschild, Boule de Neige, Captain Christy, Charles Lefèbre, Duke of Teck, Fischer & Holms, Général Jacqueminot, Horace Vernet, Merveille de Lyon, Ulrich Brunner fils.

12 Stimmen nur 7 Sorten: Eugen Fürst, Gloire Margottin, Jean Liabaud, Marie Baumann, Paul Neyron, Souvenir de William Wood und van Houtte.

11 Stimmen 5 Sorten: Abel Carière, Earl of Dufferin, Empereur du Maroc, Madame Marie Finger, Xavier Olibo.

10 Stimmen 16 Sorten: A. K. Williams, Duke of Connaught, Earl of Pembroke, Eclair, Eduard Lefort, Elisa Boëlle, Her Majesty, John Hopper, Julius Finger, Madame Gabrielle Luizet, Marquise de Castellan, Mistress John Laing, Pierre Notting, Princess de Béarn, Souvenir de Spa, Scipion Cochet.

9 Stimmen 11 Sorten: Anna de Diesbach, Comtesse d'Oxford, Coquette des Blanches, Dr. Andry, Etienne Levet, Ferdinand Chaffolte, Mlle. Eugenie Verdier, Monsieur Boncenne, Souvenir de Victor Verdier, Sénateur Vaisse, Victor Verdier.

8 Stimmen 13 Sorten: Alsace Lorraine, Antoine Quihou, Charles Lamb, Comtesse de Camondo, Eugène Appert, Gloire Lyonnaise, Gustave Piganeau, Heinr. Schultheiss, Magna Charta, Marchioness of Londonderry, Mistress Caroline Sweiles, Sultan of Zanzibar, Victor Hugo.

7 Stimmen 13 Sorten: Baron Bonstetten, Baron Nath. de Rothschild, Bar. de Meynard, Charles Darwin, Comtesse de Paris, Gloire de Bourg la Reine, Harrisson Weis, Jean Soupert, Jules Margottin, La Rosière, Madame Alfred de Rougemont, Madame de Wettstein, Vicks Caprice.

6 Stimmen 7 Sorten: Duc de Montpensier, Henri Ledechaux, Impératrice Eugénie, Mabel Morrison, Madame Charles Meurice, Madame Montet, Sir Roland Hill.

5 Stimmen 16 Sorten: Duchess of Bedford, Gloire de Ducher, Hans Markart, Hippolyte Jamain, La Reine, Louis van Houtte, Americain Beauty, Madame Eugenie Verdier, Marchioness of Dufferin, Margaret Dikson, Mrs. R. G. Scharman Crafford, Pavillon de Pregny, Pride of Waltham, Queens of Queens, Salamander.

Von den Theerosen erhielten alle 13 Stimmen 11 Sorten: Belle Lyonnaise, Catherine Mermet, Comtesse Riza du Park, Franziska Krüger, Grace Darling, Grossherzogin Mathilde, Maréchal Niel, Marie van Houtte, Niphetos, Perle des Jardins, Souvenir d'un ami.

12 Stimmen 13 Sorten: Adrienne Christophle, Archiduchesse Maria Immaculata, Devoniensis, Gloire de Dijon, Honourable Edith Gifford, Luciole, Madame Eugenie Verdier, Madame Falcot, Madame Lombard, Madame Welche, Reine Marie Henriette, Reine Natalie de Serbie, The Bride.

11 Stimmen 9 Sorten: Homer, Madame Bérard, Madame Bravy, Madame Chédane Guinoisseau, Madame de Watteville, Maman Cochet, Papa Gontier, Souvenir de Paul Neyron, Sunset.

10 Stimmen 8 Sorten: Beauté de l'Europe, Dr. Grill, Duchesse Maria Salviati, Etendard de Jeanne d'Arc, Etoile de Lyon, Golden Gate, Princess Beatrix, Souv. de Thérèse Levet.

9 Stimmen 9 Sorten: Christine de Nouë, Comtesse de Frigneuse, Ernst Metz, Kaiserin Friedrich, Madame Honoré Defresne, Madame Hoste, Perle de Lyon, Souvenir de Victor Hugo, Safrano.

8 Stimmen 12 Sorten: André Schwartz, Baronne Henriette de Loëw, Beauté inconstante, Comte Sembui, Erzherzog Franz Ferdinand, Jean Pernet, Madame Cusin, Madame Mélanie Willermoz, Madame Moreau, Princess of Wales, Princesse de Sagan, The Queen.

7 Stimmen 12 Sorten: Anna Olivier, Coquette de Lyon, Elisa Fugier, Innocente Pirola, Madame Elié Lambert, Madame Margottin, Madame Pierre Guillot, Madame Scipion Cochet, Princesse Alice de Monaco, Souvenir de Gabrielle Devret, Sombreuil.

6 Stimmen 17 Sorten: Adam, Corinna, Bridesmaid, David Pradel, Francis Dubreuil, G. Nabonnand, Jeanne Guillaumez, Jules Finger, Isabella Sprunt, Madame Paul Marmy, Marie Lambert, Perle de feu, Paul Nabonnand, Rainbow, Souvenir de Lady Ashburton, Rubens, Schirley Hibberd.

5 Stimmen 18 Sorten: Comtesse de Breteuil, Cornelia Cook, Deegens Weisse Niel, Elisa Heymann, Ella May, Henriette de Beauvau, Lady Zoë, Madame Chauvry, Madame Emile Dupuy, Madame Hippolyte Jamain, Madame Josef Schwartz, Madame Philipp Kuntz, Madeleine Beauvilain, Princesse de Bessarabe, Souvenir de Mme. Sablayrolles, Sapho, Stephanie et Rudolph.

Von den Theehybriden 13 Stimmen 2 Sorten: La France, Lady Mary Fitzwilliam.

12 Stimmen 1 Sorte: Kaiserin Auguste Victoria.

11 Stimmen 3 Sorten: Augustine Guinoisseau, Camoëns, Viscountess Folkestone.

10 Stimmen 1 Sorte: Caroline Testout.

9 Stimmen 3 Sorten: Cheshunt hybrid, The Meteor, William Francis Bennett.

8 Stimmen: Danmark, Countesse of Pembroke.

7 Stimmen: Duchesse of Albany, Duke of Connaught, Germaine Caillot, Grand Duc Adolphe de Luxembourg, Gustave Regis.

6 Stimmen: Distinction, La France de 1889, Madame Etienne Levet, Triomphe du Pernet père.

5 Stimmen: Carmen Sylva, Madame Jules Finger, Marquise of Salisbury, Souvenir of Wootton.

Von den Noisetterosen hat keine 13 Stimmen.

1 Sorte 12 Stimmen: William Allen Richardson.

2 Sorten 11 Stimmen: Céline Forestier, l'Ideal.

4 Sorten 10 Stimmen: Aimée Vibert, Bouquet d'or, Madame Pierre Cochet, Ophirie.

2 Sorten 7 Stimmen: Caroline Küster, Rêve d'or.

Die Bourbonrosen zählen 1 Sorte mit 13 Stimmen: Souvenir de la Malmaison.

2 Sorten mit 11 Stimmen: Kronprinzess Victoria, Reine Victoria.

1 Sorte mit 9 Stimmen: Mistress Bosanquet.

1 Sorte mit 8 Stimmen: Louise Odier.

2 Sorten mit 7 Stimmen: Catherine Guillot, Baron Gonella.

3 Sorten mit 6 Stimmen: Madame Pierre Oger, Mr. Cordeau, Reine de l'Ile Bourbon.

Von den Bengalrosen hat 1 12 Stimmen: Hermosa.

1 Sorte 11 Stimmen: Cramoisi supérieur.

1 Sorte 9 Stimmen: Ducher.

2 Sorten 6 Stimmen: Fellemberg, Mme. Laurette Messimy.

1 Sorte 5 Stimmen: Louis Philipp.

Polyantha-Rosen. 2 Sorten 11 Stimmen: Clothilde Soupert, Perle d'or.

2 Sorten 9 Stimmen: Anna Marie de Montravel, Pâquerette.

2 Sorten 8 Stimmen: Gloire des Polyantha, Mignonette.

2 Sorten 7 Stimmen: Cécile Brunner, Miniature.

2 Sorten 5 Stimmen: Blanche Rebatel, Marie Pavic.

Einmalblühende Moosrosen: Cristata 11 und Comunis 10 Stimmen.

Remontierende Moosrosen: Blanche Moreau 10 und Eugénie Guinoisseau 7 Stimmen.

Kletterrosen: Turners Crimson Rambler 8, Belle de Baltimore 7, Mme. Sancy de Parabère und Beauty of the Prairies 6 und Himmelsauge 5 Stimmen.

Betrachten wir an der Hand dieser Zusammenstellung die neuesten Rosen vom Jahre 1890 ab, so finden wir, daß von Remontantrosen, die seit dieser Zeit in den Handel gegeben wurden und das ist eine beträchtliche Zahl, nur 7 Stück in die Liste aufgenommen sind und zwar aus 1890: Gustav Piganeau mit 8 Stimmen, aus 1892: Vicks Caprice mit 7, Marchioness of Dufferin, Margaret Dikson, Prince A. de Wagram, Salamander mit 5 Stimmen; aus 1894: Mrs. R. G. Scharman Crawfort mit 5 Stimmen und Marchioness of Londonderry mit 8 Stimmen.

Viel günstiger stellen sich die Neuheiten bei den Theerosen. Es sind 25 in der Liste. Aus 90 und zwar mit 10 Stimmen: Duchesse Maria Salviatti, mit 8: Madame Moreau, The Queen, mit 5: Ella May, Madame Philipp Kuntz und Sapho.

Aus 1891 mit 9 Stimmen: Christine de Nouë, Ernest Metz, mit 7: Elisa Fugier, Madame Ellie Lamb, mit 6: Souvenir de Lady Ashburton und mit 5: Princesse de Bessarabe, Souvenir de Mme. Sablayrolles.

Aus 1892 mit 10 Stimmen: Golden Gate, mit 8: Elise Heymann und mit 7: Medea.

Aus 1893 mit 8 Stimmen: Beauté Inconstante, Erzherzog Franz Ferdinand, mit 6: Corinna, Bridesmaid, mit 5: Comte de Breteuil.

Aus 1894 mit 7 Stimmen: Princesse Alice de Monaco, Perle de feu.

Aus 1895 mit 6 Stimmen: Francis Dubreuil und Deegens weisse Maréchal Niel.

Die Theehybriden zählen 11 Sorten seit 1890. Es sind davon aus dem letzterem Jahre 2: Augustine Guinoisseau mit 11 Stimmen und La France de 1889 mit 6.

Aus 1891 7 Sorten. Mit 12 Stimmen: Kaiserin Auguste Victoria, mit 10: Caroline Testout, mit 8: Danmark, mit 7: Gustav Regis, mit 6: Triomph de Pernet père und mit 5 Stimmen: Carmen Sylva, Marquise of Salisbury.

Aus 1892 ist nur mit 7 Stimmen: Grand Duc Adolph de Luxembourg vertreten.

Aus 1894 Madame Jules Finger mit 5 und aus 1895 Belle Siebrecht, ebenfalls mit 5 Stimmen.

Von den Noisetterosen ist 1 aus 1893 Madame Pierre Cochet mit 10 Stimmen, von den Bourbonrosen 1 aus 1893 Mr. Cordeau mit 6, von den Kletterrosen 1 aus 1893 Turners Crimson Rambler mit der höchsten Stimmenzahl, die auf Kletterrosen überhaupt gefallen ist, mit 8 vertreten, sowie 1 aus 1894 mit 5 Stimmen, Himmelsauge.

Die Neuheiten von 1890—1893 haben den älteren Rosen gegenüber ungefähr wohl den Rang eingenommen, den sie einnehmen können; manche werden noch etwas in der Achtung der Rosenfreunde sinken, einige, Caroline Testout, Kaiserin Auguste Victoria, entschieden noch steigen, besonders die erstere.

Anders steht es mit den Rosen aus 1894—1895. Wenn sie sich in so kurzer Zeit eine so hohe Stimmenzahl erobern konnten, so sind sie sicher außerordentlich beachtenswert und werden sie sich bald die Zuneigung in viel höherem Maße gewinnen.

Betrachten wir neben diesen, durch die Wahl in das Sortiment unserer besten Rosen so ausgezeichnete Rosenneuheiten, noch die anderen Neuheiten der letzten beiden Jahre, dann wäre von diesen als sehr bemerkenswert noch zu nennen: Marquise Litta, eine dunkelrote Theehybride, Fiametta Nabonnand, eine weiße Papa Gontier, weiß mit karmin angehaucht, besonders Schnittrose, die unaufhörlich blühen soll, halbgefüllt, ziemlich starkwachsend.

Liste der einander gleichen Rosen.

Da viele sehr ähnliche oder gleiche Rosen unter verschiedenen Namen geführt werden, so mag hier noch eine Zusammenstellung dieser Doppelnamen wie sie jüngst vom Verein deutscher Rosenfreunde festgesetzt wurde, folgen:

Adam	= President.
	= Souvenir d'un ami.
Adélaïde Pavie	= Mme. Deslongchamps.
Mme Bravy	= Alba Rosea.
Maréchal Vaillant	= Advocat Duvivier.
Baronne Henriette de Loew	= Therese Welther.
Fortune's Yellow	= Beauty of Glazenwood.
Belle de Bordeaux	= Gloire de Bordeaux.
Belle Lyonnaise	= Grossherzogin Louise v. Baden.

— 216 —

Céline Forestier	= Lusiadas.
Céline Gonod	= Modèle de Perfection.
Chromatella	= Cloth of Gold.
Gloire du Ducher	= Germania.
Gloire de Paris	= Anna de Diesbach.
Goubault	= Bon Silène.
Hermosa	= Mme. Neumann.
Jean Soupert	= Grand Mogul.
Le Lion des Combats	= Beauté Francaise.
Louise Odier	= Mme. de Stella.
Mme. Denis	{ = Mme. Maurin. { = „ Opoix.
Mme. Ferdinand Jamain	= American Beauty.
Auguste Mie	= Mme. Rival.
Charles Lefèbre	= Marguerite Brassac.
Marie Boissé	= Princesse Henri des Pays-Bas.
Marie Opoix	= Mme. Denis.
Catherine Guillot	= Michel Bonnet.
Miss Hassard	= Mme. Rénard.
Mrs. Bosanquet	= Pauline Bonaparte.
Mons. Boncenne	= Baron Bonstetten.
Enfant de Lyon	= Narcisse.
Paul Neyron	= Newton.
Perle des Blanches	= Coquette des Blanches.
Boule de Neige	= Ball of Snow.
Prince Camille de Rohan	= La Rosière.
Puebla	= Francois Fontaine.
Souvenir de Malmaison rose	= Leveson Gower.
„ d'un Ami	= Mme. Tixier.
The Queen	= Souvenir de S. A. Prince.

Sachregister.

Die fettgedruckten Ziffern weisen auf Abbildungen hin.
Alle Rosennamen stehen unter Rose.

A.
Anplatten 57.
Anzucht des Sämlingsstammes 41.
Aphis rosae **117**.
Apothekerrose 156.
Aufdecken der Rosen 35.
Ausstellungstiste **113**.

B.
Bedeguar **124**.
Befruchten 70.
Behandlung des Waldwildlings 39.
Blasenfuß 118.
Blattlaus **117**.
Blüten verkrüppelte 108.
Bodenschutz 35.

C.
Centifolienrose 22. 157.
Cladius difformis 119.
Coccinella **128**.
Coccus rosae **115**.

D.
Damascenerrose 156.
Diplosis oculiperda **115**.
Dünger für Rosen 2.

E.
Edelrosen 164.
Einfassung von Rosenbeeten 147.
Einmalblühende Moosrosen 158.
Einwintern 27.
Emphytus cinctus 119.
Essigrose 156.
Etiquetten siehe Namentafeln.

F.
Florfliege **129**.
Frostspanner **125**.

G.
Gartenlaubkäfer **126**.
Grabbepflanzung **151**.
Grabrosen 149.

H.
Häuser für Rosen 85.
Herbstrosen 164.
Hundsrose 36.
Hylotoma rosae **121**.

K.
Kapuzinerrose 22. 155.
Kästen für Rosen 82.

Kerbpfropfen **61**.
Kletterrosen 159.
Kommaschildlaus **115**.
Kopulieren 60.
Kranke Rosen 108.

L.
Lehmboden 2.
Letteboden 2.
Lyda inanita **123**.

M.
Maikäfer 126.
Marienkäfer **127**.
Mehltau **131**.
Monatsrose 25.
Moosrose 22. 158.

N.
Namentafeln **75**.
Neuheiten ziehen 69.
Normalsortiment des deutschen Rosenvereins 210.

O.
Okulanten überwintern 33.
Okulieren **46**.
Okulieren auf's treibende Auge 55.
Okuliermade **115**.
Österblühende Hybridrosen 166. 172.

P.

Petroleumemulsion 119.
Pfahl 9.
Pflanzen der Rosen 10.
Pflanzloch 9.
Pflanzmenge 145.
Pflanzweite 145.
Pflanzzeit 5.
Pflege im ersten Sommer 12.
Pimpinellrose 155.
Polyantharose 25.
Pyramiden 67.
Prachtblüten 25.
Provinzrose 156.

R.

Rankrose 21.
Räucherapparat **117.**
Remontantrosen 166. 172.
Rhodites rosae **124.**
Ringelspinner 125.
Rosa alba 154.
Rosa arvensis 159.
Rosa banksiae 163.
Rosa canina 36.
Rosa centifolia 157.
Rosa centifolia muscosa 158.
Rosa centifolia muscosa bifera 159.
Rosa gallica 156.
Rosa hybrida bifera 167. 172.
Rosa indica Borbonica 204.
Rosa indica fragans 184.
Rosa indica noisettiana 200.
Rosa indica semperflorens 208.
Rosa lutea 155.
Rosa multiflora 159.
Rosa pimpinellifolia 155.
Rosa Polyantha 206.
Rosa rubifolia 158.

Rosa thea 184.
Rosa thea hybrida 196.
Rose
 Abel Carrière 182. 211.
 Abel Grand 169. 176.
 Adam 192. 212.
 Adrienne Christophle 146. 168. 211.
 Aimée Vibert 200. 212.
 Alfred Colomb 80. 168. **171.** 178. 210.
 Alfred K. Williams 80. 168. 179.
 Alister Stella Gray **202.**
 Alphonse Soupert 176.
 Alsace Lorraine 182. 211.
 Americain Beauty 176. 211.
 André Schwartz 195. 212.
 Anna Alexieff 168.
 Anna de Diesbach 169. 176. 211.
 Anna Marie de Montravel 206. 212.
 Ännchen von Tharau 161.
 Antoine Mouton 169. 178.
 Antoine Quihou 146. 182. 211.
 Archiduchesse Maria Immaculata 81. 194. 211.
 Arthur de Sansal 169.
 AugustineGuinoisseau 80. 198. 212.
 Baronne de Meynard 202. 211.
 Baronne de Rothschild 146.149.169.175.210.
 Baron Gonella 205.213.
 Baronne Henriette de Loëw 194. 213.

Rose
 Baronne Prevost 149.
 Beauté de l'Europe 146. 185. 212.
 Beauty of the Prairies 161. 213.
 Beauty of Waltham 168.
 Belle de Baltimoore 161. 213.
 Belle Lyonnaise 146. 186. 211.
 Belle Siebrecht **191.** 198.
 Blanche Lafitte 204.
 Blanche Moreau 159. 213.
 Boïllau 169.
 Bougère 194.
 Boule de neige 80. 202. 210.
 Bouquet d'ôr 202.
 Bullata 157.
 Camoëns 81. 82. 146. 198. 212.
 Capitain Christy 146. 174. 210.
 Caroline Küster 148. 213.
 Catharine Mermet 192. 211.
 Catherine Soupert 175.
 Céline Forestier 201. 213.
 Centifolia comunis 157[1]
 Charles Lamb 80. 179. 211.
 Charles Lefèbre 168. 181. 210.
 Charlotte Guillemont 196.
 Cheshunt hybrid 148. 199. 212.
 Christine de Nouë 148. 212.
 Climbing Niphetos 190.

Rose
Clothilde Soupert **205**. 207.
Comte de Paris 194.
Comte de Sembui 188. 212.
Comte Florimond de Bergeyk 178.
Comtesse de Frigneuse 186. 212.
Comtesse de Labarthe 194.
Comtesse de Sérényi 172.
Comunis 158.
Cramolsi supérieur 213.
Coquette des Blanches 204. 211.
Crimson Rambler **161**. 213.
Cristata 158.
Crown Prince 168.
David Pradel 192. 212.
De la Grifferaie 163.
Devoniensis 190. 211.
Dr. Andry 168. 179. 211.
Dr. Grill 81. 82. **173**. 168. 212.
Ducher 213.
Duchesse d'Edinbourg 175.
Duchesse de Vallombrosa 169. 176.
Duchesse Maria Salviatti 190. 212.
Duchesse of Connaught 146. 181.
Duchesse of Edinburgh 195.
Duke de Wellington 178. 181.
Duke of Connaught 168. 200. 211.
Duke of Edinburgh 168. 180.

Rose
Duke of Teke 181. 210.
Earl of Dufferin 211.
Earl of Pembroke 211.
Eclair 181. 211.
E. J. Teas 168.
Elisabeth Vigneron 169. 178.
Elisa Boëlle 80. 174. 211.
Elisa Fugier 190.
Empereur du Maroc 169. 182. 211.
Emperor 146. 182.
Enfant de Lyon 188.
Erinnerung an Brod 181.
Etendard de Jeanne d'Arc 192. 212.
Etienne Levet 180. 211.
Etoile de Lyon 188. 212.
Eugène Appert 181. 211.
Eugen Fürst 148. 182. 210.
Eugen Verdier 158.
Eva Corinna 161.
Félicité et Perpetué 163.
Fellemberg 213.
Fischer & Holms 80. 146. 149. 168. 180. 210.
Francis Dubreuil **185**. 195. 212.
Franciska Krüger 80. **102**. 146. 188. 211.
Géant des batailles 169.
Général Jacqueminot 80. 82. 148. 168. 180. 210.
Gloire de Bourg la Reine 160. 211.
Gloire de Dijon 146. 148. 188. 211.

Rose
Gloire de Margottin 179. 210.
Gloire des Mousseuses 158.
Gloire des Polyantha 208. 213.
Gloire de Santenay 182.
Gloire Lyonnaise 169. 175. 211.
Golden Gate 212.
Grace Darling 80. 148. 194. 211.
Grossherzogin Mathilde 146. 148. 190. 211.
Gustav Regis 81. **200**. 213.
Helen Paul 175.
Her Majesty 109. 175. 211.
Hermosa 213.
Hippolyte Barreau **183**. 199.
Hippolyte Jamain 169. 177. 211.
Homère 194. 212.
Honourable Edith Gifford 81. 82. 211.
Horace Vernet 168. 181. 210.
Jacob Pereire 180.
James Veitsch 159.
Jeanne Drivon 208.
Jean Ducher 190.
Jean Liebaud 149. 184. 210.
Impératrice Eugenie 146. 174. 211.
Inermis Morletti 160.
John Hopper 149. 177. 211.
Jules Finger 169. 196. 211.
Jules Margottin 149. 178. 211.

Rose
Kaiserin Auguste Victoria 80. **189.** 196. 212.
Käthe Schultheiss 208.
Kronprinzessin Victoria 206. 213.
Lady Mary Fitzwilliam **193.** 198. 212.
La France 80. 82. 148. 149. 198. 212.
La Reine 149. 169. 178. 211.
L'Ideal 202. 213.
Little Gem 158.
Louise Darzens 204.
Louise Odier 206.
Luciole 194. 211.
Mabel Morrison 149. 169. 211.
Madame Agathe Nabonnand 81. 146. **179.** 192.
Madame Alfred de Rougemont 202. 211.
Madame Bérard 146. 188.
Madame Bravy 146. 191. 212.
Madame Caroline Testout 80. 148. **197.** 199. 212.
Madame Chédane Guinoisseau 81. 82. 146. 186. 212.
Madame Cusin 195. 212.
Madame de Vatry 192.
Madame de Watteville 194. 212.
Madame Edouard Ovry 159.
Madame Eugène Verdier 186. 211.
Madame Falcot 81. 82. 188. 211.

Rose
Madame Gabriel Luizet 176. 211.
Madame Hardy 157.
Madame Honoré Defresne 146. 186.
Madame Hoste 186.
Madame Jules Finger 196. 213.
Madame Jules Margottin 195.
Madame Lombard 195. 211.
Madame Montet 176. 211.
Madame Pierre Oger 146. 213.
Madame Sancy de Parabère 160. 213.
Madame Victor Verdier.
Mademoiselle Cécile Brunner **205.** 208.
Mademoiselle Laurette Messimy 81.
Mademoiselle Marie Finger 169.
Magna Charta 149. 189. 211.
Malmaison rouge 206.
Mamam Cochet 80. 194. 212.
Mariano Vergaro 146.
Marchioness of Londonderry 174.
Maréchal Niel 81. **105.** 146. 147. 186. 211.
Maréchal Vaillant 168.
Marie Baumann 80. 146. 149. 168. 180. 210.
Marie Closon 176.
Marie Rady 168. 178.
Marie van Houtte 82. 146. **177.** 188. 211.
Marquis Litta 199.
Maurice Bernadin 181.

Rose
Max Singer 163.
Mélanie Willermoz 146. 192.
Merveille de Lyon 146. 149. **165.** 169. 174. 210.
Mignonette 207.
Miniature 207. 213.
Minor 157.
Mistress Bosanquet 146. 204. 213.
Mistress John Laing 80. 146. **169.** 178. 211.
Monsieur Boncenne 168. 211.
Monsieur Laxton 169.
Namenlose Schöne 146. 190.
Niphetos 81. 107. 190. 211.
Panachée d'Orleans 184.
Papa Gontier 82. 146. **187.** 195. 212.
Parviflora 157.
Paul Jamain 168.
Paul Neyron 146. 149. 169. 178. 210.
Pâquerette **205.**
Perle de Lion 146.
Perl d'or 208.
Pierre Notting 168. 184. 211.
Président Sénélar 182.
Pride of Waltham 169. 175. 211.
Prince Camille de Rohan 80. 149. 182.
Princesse Alice de Monaco **183.** 193. 212.
Princesse de Béarn 184. 211.
Princesse de Sagan 195.
Princess Wilhelmine de Pays-Bas 207.

Rose
  Queen of Queens 146. 211.
  Regierungsrath Stockert 176.
  Reine blanche 159.
  Reine Marie Henriette **107**. 146. 199. 211.
  Reine Natalie de Serbie 146. 188. 211.
  Reine Victoria 206.
  Reynholds Hole 184.
  Rêve d'or 201. 213.
  Rosy Morn 169.
  Rouge 161.
  Rubens 192.
  Ruga 161.
  Safrano 189.
  Safrano rouge 196.
  Salet 159.
  Sénateur Vaisse 146. 168. 181. 211.
  Solfatare 202.
  Sombreuil 192. 212.
  Soupert & Notting 159.
  Souvenir de la Malmaison 70. 80. 204. 213.
  Souvenir de la reine d'Angleterre 146. 178.
  Souvenir de Madame Sablayrolles 195. 212.
  Souvenir de Mademoiselle Eugène Verdier 196.
  Souvenir de Paul Neyron 146. 190. 212.
  Souvenir de Spa 181. 211.
  Souvenir de Thérèse Levet 196. 212.
  Souvenir de Victor Hugo 195.
  Souvenir de William Wood 182. 210.

Rose
  Souvenir du Dr. Jamain 168. 184.
  Souvenir d'un ami 192. 211.
  Sultan of Zanzibar 146. 168. 182. 211.
  Sunset 188. 212.
  The Bride 192. 211.
  The Puritan 146.
  Triomphe de l'Exposition 149.
  Ulrich Brunner fils 80. 180. 210.
  Unica 157.
  Unique blanche 157. van Houtte 168. 182. 210.
  Victor Verdier 146. 168. 178. 211.
  Violette Bougar 175.
  Viscountess Folkestone 148. **197**. 198. 212.
  Waltham Climber I 199.
  Weisse Niel 107. 190. 212.
  William Allen Richardson 202. 213.
  William Francis Bennett 199. 212.
  Xavier Olibo 168. 182. 211.
Rosen auf dem Grabe 149.
Rosen fürs Wasserglas 110.
Rosen im Zimmer 96.
Rosenausstellungen 111.
Rosenbeet **138. 145.**
Rosenblattwespe bohrende **127.**
Rosenblattwespe gelbe **119.**
Rosenblattwespe kleinste **123.**
Rosenblattwespe schwarze 119.

Rosenblattwespe verkannte 119.
Rosenblumen aufbewahren 110.
Rosenbürsthornwespe **121.**
Rosencikade **117.**
Rosenfamilie 168.
Rosengarten **137.**
Rosengärten alte 149.
Rosengespinnstwespe **125.**
Rosenhaus **85.**
Rosenkasten **64.** 82.
Rosenkönig **124.**
Rosenneuheiten ziehen 69.
Rosenrost **133.**
Rosensägewespe weissgegürtelte **119.**
Rosensämling 38.
Rosensämling anziehen 41.
Rosenschabe **121.**
Rosenscheere **77.**
Rosenschildträger **115.**
Rosensport 75.
Rosenstecklinge 46. 63.
Rosenwickler **125.**
Rosenwildling 36.
Rosensynonyma 215.

S.
Samenzucht 70.
Sandboden 2.
Schnitt beim Pflanzen 6.
Schnitt der Wurzeln 8.
Schnitt im Frühjahre 15.
Schnitt im Sommer 23.
Schnittblumen 79.
Schwebfliege **129.**
Sommerrosen 153.
Sorten zur Treiberei 93.
Sortenwahl für ungünstige Plätze 147.
Stecklinge 63.
Stellage für Rosen **114.**

T.
Tenthredo aethiops 119.
Tenthredo pusilla 123.

Tenthredo rosae 119.
Theerosen 184.
Thyplocyba rosae **118**.
Thrips 118.
Thrips haemorhoidalis 118.
Tinea gryphipenella 121.
Topfrosen treiben 90.
Tortrix Bergmanniana 125.
Tortrix Forskaleana **125**.
Treiben von Rosen 82, 89.
Treibrosensorten 93.
Triangulieren 61.

U.

Unterscheidungsmerkmale der Rosen 166.

V.

Verbesserung des Bodens 2.
Veredeln 46.
Veredelung im Glashaus und Zimmer 58.
Veredelung mit krautigem Triebe 62.
Veredelungshöhe **53.**
Veredelungszeit 50.
Vierjahreszeitenrose 156.

W.

Waldwildling 88.
Weiße Rose 154.
Winterschutz 27.
Wurzeln anveredeln 61.
Wurzelhalsveredlung 55.
Wurzelschnittling 45.

Z.

Zimmerrosen 96.
Zuckerrose 156.
Zwischenpflanzung 147.

Im Verlage der Königl. Hofbuchdruckerei **Trowitzsch & Sohn** in Frankfurt a. b. Oder ist erschienen und durch jede Buchhandlung, sowie auch gegen Einsendung von 4,30 Mark portofrei von der Verlagsbuchhandlung zu beziehen:

Unsere Blumen am Fenster.

Anweisung

zur

Zimmerblumenzucht und Pflege

von

Robert Betten,

Redakteur am praktischen Ratgeber im Obst- und Gartenbau.

Mit 115 Abbildungen, gezeichnet von **Therese** und **Minna Laudien**.

Zweite, vermehrte Auflage. — Preis elegant gebunden 4 Mk.

Es naht der Herbst und mit leisem Seufzer beginnen wir Gartenfreunde an den Winter zu denken. Nicht auf alle Freuden des Sommers möchten wir verzichten und, als ob sie uns verständen, nicken uns jetzt draußen im Garten unsere Lieblinge zu, die, ins Freie gepflanzt, bald hinein müssen, wie wir ins stille Winterquartier. Wir wollen den Winter zusammen verbringen: wir wollen sie pflegen und sie sollen uns erinnern an alle die vergangene und kommende Frühlingspracht. Da heißt es rechtzeitig überlegen, welche Blumen wir mitnehmen, welche sich nach der Lage und Art unserer Wohnung zum Überwintern eignen; wir müssen sie aus der Erde nehmen, sie einpflanzen, ihnen frische Nahrung geben; wir müssen lernen, was sie brauchen, ob fette oder magere Erde, ob große oder kleine Töpfe, ob viel oder wenig Sonne. Wir müssen auch daran denken, daß wir im ersten Frühling unser Fenster oder unseren Blumentisch mit Hyazinthen, Tulpen, Maiblumen, Rosen, Flieder schmücken wollen. In allen diesen Fragen hat sich Herrn Bettens praktisches, prächtiges Buch „Unsere Blumen am Fenster" als erfahrener Freund bewährt und sei es jetzt zur Herbstzeit für den Winter als erprobter Berater empfohlen.

Im Verlage der Königl. Hofbuchdruckerei **Trowitzsch & Sohn** in Frankfurt a. d. Oder ist erschienen und durch jede Buchhandlung, sowie gegen Einsendung von 6,80 Mark portofrei auch von obiger Verlagsbuchhandlung zu beziehen:

Gartenbuch für Anfänger.

Unterweisung

im Anlegen, Bepflanzen und Pflegen des Hausgartens, im Obstbau, Gemüsebau und in der Blumenzucht.

Von

Johannes Böttner,

Chefredakteur des praktischen Ratgebers im Obst- und Gartenbau.

Mit 459 Abbildungen.

Preis elegant gebunden 6 Mark.

Die verbreitetste landwirtschaftliche Zeitung der Schweiz, die Bernischen Blätter für Landwirtschaft, schreiben: Die Litteratur über Garten-, Obst- und Gemüsebau ist zur Zeit nicht gering, sondern sehr reichlich vorhanden, aber trotzdem entspricht obiges Werk einem wirklichen Bedürfnis. Was uns bis jetzt fehlte, ist eine einfache, leicht verständliche Anleitung zur Errichtung, Pflege und Behandlung des Gartens, wie sie nicht der Fachmann, der Gärtner, sondern der Anfänger, oder die Hausfrau nötig hat, die vom Gartenbau noch wenig oder gar nicht unterrichtet sind. Hier füllt das Böttner'sche Werk eine wirkliche Lücke und zwar in vortrefflicher Weise aus: Einfachheit, Übersichtlichkeit, und Klarheit in der Darstellung, Reichhaltigkeit des Inhalts, Berücksichtigung der neuesten Errungenschaften, vorzügliche Ausstattung durch Druck und Illustrationen, alles ist hier vereinigt und beweist, daß der Chefredakteur des praktischen Ratgebers im Obst- und Gartenbau es wohl versteht, seine reichhaltigen Kenntnisse an den Mann zu bringen; er hat ein nützliches Werk geschaffen. Das Buch sei allen denjenigen warm empfohlen, die im Garten-, Obst- und Gemüsebau eine tüchtige Anleitung und gründliche Belehrung wünschen.

www.ingramcontent.com/pod-product-compliance
Lightning Source LLC
Chambersburg PA
CBHW021818230426
43669CB00008B/791